新儿童研究 第一辑

THE JOURNAL OF NEW CHILD STUDIES

张斌贤　于伟　主编

广西师范大学出版社
·桂林·

发刊词

“儿童的发现”是“人的发现”的延伸、深入，也是“人的发现”的关键与核心，因此儿童研究在整个人文社会科学研究中处于中心地位。儿童研究对于加深人的自我认识，丰富“以人为本”的内蕴，复兴中国古代以赤子童心为根为源的思想传统，均具有重要意义。

1900年，梁启超发表《少年中国说》，提出“少年强则国强”。1915年，陈独秀创办《新青年》，提出“青年如初春，如朝日，如百卉之萌动”。百年后的今天，与梁启超关注“少年”、陈独秀关注“青年”相呼应，我们关注“儿童”，特此创办《新儿童研究》学术辑刊。我们期待“儿童”成为下一个百年的学术关键词。

19世纪末20世纪初，儿童研究席卷欧美日各国，成为当时社会各界、各学科领域竞相关注之重要议题，儿童研究（或儿童学）由此成为学术界和实践界之不可忽视的独立领域。清末民国时期的中国，也诞生了一批从事儿童研究的学者，为推动全社会对儿童的发现、儿童教育及儿童文学等领域的现代化做出了重要贡献。

追昔而抚今，鉴往以知来。儿童研究在当今世界已蔚为可观，这表现为思想纷呈、名作迭出，相关学术交流亦频仍活跃，《童年》(*Childhood*)、《儿童与社会》(*Children & Society*)、《童年与哲学》(*Childhood & Philosophy*)等期刊亦逐渐成为全球学者发表思想、切磋争鸣的学术园地。与此相呼应，中国的儿童研究也已翩然鹊起，但队伍还须整合与壮大，学术共同体亟待建设，全国性学术年会亦须推进，儿童研究专属期刊更须“零的突破”。

《新儿童研究》之创刊，旨在集中展示国内外儿童研究学术理论之最新成果，构建和发展儿童研究学术共同体，发现儿童伟大之天性资源，提升儿童在整个社会、文化和教育中之地位，捍卫儿童权益，促进儿童茁壮成长。期盼国内外所有关心儿童、研究儿童的同人惠赐佳作，共同助力本刊建设。让我们怀赤子之心，为亿兆儿童的福祉，为儿童研究的繁荣，为古代中国“复归于婴儿”“不失赤子之心”伟大传统的复兴而不懈努力。

编委会

目 录

儿童史研究

儿童哲学研究

Contents

又见童年：近代中西学界对儿童问题的知识考掘*

◎ 熊秉真[①]

摘　要：自古以来，中西文化虽一向对人生的婴幼状态与童真情怀有种种追求、描绘、臆想，但晚近中西学界对儿童问题的探索、议论、研究，实为现代化以后中西社会，尤其是知识分子对儿童之处境以及因幼龄人口所牵出的社会问题、文化现象在近代学术机制下的一系列重新反省、调查与讨论。经过百年以上的追寻，时值21世纪之端，适足对此近代学科发展脉络下的儿童研究做一系统之介绍与梳理。本文按照"行行重行行"、"复为婴孩"与"童蒙须知"、幼科与戏婴、结语等部分循序展开。

关键词：儿童史　知识考掘　幼科　慈航

一、行行重行行

正像一位法国学者说的那样："知识是一个考掘。"从中国的语文资料世界出发，我们也可以得到相同的结论。就像良渚文化一样，当它活跃的时候，我们不在良渚文化中。直到近代，我们在考古活动中才开始逐渐知晓与了解良渚文化，并在片断的信息与证据中一点点地重建与回想那个世界。对于他们的世界，我们永远都只能有部分的认识，有一些片断的信息，有一些交错的声音。"童年"这一问题也是如此，我们对于孩子身上所承载的生命的经验永远只是认识的拼凑，但正是由于认识的不完整，吸引着我们继续往前走，吸引着我们今天聚在这里。正所谓"涓滴成流"，我希望我们每个人都能拿出自己所有的认识，让我们大家可以继续对儿童与童年世界的挖掘工作，继续我们知识的考掘与前行。

有一段在民国初年创作的，叫作《西风的话》的音乐，是西风讲给大家的话语。从它问世以来，每一次被唱的时候，无论是唱的人还是听的人都不约而同地觉得它是儿童的声音，是儿童唱给儿童的一首歌。[②]这首歌的歌词与曲调很简单，就是"西风所讲的话"，是一种拟人化了的

---

* 此文为熊秉真教授在杭州师范大学教育学院"太炎教育讲坛"上所发表的重要演讲，经演讲者授权整理发表。

① 熊秉真，国际哲学与人文科学理事会（CIPSH）执行委员，美国加州大学尔湾分校新人文教席，亚洲新人文联网发起人及现任主席，杭州师范大学教育学院特聘教授，香港中文大学历史学讲席教授，香港恒生大学杰出驻校教授及全球人文启动项目主任，联合国教科文组织人文讲座咨询委员，厦门大学讲座教授。

② 歌词节选如下：去年我回去，你们刚穿新棉袍。今年我来看你们，你们变胖又变高。你们可记得，池里荷花变莲蓬。花少不愁没有颜色，我把树叶都染红。

自然现象。歌词主要讲了以下几个方面：首先，讲了时间的变化，比如我去年来时怎么样，今年来时又怎么样等；同时也描述了春夏秋冬的景象，如荷花、莲蓬、红叶等。其次，讲了自然。西风是一种自然，儿童的声音也是自然。当时间与自然交互的时候，不知为何，所有人都觉得这首歌是一种天籁，应该用儿童的声音来吟唱。

欧美很多儿童研究学者都说："我们以前不知道小孩是什么，为什么我们突然觉得小孩很有趣、很古怪、很让人困惑，想要跟小孩来往？因为社会的发展让我们有了一种危机感，担心小孩会越来越少，以至于我们以后可能再也没有机会认识他们。"但这并不是说以前的社会没有注意过小孩，千百年来全世界有很多人在关怀小孩，否则根本不会有那么多人活到现在。另外，就像四季变化一样，小孩不会永远是小孩，他们不会永远在我们的周围。可以离我们而去的都有什么？有春夏秋冬的叶子，有夏暖冬凉的季节，还有我们周围不断长大的小孩。"没有一个成人不是小孩，大家都曾经是小孩。可是后来做研究的人都不再是小孩，因为没有一个人永远是小孩。"

20世纪初，很多有关儿童的作品都在展现时间的变化。《小飞侠》讲的是在英国工业革命发生以后，人们想要抓住他们的幻想，寻找能够永远不会长大、永远是小孩子的地方。这种感怀在世界各地都有发生，因为小孩最后都会长大，找不到一个永远的小孩。大家会觉得，小孩的成长就像歌曲中的风一样，风会再来吗？风会再来，可是它再来的时候，看到的人已经是不同的人了。就像"抽刀断水水更流"，大家想要抓住的是一个刹那，是一个文明的刹那，是一个社会的刹那，是一个人生的刹那，但是却根本抓不住。既然抓不住，那么人们就在思考，用什么东西来帮助思考这个刹那。最初进行儿童研究的人，他们都有着一些更大的感喟与疑问，这就是后来大家称为"理论"的东西。

每一个和大家展示"作品"的人，他所展示的不只是他找到了什么东西，他有什么看法，而是他背后的"所以然"。"因为"的背后存在理论，他想让这个理论像歌曲中的西风一样，让你不断地回味西风所说的话，留下对时间的感怀。实际上，童年就是一种时间的注记，也是某个社会时代的注记，它承载了人们曾经做过的一些努力，又像自然现象一样不断地前行。现在的小孩长大了，又会有别的小孩诞生。在这之后，社会、文化与成人还是忍不住继续着各自的努力，照顾那些小孩子，想要去成就一些东西。我们大家就是这样的一群成人，我们聚集在这里，带着对"童年"的好奇、热情与疑问，在已经积累的成果上继续前行。这也是"又见童年"的含义。现在的我们很像《古诗十九首》中《行行重行行》说的那样：我们不断地在走，在走的过程中，有迷茫，也有喜悦。

二、"复为婴孩"与"童蒙须知"

中国世界对"婴童"的追求大多是一种"抽象的追求"，当然其中也有"具体的努力"。如朱熹（1130—1200）编撰的《小学集注》《论语训蒙口义》《童蒙须知》等。总的来说，中国的语言文化世界里有着一些特别的关于儿童的素材，尤其是在艺术史及健康医学方面留下了大量的信息。生命在其开端有着特别的魅力，因此它吸引你我并不为怪。但“吸引”只是一个开始，关于儿童的认识与研究想要继续走下去的话，就需要得到越来越多人的“加持”。

最初对儿童产生兴趣是我在台湾大学历史系读一年级的时候。当时我觉得有一门课，如果学了就可以解决我所有关于儿童的疑问，这个课就是“世界儿童史”，但是当时并没有开设这门课。之后我求学于布朗大学，也没有这门课。这实际上是一件很不可思议的事，如果历史学不能够解释“世界上的小孩是怎么存在的”这个问题的话，又该如何解释“历史是由谁创造的”这个问题呢？正所谓“The Child is Father of the Man”，孩子是成人的前提，所有创造历史的成年人都是从“孩子”这个身份走过来的，历史的考量不能脱离儿童而存在。在这种既没有课程又没有书籍的情况下，想要探究一个问题，靠的就是自我的“追寻”。一个经济学家曾说过，每一个著作都是一本自传，无论它有多么理性、深奥，甚至是不可思议，它都代表了一个人自身的追求。曾经有人问过我：“你研究的东西有材料根据吗？”如果我们对中国史有所了解的话就能发现，不是没有材料，而是多到不知道如何整理材料，不知道用什么样的结构与过程一步步地展现这些材料。对于问题与材料的选择，我遵循的策略是这样的：优先研究大家最迷惑的问题。因为这类问题往往也是最困难的，而简单的问题则可以让别人研究或者留待自己日后研究，这一策略也可见之于我这些书出版的先后顺序。

我希望大家所听到的不只是我个人作品的展示，而是知识考掘及与西方同人的作品对话的过程。与西方学者的作品对话的例子有很多，其中法国的菲利普·阿利埃斯（1914—1984），在20世纪60年代的《儿童的世纪：家庭生活的社会史》（*Centuries of Childhood*：*A Social History of Family Life*）一书中试图借助历史材料和大家分享“历史与文化为什么会变”这个问题。他认为“是因为人的心态会变”。据此他提出了两个观点：一是在近代社会以前，社会上不存在“儿童”这一概念，“儿童”是近代的发明。他列举了两方面的证据证明这一观点：第一，曾经的社会不在乎儿童，比如同一个家庭中的孩子们往往有着相同的名字，因为当时的死亡率可以保证这些重名的孩子不能同时存活下来；第二，在之前的博物馆展品，尤其是油画中，没有任何一幅油画里有小孩子。他认为，这些作品中只有尺寸不一的成人，没有小孩，因为其中没有“年龄”这一因素。二是儿童的发现是世界文明的浩劫。因为人们在发现了儿童之后就开始“肆意揉捏”儿童，将他们按照大人的意志培养。他的观点在后来引起了历史、文学、哲学，还有心理学、社会学等诸多学科、诸多方面的讨论。他有一本书影响更大，大家可以关注一下，书名是《西方世界对死亡的态度》（*Western Attitudes Toward Death*：*From the Middle Ages to the Present*）。

三、幼科与戏婴

中国从隋、唐、宋以来就有“幼科”，这也是全世界最早的幼科，因此我们不能说古人没有儿童的观念（参见熊秉真：《幼幼：传统中国的襁褓之道》《安恙：近世中国儿童的疾病与健康》）。但是，“儿童”这一科目在现代学科的切割下，已经属于不同学院，甚至不同大学。现在我们要将它们重新拼凑起来，把它变成一个完整的儿童。其他时期的学者及其著作也是如此。比如美国16—17世纪殖民地时期及同时代的中国明朝，都有着大量有关儿童的资料。他们想讨论的无外乎两个问题：一是人性是恶的吗？即每一个出生的小孩都是恶魔吗？二是儿童是否可以通过“打”来教育好？二程（程颢、程颐）先生认为，“小孩像一条小狗”，它总想从院子进入中堂，当它靠近的时候，需要把它打回去。在第二次它又靠近的时候，一定不要忘了继续打它，让它知道不能进入中堂，小孩也是如此。这是其对于人生、人性的基本看法。

世界上的不同文化之间往往有着相同的困难与疑问，比如如何养育、对待儿童。当然，针对相同的问题，不同的文化之间也有着不同的预设，必须从语言学上进行比较和判断。基本词语的单位有什么意义？和“儿童”“童年”相关的中文词语有什么意义？这些词语在不同时代、不同地区，对不同阶级又有着怎样的含义？以下举三个例子——“童”“子”“幼”来说明。

“幼”的第一个意涵是“生物意涵”的儿童与童年。为什么只有在现代社会才出现了“儿童”？因为假设每个人所讲的儿童，不管是法文、英文还是德文，都是指狭义的现代的“儿童”与“童年”，那和大家现在所讲的也十分接近。儿童中心通常研究的是“年龄小”的孩子。

“幼”的第二个意涵是辈分中的“卑幼”和“晚辈”。在中文世界里，可见之于“老莱子娱亲”。他当然不是现在儿童中心会研究的对象，只是一个七八十岁娱亲的“老小孩”。过去在祭祖的时候，站在最前面带头的人，往往都是七八十岁的人，但他不觉得自己是一个长辈，而是一个谦卑、恭敬的孩子。再譬如“郭巨埋儿”，这个故事的主角绝不是被埋的小孩，而是郭巨。《二十四孝》（全名《全相二十四孝诗选集》）里的儿童多半都是“成年的儿童”。换句话说，中国的人口与文化在积累了很长时间后，认为生物性的孩子、年轻的孩子与其社会角色及责任是有关系的。人们需要知道他生命的每一个阶段中应当怎样扮好他的角色，他的角色就是永远要对列祖列宗负责。与列祖列宗相比，这个人永远都是“晚辈”。一直到他生命的最后一刻，他的角色都要求他对“上”负责，延续好香火与信息。

“幼”还有“知识掌握”方面的含义，指社会角色上的“儿童”。在现代社会里，我们常常把一些成人称为“无知竖子”。比如，有一些从其他地方过来的移民，因为他们不掌握所需的社会文化，不懂当地的规矩，常被人称为“无知竖子”。或许在年龄上他们已是成人，但在地位和角色上还只是一个孩子。在这个例子中，人们会把“小孩”等同于“不懂事”，不过随着认识的发展，现在我们已认识到两者不是一回事了。

“幼”的第三个意涵是精神状态。当我们读中文材料时，不要看到“童”“子”“幼”就以为他是一个小孩子，他可能是一个晚辈，也可能是一个童心未泯的老顽童。如果说一个人“童心未泯”，这会是一个什么样的人呢？他一定是一个大人，而不是三岁的小孩子，因为三岁的孩子本来就有“童心”，我们不会去强调他们“童心未泯”，其指的是一种永怀天真的“精神状态”“心情状态”。就像《童真图》，上面不是一个小孩，而是我们的文化理念，我们以之为“童（天）真”的理念。许多中国文献中使用的词汇及描述的故事说的就是这种意涵，而不是生物的意涵。我后面所说的这几种意涵希望大家多多关注，虽然我们现在的儿童研究不会关注这些意涵，但其中凝结了所代表的人口的经验。

有关“儿童”的分类有很多，如生物上的儿童、社会上的儿童、哲理与存在上的儿童、美学上的儿童等。什么是美学上的儿童呢？Snoopy（注：史努比，一个动漫形象）的作者活到了八十多岁，但他身边的人都说他从来不了解六岁以后的世界。他没有长大过，就像“小飞侠”①一样。我们现在还没有把人的“心情状态”分阶段，如果分了的话，那么Snoopy作者的心情状态一定是很年轻的，如果他的心情超过了十八岁，是一定画不出来的。我们现在对于人存在于什么样的生命阶段的划分最简单的意涵就是法律所规定的年龄划分，这种划分方法是不允许出现八十岁的小孩的。但是这种根据年龄来划分儿童的方式不够合理，因为生物（年龄）意义上的儿童可以“少年老成”，“神童”甚至可以七步成诗，但这真的还是儿童吗？

《三字经》《百家姓》是我们的一种“材料”。这些材料，包括《千字文》，在当时的余姚地区是人尽皆知的，即使是一个木匠都能够背诵出来。可以说，这是那个时代的BBC（英国广播公司简称）。刘鹗（1857—1909）的《老残游记》中有一章讲了老残来到一家小书店，店中一半卖“文房四宝”（笔、墨、纸、砚），另一半卖“三百千”（《三字经》《百家姓》《千字文》），可见这三本书在当时的地位与影响力。

另外一种“材料”是族谱、家谱、年谱，这些材料让我们认识到了有关“儿童”的诸多意涵。族谱就是记载一个家族的世系繁衍及重要人物事迹的书。年谱更加详细，是用编年体裁记载个人生平事迹的著作。我曾经用千百本族谱、家谱、年谱，整理了不同地区儿童的集体群像。

第三种材料，我将其称为“实证性和技术性的材料”，即医书、法律档案。现在要认识、读懂这种材料是非常困难的，因为读懂它们所需要的训练已经不属于人文社会科学了。想要读懂这些材料，首先要懂得现代的医学，因为它的专业性很强，里面的字我们都认识，但这些字组合在一起之后我们就不懂了。

“目连救母”“哪吒闹海”的戏大家耳熟能详。中国戏曲表演艺术通过不断的传播，鼓励了周围各种意涵，尤其是文化和艺术意涵的儿童。此外，在画作方面，有关儿童的作品也有很多。菲利普·阿利埃斯认为画作里没有小孩，实际上是一个“很有道理的误解”，如果他来到台北故宫博物院就能够发现很多关于儿童的画。它们和山水画一样，是一个大类，叫“婴戏图”。里面的儿童不是“缩小的大人”，而是真正的儿童。“婴戏图”在宋代地位很高，也有很多著名的作品，如苏汉臣（1094—1172）的《秋庭戏婴图》等。苏汉臣的“婴戏图”十分有名，他以画“婴戏图”为职业，这也从侧面说明宋代对

① 动画电影《小飞侠》中的主人公彼得·潘。

于“婴戏图”十分重视。在当时，如果有朋友搬家、过生日、升官，有很多种贺礼可以送，但最好的礼物是《四景戏婴图》。当时的中国，有一个男孩和一个女孩是幸福美满的代表。

除了画作外，宋代对于儿童的认识也越来越丰富。朱熹曾经说，儿童最不可做的事情就是踢球、放风筝、养小动物，尤其是夏天与别的孩子争吃西瓜。他将这些称为“无益之事”。儿童与“好处”的关系，在宋代愈发明显，中华文化经历了千百年后，宋朝这一代愈发看到儿童与市场、利益、机会之间的关系，有一些“发现儿童”的意思。不过，人们“发现儿童”对于儿童自身来说未必是一件好事。我曾经用宋代的家谱和族谱进行统计，得出一个结论：从司马光的时期算起，中国中上层家庭儿童每过一百年，进行相同活动的年龄就降低一岁。也就是说，当时一个九岁儿童做的事情，经过一百年之后由八岁的孩子来做，再过一百年之后由七岁的孩子来做……随着时间的流逝，对应的年龄越来越小。对于这个现象与结论，我选择了一个相对温和的词来形容——“近世中国父母的竞争性育儿观”。

在下面这幅画中的孩子都扎着头发，注意看他们编头发的方式，他们不全是男孩，这些发型在当时都是有名称的。这幅画的主题是一个调皮的男孩吓唬两个胆小的女孩。大家以后可以用这幅画考考幼儿园的孩子，让他们接触一些与平时不同的材料。这幅画中的人物就算法国的学者来看，也不会说这是尺寸小的成人，因为成人不会穿着开裆裤，做着图片中的事。除了发型和衣着外，当时用什么东西做尿布、成人怎样取猪奶喂小孩等，这些事情虽然听起来比较零碎，但当把它们聚集起来的时候，是可以回答文化、心态史的问题的。当时的人知道小孩与大人的区别是什么吗？近代社会以前的人到底在不在乎小孩？

首先，画这幅画的人一定懂得大人与小孩的区别，不然不会画得如此惟妙惟肖。里面的人物与动作，别说是中国人，就算是外国人也能一眼就看出来他们在做什么。画里儿童的发型与服饰也都是有讲究的，这些需要一定的知识功底。其次，作者之所以会画是因为有人会买，买这幅画的人自然也是懂得，不然他不会选择这样一幅画带到家里。这背后有一个很重要的问题：这样的社会代表了什么？是怎么存在的？对于这个问题，我有一个简单的回答——因为当时有一些儿童专家存在，这些儿童专家很乐意和菲利普·阿利埃斯这些做心态史的欧洲学者说：从心态史上说，当时有些人的心目中只有小孩而没有大人，他们的活动与努力造成了后来中国人的烦恼，包括人口爆炸，以及现在竞争式的人生观。

我得出这样的结论是有根据的。在《清明上河图》中可以看到有“小儿科”三个字，实际上是一个小儿科诊所。儿科诊所在宋代时是很有市场的，因为在这种竞争式的育儿观下，大人们不仅希望儿童聪明、孝顺，还希望他们健康。如果用放大镜看《清明上河图》原件的话，还可以发现“专理小儿科”及“贫不计利”这几个字。画中不同经济地位的人，有抱着的，有骑着驴的，还有抬着轿子的，都带着小孩来到这里。为什么会这样？因为儿科与其他科不同。

我一本英文书的题目是对“苦海慈航”中“慈航”二字的翻译。选择这个词是因为生命的维持是很困难的，需要大家彼此扶持。这个词和佛教也有一些渊源，佛教在东汉时传入中国，当时还叫作“苦海无边”。中国人在信了佛教几百年之后，意识到这个词太惨了，于是在魏晋时期将其改为“苦海慈航”。这个词体现了中国佛教的生命观，而且还是心境比较好的生命观。“大乘渡人，小乘渡己”，我们是大乘佛教，人生是一条船，这个船要靠大家彼此扶持。在这种价值观的影响下，当时“专理小儿科”的人就说：“或许我救不了自己的小孩，但我可以尽力去救你的小孩；或许我救不了你的小孩，但我可以尽力救其他人的小孩。”因此“贫不计利”，以救人为第一原则。虽然这些人也要讨生活，但对于家长给的钱的数量不计较，即使家长没有钱也没关系，养一只鸡或者鹅以后送过来也可以。在这种“慈航”下，生命得以延续下去。中国人口为什么增长得如此之快，以至于到乾隆时期已经达到了四亿五千万，和这不无关系。当时的欧洲人也想这样，他们不是不想养小孩子，而是由于黑死病的肆虐没养成。从这个角度来看，当时的儿童专家集体对菲利普·阿利埃斯的回答是这样的：我们知道儿童，也知道儿童与大人的不同，甚至知道这个月的儿童和下个月的儿童的区别，不然我们凭什么靠专理小儿科吃饭？

实际上“儿科”的起源早于宋朝，早在隋唐时期，巢元方（550—630）的《诸病源候论》及孙思邈（581—682）的《千金方》中就已经有了“新生儿科”。但是当时的儿科是很难的，医生之间有着“宁治十男子，不治一妇人；宁治十妇人，不治一小孩”的说法。甚至即使是在太医院，太医也只能做到判断一个六岁之前的小孩能不能活，而不是医治他。在这种情况下，孙思邈作为当时大唐帝国最有学问的医生之一，向所有的同人发起挑战：如果谁认为自己真是有学问、想修医，从此以后就只医治小孩，不医治大人，看医治得怎么样。我曾经在芝加哥大学的美国儿童医学会总会中讲过这个故事，引起了很大的反响。下面的医生听我讲完之后说：“孙思邈毫无疑问是全世界儿科的鼻祖，因为他的价值观、概念与方法在千年后的今天依旧没有改变。”对于我来说，这是一个有意思的考掘，因为在我写这些内容之前，没有人知道过去的儿科，因为他们没有见过文献。钱乙（1032—1113）的医学著作《小儿药证直诀》（三卷），包含“医论”“医方”“医案”三个部分，证明了当时的人已经认识到了儿童与成人的区别，因为大人与小孩相同的病，药方却不同。钱乙这个人很了不起，他的父亲和继父都是医生，因此他从小就懂得医术。他接受了孙思邈的“挑战”，行医以来只看六岁以下的小孩。在行医过程中他留下了大量的实证案例，有成功的，也有失败的。从这一点上也可以看出他很了不起，因为他没有掩盖自己的失败。建立一个“学门”的基本条件有三个：公开、不护短、愿教天下人，钱乙都做到了。

我再给大家提供几个例子，有几个关

键的参考信息需要大家了解。一是在宋朝的时候，每个县、府都设立了“惠民药局”，用以给百姓诊病施药。所以以前的朝廷并不是完全不管百姓的疾苦。二是当时的太医院颇有现代大学的味道——培养医学生。在考试方面，主要采取考官提供十个疾病案例，比如有小孩在发烧，由考生开药方，根据药方的正确与否给成绩。三是但凡当时识字的人都多多少少懂一些医术。元朝的《儒门事亲》是一本医书，介绍了为人子女应当怎样照顾自己的亲属。当时的医学市场很大，《婴童百问》记录了一百个有关育儿的问答题，幼科在普及之中不断发展。当时对于医生的优劣也分了很多类，在明朝时分了十九种，最好的有“儒医”“铃医”，中间的有“庸医”，最差的叫“蚓医”，即那些暗无天日、永远躲在地底下的医生。

还有很多有关幼儿医学非常可贵的记录资料，中国古代诸多医书的出现与人们对它的态度是密不可分的。比如当时人们做慈善：当一个老人过八十大寿时，晚辈们可以选择做两件事，其中之一便是捐一些银子印佛经或者医书，当时这两种书被称为“善书”，可见人们对医书的态度。这和当时的社会背景有关，宋代以后，尤其是明清时期，“天花”由印度传入四川，进而传入中国，导致大量人口死亡。清代著名的书法家、经学家孙星衍（1753—1818），当时他有五个小孩，在七天之内全都死了。我有很多篇章专门介绍中国父母写给孩子的悼亡诗，用以证明他们并不是不在乎儿童的生死。

在幼儿的疾病治疗及养育保健方面，我整理了几个例子。第一，“破伤风”。现在医学院的新生儿科医生特别注意在剪断婴儿脐带时避免破伤风。其实破伤风在古代就已经被人们所认识了，这是一个医学领域关键的发现。在宋朝初年的时候，小儿科医生发现有的小孩生下来没几天就患病去世了，他们把这种情况叫作“脐风”，之后还有“四六风”“四七风”（因一般第四天发病，第六至七天死亡而得名）等称呼。之后有人将治疗破伤风的方法编成口诀和歌谣传到了各个村子里，这一发现具有突破性。现在我们在读这些材料的时候，需要很长的时间去考证，同时还需要一定的医学功底。

第二，唐朝的时候，很多父母在婴儿刚出生的时候就给他洗澡，造成很多婴儿因伤风感冒去世。当时的医生发现了这一问题，认为应当先把新生儿擦干净，过几天之后再洗澡。为了强化宣传效果，他们还发明了一种说法：婴儿的出生意味着家庭人丁兴旺，因而需要搞一个隆重的仪式，在婴儿出生后选择一个黄道吉日邀请亲朋好友到来，并在这个仪式上为婴儿沐浴。这样就错开了给婴儿洗澡的时间，大大提高了婴儿的存活率。这种宣传非常成功，到明朝时，连《金瓶梅》里都有关于洗娃娃仪式的记述。

第三，当时的儿科医生还会教父母如何喂奶。因为中国人是不喂小孩牛奶的，他们就教给父母如何卫生地取猪奶：首先找一个处于哺乳期的猪妈妈，在它给小猪喂奶的时候把小猪抱走，等猪奶流了一会儿之后再用干净的碗接。除了喂猪奶之外，还有一种喂奶方式是请奶妈。在请奶妈这个问题上中西方差别很大——欧洲人是把娃娃送出去，中国人是把奶妈请进来。这既是文化上的差异，也是对儿童认识程度上的差异，比如在中国的杭州地区，人们会在妇女产后给她吃诸如鸡汤、鱼汤、猪蹄、鸡蛋、小米粥等高营养的食品。把奶妈请进来之后，她要和这个家庭的成员同吃同住，自然也会吃这些，奶妈的营养上去了对喂养的婴儿也有好处。而在欧洲，只有经济条件不好的妇女才会选择当奶妈，把儿童送到奶妈那里喂养对儿童来说自然是不太好的。只有在对比之下，无论是时间的对比、区域的对比、阶级的对比、习俗与文化的对比，还是历史的对比，才能让我们知道研究的问题与重点在哪里。

四、结语

有这样一首歌——《本事》(歌词部分：记得当时年纪小，我爱谈天你爱笑。有一回并肩坐在桃树下，风在林梢鸟在叫。我们不知怎样困觉了，梦里花儿落多少)。对于我们来说，“记忆”是人生中很重要的一个部分。我们每一个人都当过小孩，即使之后会长大，但我们的记忆已经蕴含了其中的欢乐与忧愁、成功与失败。

（编辑整理：白钧溢、梁力元、杨昱）

来吧，让我们与儿童一起生活*

◎ 刘晓东①

摘　要：“来吧，让我们与儿童一起生活”，福禄培尔的这一倡言贯穿于他的《人的教育》《幼儿园教育学》《母亲：游戏与儿歌》等著作中，是其教育理论的出发点、理论基础以及思想原则，但又超出了教育学，而涉入社会、文化、伦理、政治等领域的建设与改造。这种观点是德国浪漫主义时代的心灵写照。“来吧，让我们与儿童一起生活”，这句话后来作为墓志铭刻在福禄培尔的墓碑上，可见其与福禄培尔一生事业的深刻联系。福禄培尔的这一思想与古代中国人的童心主义遥相呼应。如果以古代中国人的童心主义思想为根源，以福禄培尔等现代教育思想家为师，可以建立有中国风格、中国气派的现代教育学，对于拓展童心主义思想也具有重要意义。

关键词：福禄培尔　儿童观　浪漫主义　童心主义　幼儿园

“幼儿园是儿童们的理想国”②，是“过去一千年最伟大的发明”③。

“幼儿园（Kindergarten）”是德国人福禄培尔（Friedrich Froebel，1782—1852）“发明”的，他被称为“幼儿园之父”。

1837 年，福禄培尔在德国的勃兰根堡创办了一所“发展幼儿活动本能和自发活动的机构”。

1839 年夏天，他想出一个好名称——Kindergarten 来为之命名，但并未公之于世。

1840 年 6 月 28 日，他将这一幼教机构正式公开地命名为“Kindergarten”。这是世界上第一所幼儿园。

幼儿园初创时，有团队来园内参观。此时，一些农民从门外经过，发出一阵不和谐的吵嚷声，来访团队中有人不禁皱起眉头。福禄培尔面带微笑，对这位访客说：“您喜欢吗？孩子们的歌声不是更美妙吗……哪里的人们在歌唱，哪里就没有粗鲁。”一位女士说：“孩子的歌声太迷人了。他们唱得这么好，我感动得忍不住想哭。”“是的，”福禄培尔答道，“幼儿园是儿童们的理想国……童年必须受到很好的

---

* 本文系国家社会科学基金教育学一般课题《儿童哲学研究及其教育学意义》（项目批准号 BAA190234）成果之一。

① 刘晓东，男，江苏徐州人，华东师范大学教育学部教授。

② B. von Marenholz-Bülow, *Reminiscences of Friedrich Froebel*, Boston: Lee and Shepard, p.69. 转引自王莹：《幼儿的园丁福禄培尔》，太原：山西人民出版社，2018 年，第 127 页。

③（美）雷斯尼克：《终身幼儿园》，赵昱鲲、王琬译，杭州：浙江教育出版社，2018 年，第 7 页。

保护……”①

“幼儿园是儿童们的理想国”，这话意味深远。

幼儿园不只是儿童们的理想国，也是成人的理想国。麻省理工学院的教授米切尔·雷斯尼克（Mitchel Resnick）就有这样的观念。1999年，他参观意大利瑞吉欧的艾米莉亚，在那里的幼儿园发现了适合一切人的精彩生活和理想社会。②他深受触动，以至于认为在过去一千年中，最伟大的发明不是印刷术，不是蒸汽机、电灯或计算机，“过去一千年最伟大的发明是什么呢？是幼儿园”③。“当弗里德里希·福禄培尔于1837年在德国开办了世界上第一家幼儿园时，它不单单是一所幼儿的学校，更是一种与以前的学校教育截然不同的教育方式。”“这种教育方式不只是适用于5岁左右的孩子，而且适用于所有年龄段的学习者。”“幼儿园的学习正是帮助所有年龄的人开发创造力所必需的，这样他们才能在当今快速变化的社会中精彩地生活。”④也就是说，在这位麻省理工学院教授看来，幼儿园不只是一切儿童的理想国，也是一切成人的理想国。也正因为如此，他将幼儿的幼儿园和成人的理想国贯通起来，名之为“终身幼儿园”（Lifelong Kindergarten）。⑤

这不由让人想起与福禄培尔齐名的另一位幼儿教育家蒙台梭利（Maria Montessori）。她最后一部著作是《有吸收力的心理》，其英译者在“译者前言”开篇就说：“如果我将本书尊奉为有史以来出现的最为重要的著作（除《圣经》外），也许有些言过其实。然而如果让我说出其他对于人类未来的幸福更有价值的著作，我却不能。”⑥我们不禁要问：为什么这样一本研究幼儿心理和教育的著作被尊奉为有史以来对于人类未来的幸福最为重要的著作？（当然《圣经》应当除外，可见这位译者对自己所处社会文化中的图腾与禁忌做了谨慎处理。）

类似的问题还有：为什么福禄培尔的幼儿园被视为过去一千年最伟大的发明？幼儿园里究竟藏有怎样的秘密？解铃还须系铃人，我们要让福禄培尔自己来回答这些问题。

“来吧，让我们与儿童一起生活”，就是福禄培尔的伟大思想。这一倡言遍布于他的《人的教育》《幼儿园教育学》《母亲：游戏与儿歌》等著作中，是其教育理论的出发点、理论基础以及思想原则，但又超出了教育学，而涉入社会、文化、伦理、政治等领域的建设与改造。这句话后来作为墓志铭刻在福禄培尔的墓碑上，可见其与福禄培尔一生事业的深刻联系。这种观点也可视为德国浪漫主义时代的心灵写照。“来吧，让我们与儿童一起生活”，福禄培尔的这种观点与古代中国人的童心

① 王莹：《幼儿的园丁福禄培尔》，第127页。
② （美）雷斯尼克：《终身幼儿园》，第154页。
③ 同上，第7页。
④ 同上，第7—8页。
⑤ 同上，第8页。
⑥ （意）蒙台梭利：《有吸收力的心理》，见蒙台梭利：《蒙台梭利幼儿教育科学方法》，任代文主译校，北京：人民教育出版社，1993年，第321页。

主义（“复归婴儿”、大人者“不失其赤子之心”等观念）遥相呼应。本文主要通过对福禄培尔《人的教育》《幼儿园教育学》《母亲：游戏与儿歌》等相关文本的分析，来探究福禄培尔“来吧，让我们与儿童一起生活”这一倡言的思想内蕴。

一、《人的教育》

早在《人的教育》这部书的第二章《幼儿期的人》中，福禄培尔就谈到成人必须与儿童一起生活。

福禄培尔认识到，与儿童一起生活是人生最大的乐趣；父母对儿童有照顾和引领的义务，履行这种义务能够得到人生最大的欢乐。“让我们去感受由于履行了我们的义务而应该享受的欢乐吧！我们除了从引导我们孩子的义务中，从与孩子一起生活中，以及在为孩子们而活着中得到欢乐和享受之外，再也不可能从任何其他方面得到更多的欢乐和更多的享受了。如果说，我们在某些地方能够寻求和指望得到比在我们对孩子的工作中更多的欢乐和享受以及对我们最崇高愿望的更充分的满足，能够寻求和指望比在我们能够从多方面关系中获得快乐的家庭圈子里更多的安慰，那是不可思议的。”①

当福禄培尔倡导父母们履行照顾和引领儿童的义务，认为父母能够从中得到人生最大的幸福时，他是有感而发、百感交集的，这是因为福禄培尔的童年是悲惨的、不幸的。

福禄培尔于1782年4月生于德国图林根地区的一个村庄，母亲于1783年2月因病去世，出生仅10个月的福禄培尔便失去了母亲的温暖和关爱。1785年，其父再婚，福禄培尔没有得到后母的照料与爱，而父亲则忙于工作，对福禄培尔也缺乏关爱与照料。童年的福禄培尔是孤独、寂寞的。在写给迈宁根公爵的信中，福禄培尔写道：“我一出生就面临着生活冲突的痛苦和煎熬。当时，我的生活环境非常差，教育条件也无法令人满意。我出生后不久母亲就病倒了，她把我抚养到9个月时就与世长辞了。过早地失去亲人，这个打击对我的未来发展造成了巨大的影响。”②

11岁时，福禄培尔开始寄居在舅舅约翰·霍夫曼家里，一待四年。舅舅担任教区牧师，在舅舅家里，福禄培尔得到在自家难以得到的照顾和温暖。福禄培尔念完国民学校后未能进中学，原因之一是父亲不相信这个从小遭受外部干扰而性情变得孤僻的孩子具有接受高等教育、从事学术活动的能力。1797年刚离开学校，年仅15岁的福禄培尔去一位林务员那里做学徒，学习土地测量。③后来，他的生活又发生过一些变故。

从小几乎从未享受过父母关爱的福禄培尔，该多么羡慕那些与父母一起生活、从中享受父母关爱的孩子呀！他的心灵深处该有怎样复杂的情结！“在这样一个没有母爱和温暖的家庭环境中，福禄培尔度过了一个没有幸福和快乐的童年，但也正是童年失去母爱这个事实，使得福禄培尔

① （德）福禄培尔：《人的教育》，孙祖复译，北京：人民教育出版社，2001年，第63页。

② Froebel，*Letter to Duke of Meininggen*，1827. 此书信的中译本《附录一：福禄培尔的书信》，见单中惠：《让我们与儿童一起生活吧》，上海：华东师范大学出版社，2008年，第238页。

③ 孙祖复：《福禄培尔》，见赵祥麟主编：《外国教育家评传》，上海：上海教育出版社，2003年，第78页。

后来产生了把欢乐给予其他儿童的想法。他希望所有儿童都能有一个幸福和快乐的童年，并为这个理想而终生奋斗。”①

他呼吁父母们应当照顾和引领孩子，告诉他们与儿童一起生活可以获得最大的幸福。其实儿童与父母一起生活，也能获得自己最大的幸福。

在福禄培尔看来，与儿童一起生活，还可以改善成人的生活。“我们必须同孩子们一起生活，我们必须让孩子们同我们一起生活。这样，我们将通过他们而获得我们所需要的一切。”② 何以见得？福禄培尔给出了如此解释：“我们是无知的；我们周围的一切，在我们看来是没有生命的；在一切知识上我们是空虚的；我们所说的一切几乎都是空洞的，没有内容、没有生命；只有在很少情况下，在我们讲话奠基于自然观和人生观的情况下，我们才会对他们的生活感到高兴。因此，快让我们给我们的孩子以生命吧！快让我们通过我们的孩子使我们的语言充实内容并赋予我们周围的事物以生命吧……”在福禄培尔看来，离开儿童，成人的生活便是空洞的；而成人这种空虚贫乏的生活，反过来又使儿童得不到成人世界或社会文化的丰富滋养，“由于这样的缘故，仅仅由于这样的缘故，我们的内部和外部生活是如此贫乏，以致我们孩子的生活也是如此贫乏”③。可见，成人生活的意义与儿童丰富生活的获得是相互依存的。

于是，福禄培尔再次呼吁“让我们同自己的孩子一起生活吧”——“父亲们，家长们！让我们去为我们的孩子设法获得和提供我们所缺少的一切吧！我们要让我们不再具有的一切激励和组织儿童生活的力量重新从他们那里转到我们的生活中。让我们向我们的孩子学习吧！让我们悉心倾听他们的生活发出的悄悄警告和他们的心灵发出的无声请求吧！让我们同自己的孩子一起生活吧，这样，我们孩子的生活将给我们带来安宁和欢乐；这样，我们将开始变得聪明，开始鲜明地对待事物。”④

成人因为与儿童一起生活而得到安宁与欢乐。儿童则通过赋予成人生活以意义，从而得以生活在生机勃勃的成人中间，于是社会充满生机，儿童成长便拥有更美好的社会、文化和教育的条件。

“让我们向我们的孩子学习吧！让我们悉心倾听他们的生活发出的悄悄警告和他们的心灵发出的无声请求吧！”⑤ 在这里，福禄培尔已经将儿童视为成人之师，将儿童的心灵视为指导成人生活的先知。不只是先知。这“悄悄警告”“无声请求”不就是海德格尔哲学中的“存在的道说”“存在的寂静之声”和“存在的天命置送”吗？福禄培尔这句话，往前呼应了古希腊智者赫拉克利特“残篇52”中的“儿童统治”思想，向后又呼应了海德格尔之“存在＝根据＝儿童”的思想。⑥

---

① 单中惠：《让我们与儿童一起生活吧》，第1页。

② （德）福禄培尔：《人的教育》，孙祖复译，第64页。

③ 同上，第65页。

④ 同上。

⑤ 同上。

⑥ （德）海德格尔：《根据律》，张柯译，北京：商务印书馆，2016年，第217—275页。

二、《幼儿园教育学》

福禄培尔《幼儿园教育学》一书的第一章，题为“两种观点——新年的沉思”。在这里，福禄培尔用整整一章，并且是全书的首章，进一步阐释了“来吧，让我们与儿童一起生活”的思想——是阐释，更是倡议！我个人初次被福禄培尔“让我们与儿童一起生活”的倡议深深打动，便是阅读《幼儿园教育学》这部分内容。这促使我关注福禄培尔的这一思想，从而发现早在《人的教育》一书的第二章，福禄培尔已经开始倡导这一思想。不过，福禄培尔最为集中谈论这一思想的文本，当属《两种观点——新年的沉思》这部分内容。

在这部《幼儿园教育学》中，“来吧，让我们与儿童一起生活”已经成为其教育理论的出发点、理论基础以及重要的思想原则。

从其整个文本来看，“来吧，让我们与儿童一起生活”的思想是以福禄培尔的“统一体”思想为基础的。在福禄培尔看来，人不可能脱离他人而存在。“人之所欲乃深深扎根于他的天性之中”（What man desires，as deeply grounded in his nature ...①），“作为一个人，他没有也不能独自存在；作为一个人，他不仅是他的家庭、社区、国家和现代人中的一员，而且也是整个人类中的一员。他因与全体同在而成为一个整体，全体因与他同在而成为一个整体。只有作为整体中的一员，他才能达到更自由地从精神上与他作为一个人所努力追求的整体结合在一起。他几乎不可能孤立存在，因此，他的头脑中充满了统一体的思想，他的心灵中充满了统一体的感觉”。因此，福禄培尔在辞旧迎新之际，向人们呼吁：“来吧，让我们与儿童一起生活吧（Come，let us live with our children）！”②

从福禄培尔的统一体思想到倡导成人“与儿童一起生活”，其间的逻辑联系应当在于“人之所欲乃深深扎根于他的天性之中”这种认识。他的天性也是你的、我的。这种共同的天性是人类成员共同的根系，于是，彼此难以割断相互的联系。他在《人的教育》中还明确指出，上帝反对嫁接，这就意味着，人终其一生，其生命的源头只能是人类共同的天性。在《人的教育》中，他认为成人的世界是贫困的，而成人可以通过与儿童生活在一起重新获得丰富性。这种思想与福禄培尔这本《幼儿园教育学》中的思想也是一以贯之的。

“今天即使还是在旧的一年，‘与儿童一起生活’的决定和马上使这个决定实现的想法，也表达了许多为了精神的一致而共同努力的人的愿望。所以，即将来临的一年从它的第一天，甚至从它的第一个小时开始，就会变成整个人类的一个最重要的机会——一个为了个人的福利和整个人类的利益而联合起来的机会。这种联合的努力将会使这一年成为名副其实的‘新’年。”③显然，福禄培尔将“与儿童生活在一起”的思想与行动，视为“整个人类的一个最重要的机会”，视为人类开启新纪元的标志。

---

① Friedrich Froebel，*Pedogogics of the Kindergarten*，trans. Josephine Jarvis，D. Appleton and Company，1895，p.2.

② Ibid.，p.3.

③ （德）福禄培尔：《幼儿园教育学》，见单中惠等编译：《福禄培尔幼儿教育著作精选》，上海：华东师范大学出版社，2009 年，第 64—65 页。

我们为什么要与儿童一起生活呢？在这里，福禄培尔给出了种种理由：

“没有人不是从儿童成长起来的——没有人不知道在他自己的这个养育阶段的发展取决于是否紧紧跟随这个充满生气的思想的指导……如果我们哪怕是片刻地思考一下并明确坚持这一思想，我们肯定会深刻地体验和清楚地认识到，通过我们亲自来实施它，通过它在我们心中唤起的对童年的记忆，通过补充和完善它所给予我们自己生命中的东西，并且通过为了我们不断的进步，它对我们提出的要求和给我们创造的机会，我们过上了我们自己最好的生活。”① 也就是说，坚持与儿童生活在一起，我们可以拥有“最好的生活”。

福禄培尔将“来吧，让我们与儿童一起生活吧”视为宇宙法则、自然法则。请看：

“……看到种子静静地在那里生长，难道每一种植物的所有部分没有彼此这样说吗？是的，在一切自然之中，也就是在生命和活动显现的地方，在个体努力吸收部分和整体（例如，在果仁中包含着整棵树的本质）以使自己的多样性和整体性能更好地展现出来的地方——在所有这些地方，我们都看到这个思想：‘来吧，让我们与儿童一起生活吧’，作为一种箴言被运用于一切生命之中。”② 或许从这段话中依然难以清晰看出这一思想的根由。让我们接着看：

“……人不是比其他的生物，儿童不是比植物的胚芽更高级吗？树的幼芽在自身之中包含着整棵树的本质，人在自身之中包含着整个人类的本性，所以，人类不就是在每一个儿童身上获得新生吗……它没有存在上帝身上吗？”③

儿童拥有人类的本性。因而，人类在每一个儿童身上获得新生。这应当是福禄培尔呼吁“让我们与儿童一起生活”的重要原因。在这里，福禄培尔说道：“它（儿童的本性，亦即人类的本性）没有存在上帝身上吗？”这透露出这样的信念：儿童的本性也存在于上帝身上。这种信念不由得让我们想到夸美纽斯在《母育学校》第一章就提出的观点：儿童是上帝的灵魂，是上帝的种子，是上帝的儿女，儿童是天使，是“上帝的生气勃勃的形象”④。

接下来的一段话更清晰地表达了福禄培尔的这一思想：

“‘来吧，让我们与儿童一起生活吧！’这一呼吁就是一种真正的生命呼唤，在这辞旧迎新的时刻，将万物完全结合起来。因为它确实与一切生命结合在一起，不仅将人和人的生命彼此结合以及与整个人类结合起来，不仅将一切生物与整个宇宙结合起来，甚至与一切生命的基础，与造物主结合起来。造物主说：‘让我们按照自己的形象来创造人。’

“因此，‘来吧，让我们与儿童一起生

① （德）福禄培尔：《幼儿园教育学》，见《福禄培尔幼儿教育著作精选》，第 65 页。
② 同上，第 66 页。
③ 同上。
④ （捷克）夸美纽斯：《母育学校》，见任钟印选编、任宝祥等译：《夸美纽斯教育论著选》，北京：人民教育出版社，2005 年，第 12—17 页。

活吧！’”①

这是福禄培尔之所以号召“让我们与儿童一起生活”最为重要的原因。

福禄培尔写道：“作为人类根本和充满生气的思想，‘来吧，让我们与儿童一起生活吧’表现在行动中的时候，就变为一种促进家庭生活、国家生活和人类生活的‘一项制度’②，以便在作为家庭、国家和人类一员的人和儿童身上培养一种活动、探究和学习的冲动；变为一种为了人类的自我指导、自我教育和自我培养，以及使个体通过游戏、创造性的自我活动和自发的自我指导实现全面发展的‘一项制度’。”③可见，福禄培尔试图将“让我们与儿童一起生活”作为人类生活的一种新风尚、新制度、新文化，这是一种了不起的、具有创新性的思想。这是教育学的主张，但又超出了教育学而直入政治学领域。这也表明福禄培尔已经意识到，理想的人类社会和文化、理想的政治生活，不只是离不开儿童，而且还要倚重儿童，这就大大地提高了儿童在政治、社会和文化中的位置。

《幼儿园教育学》第一章《两种观点——新年的沉思》的最后部分，福禄培尔使用了这样一个标题：“Foundation of the Whole”。“the Whole”，是一个哲学概念，即大全、整全；“Foundation”，即基础、基本原理。“Foundation of the Whole”，可译为“整全哲学的原理”。福禄培尔在这部分试图进一步系统地为“让我们与儿童一起生活”提供哲学原理的阐释，他的哲学是整全的哲学。

首先，福禄培尔提出了这样的原理：1. 每一个生物整个未来生命的发展和形成都包含在它最初的存在之中；2. 每一个生物生命的顺利展开和旺盛不衰完全取决于对这个最初存在的理解和培养，以及对这个最初存在的认识和实现。这种对“开端”范畴及其重要性的自觉意识是浪漫主义、存在主义的哲学立场，可以说，福禄培尔倡导“让我们与儿童一起生活”，其背后所内含的哲学立场和哲学方法，为重视“开端”的哲学做了添砖加瓦的贡献。

然后，福禄培尔写道：“当人还是儿童的时候，就像植物上的花朵、树上的花蕾。正如这些花朵与花蕾都与树联系在一起一样，儿童也与整个人类相联系——他是人类含苞待放的稚嫩花蕾，是人类崭新的花朵。这样，它就创造着、包含着并表明着人类新生命永不停息的再现。”④这是对前面两条原则的演绎。根据福禄培尔的这种观念，我们可以做进一步的推导：儿童具有人的全部信息；人即便从童年进入成年，依然不能背离他的童年；成人必须保全他的童年。这与老子的“复归于婴儿”、孟子的大人者“不失其赤子之心”是有可会通之处的。

---

① （德）福禄培尔：《幼儿园教育学》，见《福禄培尔幼儿教育著作精选》，第66页。

② 这里根据英译本对单中惠等编译的文本做了修订。这里的“一项制度”，在英译本中是斜体字母“an institution”（见 Friedrich Froebel, *Pedogogics of the Kindergarten*, trans. Josephine Jarvis, D. Appleton and Company, 1895, p.6），单译本将其译为“机构”，我将其改译为“一项制度”。Institution 有机构义，亦有习俗、制度、生活方式等义。

③ （德）福禄培尔：《幼儿园教育学》，见《福禄培尔幼儿教育著作精选》，第66—67页。

④ 同上，第67页。

这是福禄培尔对儿童与成人关系的阐释。接下来则是谈儿童与整个宇宙人生的关系。

“就像树上的花蕾——与细枝、树枝和树干，与树根和树顶的整个分支，并通过这两个分支与土地和天空联系在一起——为了它的发展和活力，它与整个宇宙联合，并相互进行交流。同样，人也与自然、与人类、与一切精神作用和影响——与普遍的生命进行全面发展的生命交流。

“要趋向人的完美、圆满并快乐地发展自身的命运，并通过努力实现生命的真正的快乐与平和，这一切都要在尊重人的本性和依靠人的关系的基础上对人甚至是儿童正确理解，及依照这种本性和这些关系对人相应对待。”①

这是说，人的充分发展需要尊重人的本性即儿童的本性，同时要发现人与宇宙人生的血肉般的整全的联系，并充分倚重和利用这一联系。

福禄培尔是如何展现人、儿童与“整全”的联系呢?

他认为，人是造物主的创造，因而人具有造物主的本性；“当人还是儿童的时候，他总会受到父亲和母亲的影响和支配”，父母和儿童是三位一体的生命整体，“儿童只有和家庭联系起来并处在它的影响之下，他的本能才能获得充分的发展，他才可能完全依照这种本能去生活”；人在造物主、创造和被创造这三重的关系中发现和认识自身，“在创造和创造物中，通过人去认识上帝；在人类和他自身中认识自己；使他能够在此物中认识他物，在他物中认识此物”；“上帝是生命、爱和光亮，在这样一条三位一体的道路上，作为造物主显现在一切造物之中”，“通过生命，儿童主要和自然与万物联系起来；通过爱，他突出地和人类联系在一起；通过光亮，他与智慧和上帝结合成一体”；作为被创造的存在，人是“三重儿童”，即自然的孩子、人类的孩子、上帝的孩子，这三者既是分离的，又是一致的，人的教育应当根据人的三重性来加以培养。②

三、《母亲：游戏与儿歌》

“让我们与儿童一起生活”作为福禄培尔教育思想的重要内容，《人的教育》《幼儿园教育学》试图从理论上阐释这一思想；《母亲：游戏与儿歌》则将这种思想作为教育原则贯穿于教育活动中，并用这种思想阐释教育活动的意义。

在《对一些图画的说明》(《母亲：游戏与儿歌》一书中偏重理论建设的内容)中，福禄培尔开篇即说：“母亲由于受她的身份以及地位重要性的影响，她忠诚的爱心充满了强烈的意味深长的呼唤：‘来吧，让我们与儿童一起生活吧!’”③

在福禄培尔看来，儿童的地位是崇高的，崇高到无以复加的程度，这是因为他将儿童视为上帝本性的展现，也就是说，儿童与上帝就其本性来说是一致的。请看他对母亲是怎么说的：

“全神贯注地注视你的孩子，你可以

---

① （德）福禄培尔：《幼儿园教育学》，见《福禄培尔幼儿教育著作精选》，第68页。

② 同上，第68—72页。

③ （德）福禄培尔：《母亲：游戏与儿歌》，见单中惠等编译：《福禄培尔幼儿教育著作精选》，上海：华东师范大学出版社，2009年，第349页。

感觉到这是万物之父上帝作为他自己本性的一种展现而赠送给你的礼物，因此你的孩子与上帝是一体的，上帝将他托付给你是让你体贴地、悉心地培养。你深深地被这一感觉所鼓舞。——哦，快乐的母亲，把孩子看作直接从上帝那里得到的礼物吧。”①

这既是福禄培尔的儿童观，也是其世界观和教育观。

福禄培尔认为“你的孩子与上帝是一体的”。这种“儿童即上帝”的观念在思想史上与夸美纽斯的儿童观相互呼应。在《母育学校》第一章，我们上面已经提到，夸美纽斯认为儿童是“上帝的灵魂”“上帝的种子”“上帝的生气勃勃的形象”②。

“你的孩子与上帝是一体的”，这种观念也是福禄培尔的“统一体”哲学的体现。在福禄培尔看来，不只是儿童是上帝，所有人都是上帝，“因为每个人的存在和生命只不过是宣告了上帝存在于其中”③。

儿童是上帝直接交给母亲们的礼物，于是，母亲养育孩子的使命和荣耀也就不言而喻。

“他（你的孩子，儿童）将外部的东西吸收进他自己的体内，然后又把它释放了出来，像一棵茁壮成长的树一样，把大自然各种各样的养料——土壤里的养料——根据自己的生长规律吸收到体内，然后又以长出树叶、排出液汁、结出果实等方式把它们释放出来。在这种对和谐（万物的内部统一体）的预感之中，孩子的本质就作为一个精神的统一体展现在你面前。”④福禄培尔在这里强调儿童“根据自己的生长规律”展现自己的生命，实现自己的成长。他又认为，“孩子的本质”与“万物的内部统一体”是一致的，这是其统一体哲学的体现。

福禄培尔劝导母亲“一定要忠实地遵循孩子自己的本性和一切生命的规律来对他加以抚育、管理和训练”⑤。“去了解你的孩子吧！在他独立的、自发的行为中，在这种原始的、持久的统一中去理解他的本性以及这种本性所表现出来的相应的现象。根据所有起支配作用的规律和他的本性的要求去塑造、赋予、发展、培养他——这将解决你抚育孩子中的所有问题。”⑥福禄培尔认为，儿童的本性与整个宇宙的本性（也即上帝的本性）是一致的，儿童与上帝、整个世界是内在地相互联系的，同时他主张根据儿童的本性进行教育。这可视为福禄培尔教育学的基本特征。

福禄培尔认为，是孩子让母亲的生命获得了新的意蕴。“亲爱的母亲，当你凝视着熟睡中的宝宝时，是什么东西像一团温柔的火焰照耀和温暖你的全身呢？是什么给了你如此周到的帮助（你认为这个帮助的重要性和意义就在于教会你，即使面对如此艰苦的任务，也以最大的耐心去承

---

① （德）福禄培尔：《母亲：游戏与儿歌》，见《福禄培尔幼儿教育著作精选》，第350—351页。
② （捷克）夸美纽斯：《母育学校》，见《夸美纽斯教育论著选》，第15页。
③ （德）福禄培尔：《母亲：游戏与儿歌》，见《福禄培尔幼儿教育著作精选》，第352页。
④ 同上，第351页。
⑤ 同上，第352页。
⑥ 同上，第353页。

担它），而女孩子一想起这个任务肯定掉头就走了呢！”[①] 与自己孩子生活在一起的母亲与未曾生育的女孩子之间是有区别的，这种区别在福禄培尔笔下十分丰富。一位面对自己孩子的母亲更有爱、更勤奋、更勇敢、更智慧、更觉悟、更幸福、更接近上帝、更接近自我实现……这不就是之所以“让我们与儿童一起生活”的重要理由吗？

福禄培尔的这些话对于我们这些为人父母者如何理解和处理亲子关系具有重要的启发意义。这也让我想到日本作家有岛武郎“养儿方知儿女恩”[②] 的说法，它刚好可以支援福禄培尔的上述观点。我们这些为人父母者依然有不少人会认为，养育儿女是单方面地向儿女施恩，于是，便会有父母以债权人的心态，理直气壮地要求子女还“养育之恩”这笔债。而福禄培尔和有岛武郎已经认识到，父母在养育子女的过程中是双向施恩的。周国平曾对这一并不少见的社会现象做过剖析和批评：“其实，任何做父母的，当他们陶醉于孩子的可爱时，都不会以恩主自居的。一旦以恩主自居，就必定是已经忘记了孩子曾经给予他们的巨大快乐，也就是说，忘恩负义了。人们总谴责忘恩负义的子女，殊不知天下还有忘恩负义的父母呢。”[③] 显然，周国平和有岛武郎都会支持福禄培尔的观念：是孩子让父母的生命获得了新的意蕴。

“你的孩子的生命在它发展的每一步以及发展的整个过程中都表现出生命所展示给我们的所有辉煌的品质。”[④] 显然，福禄培尔将儿童生活的每时每刻都看作是神圣的，不容错过，不容小觑。“我们太早地脱离那拥抱着最小的东西并使生命成为一个前后连贯的、整体的、高尚的心灵，所以，没有认识和清楚地理解这个心灵，更不必说坚定地遵循它的指引了。”[⑤] 显然，福禄培尔将儿童视为成人的导师，成人应当理解儿童的心灵，并且坚定地遵循儿童心灵的指引。这不就类似于中国的童心主义吗？[⑥]“赤子之心自能做得大人”（罗汝芳：《近溪子集》卷数[⑦]），是以童心可以引导整个人生。

“当你注视着你怀里刚诞生的小生命时，你对第一个孩子和以后的孩子的感情难道不是一样的吗？难道这些支配着你，同时也迫使你欣赏的和充满爱心地培养孩子（为了孩子自己的健康，同时也是为了你自己的祥和与安宁）的感情不值得重复地考虑和培养吗？这些感情不也促进了这种重复吗？如果不是为了无以言表的幸福感，如果不是为了流遍你全身的并把你带到一个更高的生存状态的快乐感，你面部表情怎么会显露出对高尚内心的完美——神圣的温暖和纯净——的表达呢？谁看到

---

① （德）福禄培尔：《母亲：游戏与儿歌》，见《福禄培尔幼儿教育著作精选》，第 355 页。

② （日）有岛武郎：《平凡人的信》，见朱自强：《朱自强学术文集》第 4 卷，南昌：二十一世纪出版集团，2016 年，第 132 页。

③ 周国平：《爱的五重奏：周国平说女人、性、爱情、婚姻、孩子》，桂林：广西师范大学出版社，2011 年，第 268 页。

④ （德）福禄培尔：《母亲：游戏与儿歌》，见《福禄培尔幼儿教育著作精选》，第 355 页。

⑤ 同上，第 356 页。

⑥ 刘晓东：《童心哲学史论》，《南京师范大学学报》（社会科学版），2015 年第 6 期。

⑦ 罗汝芳《近溪子集》是以“六艺”即礼、乐、射、御、书、数的顺序来排序的，此处“卷数”相当于“卷六”。

你会摆脱这个信念呢？你怎么意识到孩子已知道你把生命和存在给了他并理智地注视着他？这是对人类的生存和生命的无言的祝福和期望。”①——这是德国浪漫主义时代的散文风格，也是德国浪漫主义时代的心灵写照。福禄培尔与他那个时代是鱼水关系，他对儿童的许多描述、阐释是属于浪漫主义格调的，上面这段话只是其中的一小块标本。

福禄培尔用诗的语言讴歌儿童。他对天下的母亲们写道：

“事实上，在孩子明亮闪烁的眼睛中，你发现了一个天堂。”②

他信任儿童，认为儿童来到这个世界时已经具足一切，并且是带着“人类最高的可能性”来到人世的，“人类最高的可能性已经包含在了你的孩子身上”。③既然如此，成人应当以怎样的态度面对儿童呢？教育学应当拥有怎样的品格才能面对儿童所承载的“人类最高的可能性”呢？

“任何东西对自身的展现，不管是一朵花，一棵树，还是一个人，在他生存的几何体中都被给予了一个条件，这个条件就是，就像花和树，在它们第一次展现自己的时候就注定要成为一朵完美的花或一棵完美的树一样，儿童刚一诞生，在他第一眼瞥这个世界的时候，就注定要成为一个全面的完美的人。”④

“以你各种各样的眼光注视着你的孩子，哦，母亲！这是由于你期望并渴望在他身体中发现完整的人的本性，一种注定要变得圆满和完美的本性。在你孩子身上清楚地表现出来那种抽象的（即没有阻碍的和完整的）人的本性是什么呢？你的孩子，正因为他是你的孩子，也就是说是人类的孩子，他注定要生活在过去和未来，同时也生活在现在。他将一个过去的天堂带在身边，他也可以通过自己的表现创造一个现在的天堂，并在自身之中揭示一个未来的天堂。”⑤

《中庸》开篇即云：“天命之谓性，率性之谓道，修道之谓教。”福禄培尔的儿童观、教育观以及他的“统一体”的世界观，不正与古代中国人的“天人合一说”有惊人的相似吗？“来吧，让我们与儿童一起生活”，福禄培尔的这种观点与古代中国人的童心主义遥相呼应。如果以古代中国人的童心主义思想为根源，以福禄培尔等现代教育思想家为师，不也可以建立有中国风格、中国气派的现代教育学以回报于世界吗？

四、“Kommt，laßt uns unseren Kindern leben!”——关于福禄培尔墓志铭的中译问题

1851年8月7日，普鲁士政府发布了“幼儿园禁令”。签署禁令的普鲁士王国教育大臣劳默曾是裴斯泰洛齐的伊弗东学校的教师，时人认为他是最有启蒙思想的一位教育家，但偏偏是他签署了禁令。福禄培尔通过上流社会的私交，走上层路线，向签署法令的教育大臣、普鲁士王后乃至

① （德）福禄培尔：《母亲：游戏与儿歌》，见《福禄培尔幼儿教育著作精选》，第357页。

② 同上，第358页。

③ 同上，第360页。

④ 同上，第359页。

⑤ 同上。

国王解释、辩护、通融失败，禁令得以继续执行。幼儿园被禁，是对福禄培尔一生工作的否定，是对福禄培尔的致命打击。但“亦余心之所善兮，虽九死其犹未悔”（屈原：《离骚》），他对幼儿园事业的信念并没有因此而动摇。

1852 年 6 月 21 日午夜，即禁令颁布十个月后，福禄培尔在忧愤不平中逝世。为了表达对福禄培尔及其幼儿园教育理论和方法的纪念，米登多夫这位福禄培尔思想的追随者、事业上的帮手，将福禄培尔恩物中的球体、圆柱体和立方体设计为福禄培尔的墓碑。墓碑上铭刻着福禄培尔的名言：Kommt，laßt uns unseren Kindern leben！

对这句铭文，我见过两种英译本：一种是“Come，let us live with our children”；另一种是“Come，let us live with and for our children”。我最先见到的中译本来自单中惠：“来吧，让我们与儿童一起生活吧！”[①] 后来又看到王莹的另一种译法：“来，让我们与儿童一起生活！”[②] 王译本去掉了单译本中的语气词，即两个“吧”字。这两个中译本其实是一致的。单译本、王译本所依托的文献均是英译本，是对英译本的中译。

不过，中译还有其他版本。

早在 1931 年，当时落脚于上海的商务印书馆（1897 年创办于上海，1954 年迁北京）出版姜琦所著《福勒伯尔》（即“福禄培尔”的另一中文译名）。姜琦时任大夏大学（今华东师范大学）教育行政学系教授。该书篇幅很小，书的最后一句即是福禄培尔的墓志铭。姜琦将其译为：“来！吾曹盍和诸儿共游乎！”[③] 并在译文后括号内附上墓志铭德语原文。这一译法显然是意译，是姜琦对德语原文的理解与体会，但现在读来却意味深长。

为什么这样说呢？

首先，福禄培尔格外重视儿童游戏，他是历史上第一个将游戏作为幼儿教育主要依托和手段的人。福禄培尔一方面将幼儿园视为“发展幼儿活动本能和自发活动的机构”，另一方面将游戏视为幼儿教育的主要依托和主要手段。这表明，在福禄培尔看来，游戏是儿童主要的活动本能和自发活动。他所发明的恩物，一方面体现了他对世界本质的信念，另一方面也体现了他对儿童游戏的深刻认识。

福禄培尔还多次创办儿童游戏节。他认为游戏节既有助于儿童的活动和发展，也能给成人带来欢乐。1847 年，他亲自出席在奎茨村举办的儿童游戏节，当时有杂志对游戏节做过精彩描绘。现有史料还对 1850 年的儿童游戏节做过比较详细的记载，例如：这年 8 月 4 日下午 2 时，300 多个幼儿兴高采烈地有序进入游戏场地，入口处摆置大量花卉，德国著名思想家席勒的一句话布置其间：“儿童游戏里往往有深刻意蕴。”[④] 由此亦可见福禄培尔对儿童游戏的深刻见解。所以说，姜琦将福禄培尔的墓志铭译为“来！吾曹盍和诸儿共游乎”，是合理的。

除此以外，福禄培尔对儿童游戏的认

① 单中惠：《让我们与儿童一起生活吧》，第 173 页。

② 王莹：《幼儿的园丁福禄培尔》，第 146 页。

③ 姜琦：《福勒伯尔》，上海：商务印书馆，1931 年，第 26 页。

④ B. von Marenholz-Bülow，*Reminiscences of Friedrich Froebel*，Boston：Lee and Shepard，p.109.

识与赫拉克利特、海德格尔对儿童游戏的认识是相通的。请看海德格尔著名的《根据律》系列演讲的结尾部分：①②

> ……存在之天命置送，乃是一个游戏着的儿童……存在之天命置送：一个游戏着的儿童。
>
> 因而也就有伟大的儿童们。那最伟大的、通过其游戏之柔和而呈现王者风范的儿童乃是那种游戏的秘密，人和人之一生正是被带到这种游戏中去了，人的本质就被放置在这种游戏上面了。
>
> 那个伟大的儿童，赫拉克利特在αἰών③中所发见的世界游戏的伟大儿童，为何游戏？儿童游戏，因为儿童游戏。
>
> ……始终只是游戏：最高的东西和最深的东西。④
>
> ……这种游戏作为天命置送向我们传递了（zuspielt）存在与根据。
>
> 问题始终在于，倾听着这种游戏的诸定律的我们是否与之共同游戏，如何与之共同游戏，是否及如何使我们适合于这种游戏。

海德格尔在这里呼应古希腊智者赫拉克利特“世界是一个儿童，他在游戏；儿童是王者”的思想，他在《根据律》系列讲座中将儿童视为世界的主宰、一切存在者的主宰，认为儿童通过游戏传递天命，传递存在的召唤。

宋代思想家张载认为圣人“为天地立心，为生民立命”，而按照海德格尔的上述主张，“为天地立心，为生民立命”的其实是游戏的儿童。

老子主张“复归于婴儿”，孟子主张“大人者，不失其赤子之心者也”，如果再与张载认为圣人“为天地立心，为生民立命”的思想叠加在一起，那么中国古代的思想也可以推出“为天地立心，为生民立命”的是儿童。这就与海德格尔的主张不谋而合。

而姜琦将福禄培尔的墓志铭译为“来！吾曹盍和诸儿共游乎”，这不就是有意无意间对赫拉克利特、老子、孟子、海德格尔的思想所做的呼应吗？姜琦当时或许只是单纯地意译而已，然而他或许无意之中将福禄培尔的思想和一生事业，与中西方的儿童主义思想铆合在了一起。

近日又看到台湾地区两位学者的中译。李园会的译本是：“来！让我们活在

---

① （德）海德格尔：《根据律》，第243—244页。

② 此处对照海德格尔《根据律》英译本（参见：Heidegger，M.，*The Principle of Reason*. tr. Reginald Lilly，Bloomington：Indiana University Press，1991，p.113）中的“...great children”“the greatest royal child”“the great child”“the great child of the world-play”，将张柯所译“孩子”的语句依次修订为“伟大的儿童们”“呈现王者风范的儿童”“那个伟大的儿童”“世界游戏的伟大儿童”。我以为，不宜将赫拉克利特、尼采、海德格尔笔下的“儿童”称为“孩子”。“儿童”在赫拉克利特、尼采、海德格尔的哲学体系中是重要的哲学概念，而汉语“孩子”概念的外延过大，而内涵过于模糊。严格说来，“儿童”与“孩子”是不可互代互换的。

③ 海德格尔说：“这个词很难翻译。人们通常译为‘Weltzeit’［世代］。”通过αἰών等名称中所道说的东西，“我们可以听到那种未被道说的东西，我们把这种东西命名为存在之天命置送（das Seinsgeschick）”。见（德）海德格尔：《根据律》，第242页。

④ 这句话的意思是：游戏乃最高的东西和最深的东西。事实上，本文语境中的“游戏”乃是那个贯彻和支配了作者一生思路的基础问题：存在与人之关联（Bezug）。见（德）海德格尔：《根据律》，第243页。

儿童里面。”[①] 李中文的译本是：“来吧，让我们的孩子为我们注入生命吧！”[②] 这两种中译与前面提到的中文译本大相径庭。

台湾师范大学教育系教授方永泉为李中文所译福禄培尔《人的教育》一书作了导读长文，其中提到李中文译本的特点，也提到中文世界对福禄培尔墓志铭的几种翻译。他写道：“李译令人印象深刻之处，尚有一些经典名句的重新翻译，以福禄贝尔（引者按：即福禄培尔）最为人所熟知的墓志铭来说，一般中文的说法都是：‘来吧！让我们为儿童而活！’英译其实却是：‘Come，Let us live with our children！’（来吧！让我们与儿童一起生活！）而本书译者李中文则直接从德文‘Kommt，laßt uns unseren Kindern leben’将这句译为：‘来吧！让我们的孩子为我们注入生命吧！’此一翻译似乎蕴含更深刻的意蕴，亦更贴近福禄培尔的原意。”[③] 可见，方永泉更认同李中文译本。

福禄培尔在不同的地方多次讲过、写过这句话，有可能有个别词汇的出入。例如，研究德国哲学史的杨妍璐博士向我展示过《人的教育》中的一段德文：“Laßt uns von unsern Kindern lernen; laßt uns den leisen Mahnungen ihres Lebens，den stillen Forderungen ihres Gemütes Gehör geben! Kommt，lasst uns mit unseren Kindern leben！”[④] 杨妍璐博士认为，这段中的最后一句德文与墓志铭十分接近，但比墓志铭多出 mit（相当于英语 with），相应的内容译为“来吧，让我们与儿童一起生活”或许更合适。杨妍璐告诉我，福禄培尔的墓志铭也许还有其他译法。

就目前所知的几种福禄培尔墓志铭中译本来说，我以为不同的译法或许分别从不同的侧面表达了福禄培尔这句名言丰饶的思想意蕴，同时又刺激我们对福禄培尔这句倡言展开学术想象。下面，我尝试对各种译法分别做些阐发：

1.“来吧，让我们与儿童一起生活吧！”[⑤]

成人尤其是父母应当爱儿童，应当陪伴儿童，“我们除了从引导我们孩子的义务中，从与孩子一起生活中，以及在为孩子们而活着中得到欢乐和享受之外，再也不可能从任何其他方面得到更多的欢乐和更多的享受了”[⑥]。因此，“来吧，让我们与儿童一起生活吧！”（“来，让我们与儿童一起生活！”[⑦]）

“让我们与儿童一起生活”，也包括成人应承担起对儿童教育的责任以及提供适当的教育。

在《人的教育》的结论部分，福禄培尔指出：“上帝的国度就是灵性的国度，因而在人身上（因而也在孩子们的身上），灵性至少是灵性之国，即上帝之国的一部分。因而我们要把注意力放在人身

① 李园会：《幼儿教育之父——福禄贝尔》，台北：心理出版社，1997 年，第 191 页。
② （德）福禄贝尔：《人的教育》，李中文译，新北：暖暖书屋文化，2019 年，第 7 页。
③ 方永泉：《福禄贝尔的〈人的教育〉导读》，见福禄贝尔：《人的教育》，李中文译，第 27 页。
④ 这段德文出自福禄培尔《人的教育》德语原文，中译见（德）福禄培尔：《人的教育》，孙祖复译，第 65 页；福禄贝尔：《人的教育》，李中文译，第 119—120 页。
⑤ 单中惠：《让我们与儿童一起生活吧》，第 173 页。
⑥ （德）福禄培尔：《人的教育》，孙祖复译，第 63 页。
⑦ 王莹：《幼儿的园丁福禄培尔》，第 146 页。

上的，亦即我们的孩子身上的灵性的普遍形成上，放在真正的人性，即作为个别现象和作为这样一种人性的神性的形成发展上……”[①]但成人的做法往往是错误的。“我们最终应当认识到，我们由于过多地在成长中的人身上错误压制这些必然的多方面的精神倾向而极其有害地干预了少年的本性。甚至当我们在切断这种和那种倾向时，特别是当我们进而为之嫁接上另一些倾向时，我们却相信自己在为人类将来尘世的幸福做贡献呢。上帝并不从事接枝接芽，所以作为上帝精神的人的精神也不应当被嫁接。”[②]

福禄培尔告诫成人去“倾听我们内部心灵所说的话并注意其中的意义”[③]，告诫成人回顾自己子女的幼年时代和正在开始或已经开始的少年时代，“以便至少使还有可能做的事情不致耽搁掉，使还有可能挽回的东西挽回来”[④]。不仅如此，福禄培尔还告诫父母们应当回顾和反省自己的年少时代，“从这种回顾和反省中我们本来是能够为了我们自己的幸福和我们孩子的幸福而学到许多东西的，因为，在耶稣关于‘你们要成为幼儿一样’的话和要求里，也包含着‘你们要专心地回顾你们自己的少年期，并唤醒、温暖和振奋你们心灵中永恒的少年期’”[⑤]。很显然，福禄培尔此处的主张，其实相当于老子之“复归于婴儿”、孟子之“求放心”“不失赤子之心”。

在《人的教育》的结尾处，福禄培尔将自己之所以能够完成这部著作，归因于与儿童们一起生活：“在写这本书时，正值本书写作到的那个年龄阶段的、充满朝气和欢乐气氛、心情愉快、幸福地生活的少年儿童进入我们的教育团体。本书就是从这个教育团体出发的。笔者在写作过程中，这些少年儿童的大部分曾经直接围绕在他的周围从不倦怠地游戏着……如果说需要一种外部的保证使作者在该书的写作中能够写出真实内容的话，那么这些少年儿童便是这方面的保证人，并且，他们也是促使作者继续写出真实内容的保证人。”[⑥]也就是说，福禄培尔自己的研究是得益于与儿童一起生活的。

“我们必须同孩子们一起生活，我们必须让孩子们同我们一起生活。这样，我们将通过他们而获得我们所需要的一切。”[⑦]因此，“来吧，让我们与儿童一起生活吧！”

2.“来吧！让我们为儿童而活！”[⑧]

儿童是目的，儿童是成人生活的目的。“全神贯注地注视你的孩子，你可以感觉到这是万物之父上帝作为他自己本性的一种展现而赠送给你的礼物，因此你的孩子与上帝是一体的，上帝将他托付给你

---

① （德）福禄培尔：《人的教育》，孙祖复译，第 326 页。
② 同上，第 325—326 页。
③ 同上，第 328 页。
④ 同上。
⑤ 同上。
⑥ 同上，第 329 页。
⑦ 同上，第 64 页。
⑧ 方永泉：《福禄贝尔的〈人的教育〉导读》，见福禄贝尔：《人的教育》，李中文译，第 27 页。

是让你体贴地、悉心地培养。”[①]“亲爱的母亲，当你凝视着熟睡中的宝宝时，是什么东西像一团温柔的火焰照耀和温暖你的全身呢？是什么给了你如此周到的帮助（你认为这个帮助的重要性和意义就在于教会你，即使面对如此艰苦的任务，也以最大的耐心去承担它）……”[②]“在孩子明亮闪烁的眼睛中，你发现了一个天堂。”[③]“你的孩子，正因为他是你的孩子，也就是说是人类的孩子，他注定要生活在过去和未来，同时也生活在现在。他将一个过去的天堂带在身边，他也可以通过自己的表现创造一个现在的天堂，并在自身之中揭示一个未来的天堂。”[④]因此，“来吧！让我们为儿童而活！”

3.“来吧，让我们的孩子为我们注入生命吧！”[⑤]

成人通过与儿童一起生活，得以向儿童学习，由此可提升生活质量乃至人生境界，甚至可提升人类文明。因此，“来吧，让我们的孩子为我们注入生命吧！”

福禄培尔伟大的支持者比洛夫人（B. von Marenholz-Bülow）对1850年8月4日的儿童游戏节，做了具有历史意义的记录。[⑥]一名来自利本斯坦因的观众满含热泪地对福禄培尔说：“我从未见过如此震撼我的表演。如同置身于教堂之中，歌唱太美了！”福禄培尔答道：“是的，这就是游戏整合的力量，将赞美儿童，甚至成人合为一体。真正人类的快乐就是对神的崇拜，因为快乐是神的赐予。”[⑦]

中场休息时，观看演出的公爵夫人问福禄培尔：“看到这么多开心的儿童真好！但您组织这样一场演出一定非常辛苦。您不和我们坐下来休息吗？”福禄培尔兴奋地答道：“不用了，夫人。我还是要回到孩子们当中，我一点都不累，演出使我兴奋，又让我变年轻了。”一旁的米登多夫笑着说道：“福禄培尔发现了长生不老的秘密，与孩子们在一起便能永葆青春。”[⑧]

福禄培尔所说“我还是要回到孩子们当中，我一点都不累，演出使我兴奋，又让我变年轻了”，以及米登多夫所说“福禄培尔发现了长生不老的秘密，与孩子们在一起便能永葆青春”，这都在证明：是儿童为我们成人注入生命活力！因此，我们应当响应福禄培尔的号召：“来吧，让我们的孩子为我们注入生命！”

福禄培尔在这次游戏节结束时这样致辞：“今天的节日真是一个融合了自然和上帝的节日，上帝祝福了今天。如果是一般的节日，孩子们是多么容易感到厌倦啊！难道我们不应该每天都像今天一样生

① （德）福禄培尔：《母亲：游戏与儿歌》，见《福禄培尔幼儿教育著作精选》，第350—351页。

② 同上，第355页。

③ 同上，第358页。

④ 同上，第359页。

⑤ （德）福禄贝尔：《人的教育》，李中文译，第7页。

⑥ 下面关于游戏节的记录见 B. von Marenholz-Bülow，*Reminiscences of Friedrich Froebel*，Boston：Lee and Shepard，pp.109—116. 转引自王莹：《幼儿的园丁福禄培尔》，第146页。

⑦ 同上。

⑧ 同上。

活在节日中吗？这样我们就能达成内心的愿望——全面的‘生命的统一’。”[①] 是的，让我们响应福禄培尔的号召：“来吧，让我们与儿童一起生活吧！”

1851年8月7日，普鲁士政府发布了“幼儿园禁令”。一年后的1851年9月27—29日，全德教师大会在利本斯泰因举行，尽管福禄培尔因禁令而心绪不佳，可他还是参加了此次大会。这次大会对福禄培尔的幼儿园理念和方法做了大力声援。当时德国享有盛誉的教育家第斯多惠参会并在第一天担任大会主席致开幕词。晚上，在福禄培尔夫人指导下，很多与会代表像小孩子一般参加了游戏和歌唱。福禄培尔和第斯多惠均有参加。第斯多惠兴奋地对比洛夫人说：“今天我们都是儿童。”米登多夫则说：“这是一次灵魂的洗礼，在儿童中间我们再次变成了儿童。”[②] 由此每个人都在享受生命的欢愉，仿佛又回到童年时代。是谁让这些成人得以回到童年？是谁让这些成人得以享受生命的欢愉？是儿童！

因此，让我们响应福禄培尔的号召：“来吧，让我们的孩子为我们注入生命吧！”

4.“来！让我们活在儿童里面。”[③]

这一译本出自李园会所著《幼儿教育之父——福禄贝尔》，这部著作的参考文献主要是福禄培尔研究的日文学术资料。李园会并未对这一中译本所依据的文字是德文原文还是日文译本做出注释或解释，我揣测这句中译是从日译本转译为中译本的。当然，要证实这一揣测则需要搜集李园会参考的数种日文资料。

“让我们活在儿童里面”，如果将“在儿童里面”作“within children”解，似乎难以说通，不知“走进儿童的生活”“走进儿童的世界”这样的说法算不算“活在儿童里面”。

但如果将“在儿童里面”作“among children”解，则是明晰可读的。也就是说，我们可将这一译本理解为“让我们活在儿童中间”，这就相近于“让我们与儿童一起生活”的译本了。

《新约全书》几次提到耶稣传教时路遇儿童，他的弟子便拦住儿童，不让他们靠近耶稣。耶稣很生气，命弟子们放儿童前来，并对弟子们说：“你们若不回转，再次变为儿童，断不能进入天国，因为在天国里的都是像小孩子这样的人。”显然，耶稣自己反对将儿童与他做隔离，反对将儿童与成人隔离，他是主张成人与儿童生活在一起的。他还特别强调成人应当回转，再次变成孩童，说这是进入天国的条件。这件轶事也表明，耶稣认为儿童是具有神性的存在者，儿童比成人有更多的神性。“让我们活在儿童中间”，福禄培尔的主张与耶稣的主张是若合符节的。

中国先秦哲学也有类似的思想。老子“复归于婴儿”，孟子“大人者，不失其赤子之心者也”，都将赤子、婴儿视为成人修行的标杆。《中庸》有云：“诚者，天之

① B. von Marenholz-Bülow, *Reminiscences of Friedrich Froebel*, Boston: Lee and Shepard, pp.109—116. 转引自王莹：《幼儿的园丁福禄培尔》，第146页。

② B. von Marenholz-Bülow, *Reminiscences of Friedrich Froebel*, p.263. 转引自王莹：《幼儿的园丁福禄培尔》，第141页。

③ 李园会：《幼儿教育之父——福禄贝尔》，第191页。

道也。诚之者，人之道也。”赤子、婴儿、童心是天道、天命的体现者，是“诚者”，是天真；而成人应当复归于婴儿、不失赤子之心，也即应当“率性”“复命”“复性”，实现“第二次天真”，即所谓“诚之者”也。

《论语·先进》有孔子要求弟子各言其志的记载，其中曾点的志向是：“暮春者，春服既成，冠者五六人，童子六七人，浴乎沂，风乎舞雩，咏而归。”对此夫子喟然叹曰：“吾与点也。”这表明，在曾点乃至孔子等人心中，成人理想的生活、理想的社会必须是与儿童相互携手的，否则社会与生活就会缺乏生机与诗意。

从老子、孔子、曾子、孟子等人的思想中可以推知，先秦时期也有类似福禄培尔“让我们活在儿童中间”的主张。

5.“来！吾曹盍和诸儿共游乎！”[①]

姜琦将福禄培尔墓志铭译为：“来！吾曹盍和诸儿共游乎！”这在诸译本中算是奇特的。这一译本出现在姜琦 1931 年出版问世的研究福禄培尔的著作里，却能与海德格尔 1955—1956 年冬季学期在弗莱堡大学开设的《根据律》系列讲座最后一讲结尾（可谓是系列讲座结尾的结尾，其实是整个系列讲座的最终结论）相互呼应，算是奇事一桩。上面已经提到海德格尔《根据律》讲座中的观点，这里值得简要复述，以示推崇与强调：

“存在之天命置送：一个游戏着的儿童。/ 因而也就有伟大的儿童们。那最伟大的、通过其游戏之柔和而呈现王者风范的儿童乃是那种游戏的秘密，人和人之一生正是被带到这种游戏中去了，人的本质就被放置在这种游戏上面了。/……这种游戏作为天命置送向我们传递了（zuspielt）存在与根据。/ 问题始终在于，倾听着这种游戏的诸定律的我们是否与之共同游戏，如何与之共同游戏，是否及如何使我们适合于这种游戏。”[②]

海德格尔这段话表明，儿童和儿童游戏在其存在哲学体系中处于支点或核心的位置。而福禄培尔的儿童游戏观与此相互支援。福禄培尔认为游戏是“孩童发育的最高境界”，“因为它是内在自发的表现，是出自自身必然性和需求的表现，这就是‘游戏’（Spiel）一词本身所指出的”，游戏是“最纯正、最具灵性的产物，同时也是人的整体生活、人本身内在隐秘的自然生命以及万物当中的模范和模本”。[③]这种游戏概念是与赫拉克利特“世界是一个儿童，他在游戏；儿童是王者”的思想相互呼应的。

福禄培尔重视儿童游戏，认为游戏是儿童主要的生活，也是儿童教育的主要依托和手段。他又发明了“恩物”，试图以恩物来体现自然宇宙的性质、形状和法则以及多样而统一的上帝精神。恩物其实就是儿童玩具，福禄培尔将其视为上帝对儿童的恩赐。儿童的恩物游戏将儿童与自然宇宙联系起来，从而帮助儿童认识自我、自然宇宙和上帝。可见，在福禄培尔幼儿园体系中，儿童是游戏者，是与万物同游的游戏者。

---

① 姜琦：《福勒伯尔》，第 26 页。
② （德）海德格尔：《根据律》，第 243—244 页。
③ （德）福禄贝尔：《人的教育》，李中文译，第 93 页。

福禄培尔已发现世界的主宰，已勘破滚滚红尘背后的主宰，已神会那至高无上的引路者，也就是赫拉克利特、海德格尔所说的“游戏着的儿童”。“来！吾曹盍和诸儿共游乎！”姜琦译本真可谓神来之笔。

如果福禄培尔能穿越至今，读到海德格尔“人和人之一生正是被带到这种游戏中去了，人的本质就被放置在这种游戏上面了”，他会赞同吗？从其留下的文字来看，我相信，他会深以为然。

福禄培尔的墓志铭有不同的译法，表明它难译，也表明它丰富。从好的方面想，也许不同译本是从不同的着眼点表达福禄培尔所试图表达的思想。不同的中译本焕发了我们对福禄培尔思想的学术想象，当然，我们依然期待更为准确的、能被普遍接受的中译本早日面世。

哲学家怀特海有句名言：欧洲哲学传统不过是对柏拉图的一系列注脚。[①]但欧洲哲学并未因此止步不前，而是愈加繁荣。怀特海这句话也隐含着我们之所以纪念和研究福禄培尔的原因。我们追索福禄培尔的伟大思想，阐释他这句话的堂奥（此乃“我注六经”），也有“借他人酒杯，浇自己块垒”（李贽：《焚书·杂说》，此乃“六经注我”）以及“照着讲”“接着讲”（冯友兰所说的治学方法）的用意，借此勾勒福禄培尔不断演进的思想肖像，更准确地说，是勾勒福禄培尔在与21世纪中国的学术话语交汇时可能新生的思想。

---

① Alfred North Whitehead，*Process and Reality*：*An Essay in Cosmology*，New York：Free Press，1978，p.39.

福禄培尔儿童观的再发现*

◎ 罗　瑶[①]

摘　要：通过对“幼儿园（Kindergarten）”诞生时的历史进行深入挖掘，可以发现其时已然蕴含了关于儿童观的丰富而深入的理解。然而，由于福禄培尔思想表达的神秘与晦涩的特点，使其儿童观的内涵在历史中一直未能得到完整的挖掘。究其内在原因，这与他思想中所蕴含的三位一体性有着很大的关系。基于对统一体和人性的三位一体的理解，福禄培尔认为儿童有着对其内在本性的统一性、多样性和个体性的三重表现形式。这种三位一体式的理解试图从多重维度对立统一式地理解儿童的本性，进而展现出儿童本性中的丰富性与复杂性，也将促使我们反思当今流行的理解儿童本性的相对论或科学化等倾向。

关键词：福禄培尔　儿童观　三位一体

作为幼儿园教育的源头性人物，福禄培尔的幼儿园教育思想得到了世界各国教育者们的关注，有关他的幼儿园教育思想的研究非常之多。然而，在综述历史和当代的种种研究时可以发现，研究者们对于福禄培尔幼儿园教育思想背后最为核心的儿童本性观却缺乏深入的探讨和完整的挖掘。在为数不多的有关福禄培尔儿童本性的研究中，研究者们发现的往往只是福禄培尔有关儿童本性的理解的一个维度，而没有将他思想上的丰富性与多元性展示出来，进而导致了对其思想解读的片面性或误读。这与福禄培尔自身思想的复杂性是有很大关系的，而造成他的儿童本性观并未完全被挖掘的主要原因在于他的三位一体的思想。因此，本文试图从福禄培尔的三位一体思想出发，完整地展示出福禄培尔的儿童本性观的三重维度，进而为我们理解儿童本性的问题提供一份独特的历史参考。

一、福禄培尔的三位一体思想

（一）福禄培尔的三位一体的统一体思想的形成

在德国启蒙理性思想和浪漫主义思想的影响下，福禄培尔形成了自身有关统一体的独特理解。一方面，福禄培尔从谢林的思想中继承了上帝即统一体的观念，并一同继承了自然与人类都是统一体精神的表达、对立统一原理等思想。福禄培尔深信，自然不仅与人类一样是统一体精神的表现，而且与人类有着发展的一致性；另

* 本文系湖南省教育科学“十三五”规划青年专项课题“以精神成长为意旨：幼儿园教育质量提升机制研究”（XJK18QJC002）的研究成果。

① 罗瑶，湖南师范大学教育科学学院讲师，主要从事学前教育基本理论研究。

一方面，福禄培尔将自身对于探究规律、法则的渴望加入到这种泛神论思想中。福禄培尔认为，统一体必然将一些普遍的自然和数学法则放置在多样性的现象（自然和人类）之中。因此，在福禄培尔看来，由于自然和人类发展的一致性，自然和人类世界必然同样存在着一些统一体所赋予的统一的自然和数学法则。

经过多年的探索，福禄培尔认为他找到了统一体赋予自然与人类的统一法则。通过对球体、晶体、植物和动物中力的法则进行探究，福禄培尔总结道："无限多样的自然形体，在其形成和发展的一切阶段上都是由同一种力所决定的，是同一种力的产物。"① 这同一种力是作为一个统一体存在的，但是与此同时，它又通过无限多样化的形式将自身表现出来。因此，福禄培尔认为他从中得出了所有事物发展的一条统一法则："只有在统一性、个性、多样性三位一体的表现中，自然界中的每一事物才能完美无缺地表现自己的本质。"② 即任何事物的本质都有着统一性、多样性和个体性的三重表现方式，并遵循着普遍性与特殊性、内在化与外在化相互转换（最终可归纳为对立统一）的法则。统一法则的发现让福禄培尔对于自然和人类都是统一体精神的表达、自然和人类发展具有统一性等想法有了进一步的确认，也让他对于统一体的本质有了更深刻的理解。

福禄培尔推测，由于万物都有着三位一体的表现形式的法则，统一体也必然是具有统一性、多样性和个体性的三位一体的本质。"泛神论的思想已经过时了，我们与一个不可分裂的统一体之间没有什么关系，而是与一个三位一体的统一体有关。"③ 由此，福禄培尔试图说明的是，"上帝更多的来说是意志，一个有着纷争的存在，一个并非只是统一体，而是在其自身拥有无数种多样性的统一体，他时刻对这些多样性进行着积极的诠释"④。基于此，福禄培尔发展出自身有关统一体、自然和人类的三位一体式的理解。

（二）福禄培尔的三位一体的人性观的形成

依据这种三位一体的统一体的思想，福禄培尔认为人的本质同样也有着这样一种统一性、多样性与个体性的三重表现形式。"对于被赋予了神圣的、尘世的和人的属性的人类而言，应当被视为具有与上帝、自然和人类的三重关系；他的内部包含着统一性（上帝）、多样性（自然）、个体性（人），同时还包含着现在、过去和未来。"⑤ 福禄培尔认为，人的本性中有着一些统一性的内容，人在发展的各个阶段又将呈现多样性的特点，但与此同时，这种统一性和多样性的内容都需要用一种个体性的方式表现出来。

1. 人性的统一性的表现（人性之必然性）

人的本质首先以一种统一性的方式表

---

① （德）福禄培尔：《人的教育》，孙祖复译，北京：人民教育出版社，1991 年，第 151 页。

② 同上。

③ B. Marenholtz-Bülow, *Reminiscences of Friedrich Froebel*. Trans by H. Mann, Boston: Lee & Shepard, 1895, p.29.

④ P. Cole, *Herbart and Froebel: An Attempt at Synthesis*. New York: Teachers College, Columbia University, 1907, p.36.

⑤ Friedrich Froebel, *The Education of Man*. Trans by W. N. Hailmann, New York: Dover Publishers, 2005, p.17.

现出来，这是统一体赋予人性发展的一种必然性。这种必然性主要体现在人类的发展必须有着统一的目的和方向，同时需要遵循所有事物发展的统一法则。在福禄培尔看来，人性的发展并不是随意的、无目的的，而是有着其特定的方向和目的，即展现统一体赋予人类的精神。而对福禄培尔而言，这种统一体精神的内涵主要在于人对于内部和外部世界之间的绝对统一性的一种自我意识。因此，达到这样一种统一的自我意识是人性发展的目的所在。

此外，人的本质的展现必然遵循所有事物发展的统一法则，如“内在外在化，外在内在化，为内在和外在寻找到统一”①、一般化与特殊化相互转变、有限与无限相互转变等法则。福禄培尔将这所有的法则总结为一个大的法则——“对立统一”。福禄培尔认为，“每一个事物，每一个生物，只有当人把它同它的对立物联系起来，并发现了它与对立物的统一性、一致性和同一性时，才能被认识”②。在此，福禄培尔将“对立统一”更多地视为人类认识的法则，但随后，福禄培尔将这个法则扩展成人生命的发展法则，甚至是统一体创造所有事物时的法则。“生命是由对立统一的不断发展而构成的，这是上帝置于生命当中的永恒的法则。”③“上帝作为三位一体的统一体在所有他的创造物中都是为我们所见的。难道我们不经常发现到处都是对立与统一的这样一种三位一体吗？我们在某些地方发现了对立不也可以在那发现统一吗？这些所出现的对立是宇宙中或者至少是有机体（作用与反作用）中所有运动的原因。”④由此，福禄培尔的“对立统一法则”获得了更为丰富的演绎方式。“大与小，高与矮，上与下，前与后，内与外，左与右，向前与向后，硬与软，轻与重，年老与年幼，善与恶，爱与恨，美丽与丑陋，有力与虚弱，慷慨与吝啬，健康与疾病，自由与奴役，这些都是福禄培尔理论的演绎。”⑤福禄培尔认为，正是在这样的一种不断对立及其统一的过程中，人类获得了自身的发展。

2. 人性的多样性的表现（人性之必然性）

除了统一性的维度之外，人性还有着一种多样性的表现方式。这主要体现在人在一生的发展中具有阶段性的特点，而这是自然赋予人性发展的一种必然性。在福禄培尔看来，人的内在力的展现并非是一成不变的，而是一个动态的、阶段性的持续发展的过程。在对自然发展的统一法则进行探索的过程中，福禄培尔发现自然演变中力的不断发展与演变的过程，从最初的球体法则和晶体的单纯的力，到植物和动物的有活力的力，再到人类的精神力。由此，福禄培尔推论“个体的发展与自然的进化过程、人类历史的发展过程是和谐

---

① Friedrich Froebel, *The Education of Man*. Trans by W. N. Hailmann, New York: Dover publishers, 2005, p.41.

② （德）福禄培尔：《人的教育》，第 109 页。

③ E. Michaelis, H. K. Moore & B. A. & B. Mus (eds.), *Froebel's Letters on the Kindergartens*. London: Swan Sonnenschein & Co, 1891, p. 279.

④ B. Marenholtz-Bülow, *Reminiscences of Friedrich Froebel*. Trans by H. Mann, Boston: Lee & Shepard, 1895, p.29.

⑤ J. Hughes, *Froebel's Educational Laws for all Teachers*. New York: D. Appleton and Company, 1910, p.74.

一致的”[①]。如福禄培尔宣称的那样，“的确，每一个后继的世代和个人都必然经过人类发展和训练的所有阶段，因为人需要理解现在和过去，但是这不是以一种模仿、复制的方式，而是以一种活跃的、自发的自我活动的方式”[②]。同时，人的发展也“复现着万物发展和被创造的历史”。而且，“这种自然和人生经历相同发展过程的现象与其他任何类似的现象一样，对于自我认识和对自我和他人进行教育是极其重要的”[③]。

基于这样的原则，福禄培尔发展出了他对于人的发展的阶段性的理解。在他的《人的教育》中，福禄培尔主要讨论了人生的三个阶段：婴儿期、幼儿期和少年期（包括学生期）。福禄培尔认为儿童在婴儿期时还处于一种原初统一的状态，他的内部世界和外在世界还是混沌不清的。“在一个刚刚出生到世界上的人面前，即幼儿面前，出现的一个外部世界，尽管总是由同一些事物按照同一种结构组成，然而对他来说，最初是由处于迷雾般朦胧的、无形的黑暗和杂乱无章的混沌状态的，甚至幼儿本身和外部世界也相互混合的那种虚空构成的。”[④]当运用人类发展重复自然进化的过程这一观点来分析婴儿期时，福禄培尔认为婴儿期的这种特征与晶体中力的展现形式是最接近的，都是一种单纯起作用的力（或能量）的形式，而婴儿的力主要是以感官和肢体动作的形式表达出来。

当儿童开始自发地将内在外在化的时候，婴儿期就已经停止，儿童进入到幼儿期。在这个阶段，“随着语言的开始，内在的表达和表征产生”[⑤]。福禄培尔认为幼儿期的力表现在创造性本能当中，它的展现形式更接近于自然发展中植物的力的展现形式，即内在外在化。由于儿童开始将自己的内在进行外在化表达，“所以在他看来，他周围的其他一切东西也能进行与他相同的活动，不管它是一块石头或一块木头，不管是一棵植物、一朵花或一个动物，都是如此”[⑥]。在幼儿期阶段，身体的力量仍然是占据着优势的力量，而这主要体现在儿童的游戏当中。游戏是“内在本质的自发表现，是内在本质出于其本身的必要性和需要的向外表现”[⑦]。

人的发展的第三个阶段是少年期。在这个阶段，力的主要表现形式是外在内在化。“人的前一发展时期，即幼年时期，主要是生活的时期，是生活本身的时期，仅仅是为了生活而生活的时期。这是一个使内部的东西成为外部的东西的时期。而现在这个时期，即少年时期，则主要是使外部的东西成为内部的东西的时期，即学习的时期。”[⑧]这种少年期的力的表现形式更接近于自然发展中动物力的展现形式。而

---

① J. MacVannel, *The Educational Theories of Herbart and Froebel*. New York: The Columbia University Press, 1905, p.79.

② Friedrich Froebel, *The Education of Man*. Trans by W. N. Hailmann, New York: Dover Publishers, 2005, p.18.

③ （德）福禄培尔：《人的教育》，第 127 页。

④ 同上，第 32 页。

⑤ Friedrich Froebel, *The Education of Man*. Trans by W. N. Hailmann, New York: Dover Publishers, 2005, p.50.

⑥ （德）福禄培尔：《人的教育》，第 38 页。

⑦ 同上。

⑧ 同上，第 68 页。

这时候幼儿期的创造性本能也逐渐发展成形成性本能，因为少年使用其力的目的不再是单纯地使用力，而是为了追寻活动的结果或产物。在这个阶段，智力成为占优势的力量，因此学习成为主要任务。

人的发展的最高阶段在于力上升到自我意识阶段，“人自己能够感受、感知、理解和认识自己的力，能够意识到和将会意识到自己的力”①。这种意识主要体现在人发现了内在世界和外在世界的一种内在统一（即上帝），并有意识地展现自身的上帝精神。“作为明智和具有理性的人的特殊命运和特殊使命就是使他的本质，他的上帝精神，即上帝以及他的命运本身，成为完全的意识、活的认识和明确的观点，并自决地和自由地在自己的生活中加以贯彻，使之发生作用，得到展现。”② 人只有当意识到自己的本质即上帝精神之后，并且“在与上帝的这种一致中坚定不移地持续生活下去”③，人的力就发展到了精神的力而将过着一种道德的和宗教的生活。

这是福禄培尔关于人类发展的阶段性描述，同时他也提到了每个阶段间的相互关系。福禄培尔强调的是每个阶段发展间的连续性，因为“每一个后继的阶段，会像新的幼芽一样，从一个健全的芽苞里萌发出来，而他也将在每一个后继的阶段上，在同样的努力下，直到该阶段完满结束，实现该阶段提出的要求”④。这意味着力的表现形式虽然在人发展的每一个阶段会有所变化，但是人的一生始终是同一种力在发挥着作用。所以福禄培尔认为，“只有每一个先行的发展阶段上的人的充分发展，才能推动和引起每一个后继阶段上的充分和完满的发展”⑤。

3. 人性的个体性的表现（人性之自由）

在福禄培尔看来，虽然统一体与自然为人性的发展赋予了必然性，即人性的发展必须遵循一定的目的、法则和特定的发展阶段，但这些统一性和多样性的要求都必须以一种个体性的方式表现出来，这是人的本质展现的第三个维度。“固然人的后继的每一世代和每一个人都应当经历这一代以前的发展和训练，否则，他就不能理解过去和现在，然而不是采取模仿、复制、照抄的死的途径，而是采取主动地、自由地发展和训练的活的途径……它在每个人身上是以完全固有的、特殊的、个人的、独一无二的方式被表现、被塑造的，并且应当在每一个人身上以这种完全特殊的、独一无二的方式被表现。”⑥ 福禄培尔所认为的这种个体性的表现方式主要体现在人在展现其本质时须遵循自由和自我活动的原则。

在福禄培尔的思想中，人性的自由是非常核心的概念，甚至具有人性发展的终极意义。“正是上帝精神在人身上并通过人的生活所表现的自由和自决，这自由和自决便是全部教育和全部生活的目的和追求，也是人的唯一的命运。”⑦ 对福禄培尔

---

① （德）福禄培尔：《人的教育》，第 151 页。
② 同上，第 6 页。
③ 同上，第 101 页。
④ 同上，第 26 页。
⑤ 同上。
⑥ 同上，第 16—17 页。
⑦ 同上，第 11 页。

而言，“自由是一种实现神圣和人类自身的必然目的的意志”①。在福禄培尔的心中，这种自由意志的实现并非生而有之，它需要人后天的努力才能获得。“人天生就受着各种各样的束缚，由于这个原因他必须依靠自身的奋斗才能够获得自由。自由不可能白白地赋予我们，上帝也不能够把自由赐予我们，因为它是我们的道德和智能摆脱束缚的结果，而要达到这种状态只有通过自我活动才有可能。”②

在福禄培尔看来，自我活动是实现人性自由的基本途径。在自我活动的原则中，福禄培尔强调了两个方面的内容：一是每个个体的自我发展，二是活动。福禄培尔认为，“我们必须使儿童的个体本性活跃起来，并小心地去除一切会损害到儿童个体本性的东西。除此之外，我们别无他事”③。此外，福禄培尔强调活动的重要性。“就像植物依靠它自身的关键力量生长一样，人类的力量只有通过它的练习和努力才能够变得强大。”④他认为，人有着接受信息、反思信息的能力，也有着执行能力或者活动的能力。只有当人不仅仅只是接受和反思信息，而是处于持续不断的活动中时，人才能够不至于沦为机器人或者陷入空洞的幻想当中。此外，在福禄培尔看来，自我活动是一种遵循对立统一法则的自我发展过程，即一种持续不断地将内在外在化、将外在内在化、最终达到内在外在统一化的自我意识，并遵循自我意识而行动的过程。

4. 人性的三位一体表现形式的统一（人性之必然与自由的对立统一）

福禄培尔认为，人性的这三重维度存在着内在的对立，如人性发展的目的与人性的自由、人的发展的阶段性与人性的自由、个体性的发展与对世界统一性的认识、人性发展的法则与自我活动之间的对立等。但与此同时，在他看来，这种人性之必然与自由的对立其实是内在统一的，因为目的与自由、法则与自我活动、统一性与个体性之间是一种相生相随、相互依存的关系。这可以说是福禄培尔对于对立统一的法则在人性展现中的最高层面的运用。在他看来，没有自由的目的是强制性的，而没有目的的自由则是没有方向的；没有自我活动的法则是空洞的、干巴巴的，没有法则的自我活动则是随意的、无意义的；没有个体性的统一性是机械的、单调的，没有统一性的个体性则是离群的、有害的。由此，福禄培尔宣称，人性的三位一体的表现方式必须是同时存在、相互统一的。唯有人性在三个维度同时得以展现，人性才能够得到完整的发展。“唯有在这三方面的，然而是在自己内部和从属于自己的单一的以及多方面的统一的表现中，每一个人的内部本质才能够得到说明和显露出来，才能被揭示、被公开……

---

① P. Cole, *Herbert and Froebel: An Attempt at Synthesis.* New York: Teachers College, Columbia University, 1907, p.29.

② B. Marenholtz-Bülow, *Reminiscences of Friedrich Froebel.* Trans by H. Mann, Boston: Lee & Shepard, 1895, p.140.

③ P. Cole, *Herbert and Froebel: An Attempt at Synthesis.* New York: Teachers College, Columbia University, 1907, p.32.

④ J. Hughes, *Froebel's Educational Laws for all Teachers.* New York, D. Appleton and Company, 1910, p.98.

每一个事物，如果它的本质应当被揭示和公开，那么，对它这三方面统一的表现的承认和运用，就只会导致对每一事物的正确认识和对其本质的正确理解。”①

二、福禄培尔的三位一体式的儿童观

基于对三位一体的统一体和人性观的理解，福禄培尔自然地演绎出他对于儿童本性的三位一体式的解读。

（一）儿童本性的统一性的表现

福禄培尔认为，人性的统一性的表现主要在于人性发展有着一定的目的，而且遵循着发展的统一法则。那么，儿童本性的展现也同样遵循着这样一些统一性的要求。在福禄培尔看来，儿童本性展现的目的在于彰显自身的统一体精神，这与人性发展的目的是一致的，而且“我们越清楚地往后追溯我们的生活道路，直至追溯到儿童期，我们将越清楚地看到前方目的的光亮”②。由此，福禄培尔突出了儿童本性展现的方向性与其重要性。

在性善论的基础上，福禄培尔提出儿童也是善的。“儿童在这一时期所做的一切都体现出占据他的心灵的一种深刻的渴望和意向，一种深刻、充满意义的感觉。他的一切行动具有共同的性质，因为他在寻求把万物结合在一起的统一体，并在万物之中和万物的相互关系中发现自己。”③在福禄培尔看来，儿童的这种朝向统一体的渴望和意向是儿童本善的证明，但是由于这种渴望通常被成人误解或者是扭曲，从而使得儿童变坏。“从孩子方面来说，或者由于无知，由于缺乏考虑，或者也由于他对自身以外的正确和错误具有十分敏锐的鉴别能力，因而从一种十分出色的、值得赞扬的公正感出发而做的一切，总是被他们归结为一种可恶的、不良的或至少是一种不恰当的意图。”④这是福禄培尔对于儿童的善与儿童罪恶的来源的理解。

此外，基于福禄培尔对于自然和人性发展的统一法则（即对立统一法则）的认识，他认为儿童本性的展现也同样遵循这样一种对立统一的法则。但是由于儿童期是人的发展的早期阶段，对立统一法则在儿童期的展现有着特殊的方式。

（二）儿童本性的特殊性的表现

在对人性的多样性表现的理解中，福禄培尔发现了人的发展的阶段性特点，由此也彰显出了每个阶段都有其发展的特殊性，因此发现儿童期的特殊性成为他研究儿童本性的第二个维度。基于人的发展将重复所有自然生命进化过程的观点，福禄培尔发现了人与自然发展的相同与不同之处。在他的思想中，虽然自然和人源于统一体这同一种力，但是自然和人分属于力的发展的不同阶段。“由于人站在上帝与自然中间，在创造者和创造物之间，一方面他是作为自然的产物而从属于无意识的世界，但另一方面人的思想将发展至自

① （德）福禄培尔：《人的教育》，第 18 页。

② Henry Barnard, *Papers on Froebel's Kindergarten, with Suggestions on Principles and Methods of Child Culture in Different Countries*. Hartford: Office of Barnard's American Journal of Education, 1890, p.225.

③ （德）福禄培尔：《人的教育》，第 90 页。

④ 同上，第 89 页。

我意识的存在而与上帝统一，或者说拥有上帝的思想。”① 人在发展的早期阶段将重复自然生命的进化过程，因此处于发展早期阶段的人与自然一样从属于无意识的世界。而到了人发展的后期阶段，人将从无意识阶段过渡到意识阶段，从而具备自然进化的最高阶段（即人的阶段）的独特属性。由此，福禄培尔认为，“人类生命是一种从无意识到最高的意识的过渡”，而儿童期指的就是人类发展的这种无意识时期。正是由于儿童期处于成年期之前，福禄培尔宣称“在有意识的人类中所存在的事情没有哪一样不是从无意识的儿童的灵魂中所发展起来的”②。

根据福禄培尔对于儿童与自然同属于无意识世界的理解，他意识到儿童与自然发展之间有着紧密的内在联系。在自然进化的早期阶段（如晶体、植物和动物），它们都以特殊的方式无意识地展现着统一体所赋予的对立统一法则。而由此推论，儿童本性的无意识展现也必然遵循着它们展现自身时的法则。福禄培尔将儿童阶段力的无意识展现称为“创造性本能”。福禄培尔认为，儿童的创造性本能的展现并非是随意的，而是遵循着晶体、植物等自然阶段力的展现法则。“最简单的形式（类型）存在于这个世界的组织的基础当中，也存在于儿童理解世界的思想、表达上帝思想（精神）的基础当中。而这些最简单的、未阐明的形式就是晶体的基本形式。”③ 根据福禄培尔之前对晶体的研究，他发现晶体的力是一种单纯起作用的力，并遵循着点、线、面相互转换，普遍化与一般化相互转换，内在与外在相互转换这样一些对立统一的法则。此外，它还遵循着从片面发展到全面发展、从不完美到完美、从简单到复杂这样一些法则。因此，创造性本能在儿童发展的早期也是一种单纯起作用的力，并遵循着这样一些晶体发展的法则。而随着儿童的成长，创造性本能的展现将慢慢加入植物的力的性质（即作为一种生存着的力）而呈现出独特的展现法则，即内在外在化。这也就是为什么福禄培尔提出幼儿期是生活的时期，是将内在外在化的时期。

在福禄培尔看来，身体动作和感官是儿童展现其创造性本能的途径，“这种激情体现在儿童不停的活动当中，在婴儿期和儿童早期它特别显示在身体运动和感官的能量当中”④。“福禄培尔非常清楚地看到了身体和心智之间的紧密关系，他相信头脑的发展在很大程度上依赖于身体动作的发展。”⑤ 因此，福禄培尔试图将儿童的身体动作和感官发展与儿童的创造性本能的展现法则结合起来，这样儿童的身体发展、心智发展和灵魂发展有了同样的发展方向，儿童的身体、心智和灵魂也就能得到统一、同步的发展。

① B. Marenholtz-Bülow, *Reminiscences of Friedrich Froebel*. Trans by H. Mann, Boston: Lee & Shepard, 1895, p.223.

② Ibid., p.159.

③ Ibid., p.8.

④ Friedrich Froebel, Susan Blow, *The Mottoes and Commentaries of Friedrich Froebel's Mother Play*, New York: D. Appleton, 1895, p.59.

⑤ J. Hughes, *Froebel's Educational Laws for all Teachers*, New York, D. Appleton and Company, 1910, p.128.

（三）儿童本性的个体性的表现

除了统一性和多样性的维度之外，人性还有着个体性的表现方式，这也同样体现在儿童本性的展现上。因此，儿童本性的展现同样有着自由和自我活动的要求。福禄培尔认为，儿童阶段的自由有着特殊的表现形式，“解放儿童的肢体和感官、心理的各种力量，这样儿童才能得到自由”①。“但是儿童发展的自由如果没有促进发展的活动是不足够的。”②由此，为了让儿童获得自由的发展，福禄培尔尤为强调儿童的自我活动。“只有通过他的发挥、他的工作、他的个人活动，儿童才能得到与他的人性相一致的自身的发展，才能认识到真正的自我。”③基于这样一种自由和自我活动的要求，儿童的游戏成为福禄培尔最佳的选择。因为儿童的游戏不仅仅只是锻炼了他们的身体和感官，而且在游戏中的儿童是自由、自主地活动着的。

因此福禄培尔提出，“假如我们知道该如何为一个自由活动着的、具有创造力和富有成效的儿童制作他的第一个玩具的话，儿童的游戏就能够同时增进他灵魂和身体的力量”④。这也就意味着儿童的创造性本能能够在儿童的游戏中得到最好的展现。由此，福禄培尔对游戏赋予了非常高的价值和地位，“游戏是人在这一阶段上最纯洁的精神产物，同时是人的整个生活、人和一切事物内部隐藏着的自然生活的样品和复制品”⑤。“这一年龄阶段的各种游戏是整个未来生活的胚芽，因为整个人的最纯洁的素质和最内在的思想就是在游戏中得到发展和表现。”⑥“即使有些人说我没有给教育带来任何新的想法，或者说我所宣扬的教育目的是早为人知的，我想我在儿童的游戏中是带来了一些新想法的。这些游戏让我们意识到我们必须给儿童提供活动以发展其力量，否则这些力量会因为没有使用而丧失掉，或者由于过早的学习而被限制掉。”⑦

（四）儿童本性的三重表现方式的统一

在福禄培尔的观点中，人性的三重表现方式需要是同时存在、互相统一的。因此，儿童本性的三重表现方式也必须是内在统一的。在这三重表现方式中，福禄培尔所提到的儿童本性对于法则的遵循与儿童创造性本能展现的自由与自我活动的要求之间、儿童本性展现的方向性（统一性）与儿童的个体性表现之间似乎都存在着对立，而福禄培尔认为这些对立之间存在着一种内在统一的关系。因为在福禄培尔看来，如果儿童的活动纯粹地留给他们自己，那么他们的活动很容易陷入无序和无意义的状态；而如果儿童的活动有着一系列的规则与控制，那这些规则与控制是违背自然的，那么这种控制将变得人工化，并将压制儿童的自由与个性的发展。

---

① Henry Barnard, *Papers on Froebel's Kindergarten, with Suggestions on Principles and Methods of Child Culture in Different Countries*. Hartford: Office of Barnard's American Journal of Education, 1890, p.223.

② Ibid.

③ Ibid., p.224.

④ J. Hughes, *Froebel's Educational Laws for all Teachers*. New York, D. Appleton and Company, 1910, p.122.

⑤ （德）福禄培尔：《人的教育》，第 38 页。

⑥ 同上，第 39 页。

⑦ J. Hughes, *Froebel's Educational Laws for all Teachers*. New York, D. Appleton and Company, 1910, p.121.

如果儿童的发展仅仅只是没有目的、没有方向的个体性发展，那么儿童的发展是无益的；而如果仅仅强调儿童发展的目的性或统一性，看不到儿童发展的个性化特点，那么这样的发展也是机械的、强制的。

因此，在福禄培尔看来，法则与自由是相伴随的，个体性与统一性也是同时存在的。那么，“福禄培尔的任务在于在成人的指导下将游戏系统化，而不破坏游戏的自由和儿童在游戏中的自发性和独立性。然而他知道，理性的法则是完美的自由的最有力的基础，儿童并不会由于他们在一些确定规则的控制下而失去对游戏的喜爱，他也尽最大的努力使教师不去限制儿童的自由或扼杀儿童的灵性”①。他也试图将一种包含有个体性与多样性中的统一性的精神融入儿童生活当中。福禄培尔认为，唯有将儿童本性的这三重表现方式都内在地统一起来，儿童的本性才能够得到最完整的展现。

三、福禄培尔儿童观的历史阐述及与当代儿童观的对话

（一）福禄培尔儿童观在历史中的阐述

在19世纪下半叶，一场遍及全世界的幼儿园运动（Kindergarten Movement，或称“福禄培尔运动”，Froebel Movement）在福禄培尔幼儿园教育思想的影响下开展起来。可以说，幼儿园运动的出现给各个国家儿童早期教育的发展带去了巨大的变化。福禄培尔关于儿童本性的部分理解慢慢进入世界各国的儿童早期教育领域当中，如他的有关游戏、儿童的自我活动和儿童发展的内在法则等观念。然而，通过研究福禄培尔的儿童本性观的历史传播过程可以发现，后来的研究者们往往看到的是福禄培尔的儿童本性观的一个维度，而没有将福禄培尔的三位一体的儿童本性观完整地挖掘出来。而这正是由于福禄培尔思想中所存在的三位一体性给人们理解他的思想带来的一种困扰。“在福禄培尔的著作中，他时而强调自由游戏和创造性活动，时而强调一种规定性的、教师引领的实践体系，这种矛盾为福禄培尔思想的不同解释提供了基础。所以在20世纪初福禄培尔运动期间，福禄培尔思想的修正主义者们出现了争论，并都举例说明他们的理解是正确的，而这也揭示出福禄培尔阵营中关于什么是真正的实践有着不同的声音。”②

在美国，作为进化论思想崇拜者的霍尔一直相信他才是真正理解福禄培尔思想的人。他写道：“我是福禄培尔的真正门徒，我的正统教义才是真正的教义；如果福禄培尔现在来到芝加哥或者波士顿的话，他一定会同意的。”③在霍尔看来，福禄培尔的核心思想在于运用进化论的理论来理解人性并发现儿童发展的普遍法则，而不是那些琐碎的幼儿园课程材料。因此，霍尔提出只有对儿童进行更为细致的科学测试与实验才能清晰地把握儿童发展

---

① J. Hughes, *Froebel's Educational Laws for all Teachers*. New York, D. Appleton and Company, 1910, p.125.

② Jane Read, “Free Play with Froebel: Use and Abuse of Progressive Pedagogy in London's Infant Schools, 1870—c.1904”, *History of Education*, 2006(35), p.299.

③ M. Shapiro, *Child's Garden: The Kindergarten Movement from Froebel to Dewey*. London: The Pennsylvania State University Press, 1983, p.126.

的规律，而他认为这也是福禄培尔所希望看到的。通过霍尔的表达即可发现，他所看到的是福禄培尔有关儿童本性的多样性的维度，而没有将他的儿童本性的统一性和个体性维度综合起来看待。在科学背景下的霍尔所看到的是福禄培尔运用进化论思想来推演儿童发展的法则的思想，而没有看到他运用进化论背后的那种对于所有事物统一法则的追寻以及他对于儿童发展中的目的性和自由等精神的推崇。霍尔的这种理解使得新的科学研究儿童的方法紧盯着的是福禄培尔的幼儿园课程材料安排的问题，这恰恰是霍尔自己所批判的那种对于课程材料的过分关注，而没有看到福禄培尔课程材料仅仅是他思想的一种实践演绎方式，不能直接与课程材料背后的精神等同。

与霍尔不同，杜威主张的是发现福禄培尔儿童本性思想中的自由和自我活动精神。“与哈里斯、霍尔和帕克一样，杜威也认为他是福禄培尔思想的真正的美国诠释者。”① 杜威对于幼儿园运动中福禄培尔思想的传播方式进行了批判，“只要作业、游戏等不过是将福禄培尔和他早期的追随者所规定的那些活动变成永恒不变的东西，就有正当理由说，在许多方面推论是与它们相反的——这个推论就是，如果崇拜福禄培尔所讨论的外部活动，我们就不再是忠于他的原理了。”② 杜威认为福禄培尔的核心思想是重视儿童活动的本能与冲动的自然发展而不是外在材料。“一切教育活动的首要根基在于儿童本能的、冲动的态度和活动，而不在于外部材料的呈现和应用。”③ 因此，“这一事实意味着从遵循某种既定的或规定的制度，或遵循恩物、表演和作业的程式的必要性中完全解放出来”④，这样才能实现儿童真正的自我活动与自由。由此可看出，在杜威对福禄培尔思想的理解中，福禄培尔有关儿童本性的个体性维度被放大，而统一性的、多样性的维度则被相对地忽视掉了。杜威在分析福禄培尔思想时所看到的是福禄培尔对儿童自由的主张和对儿童创造性本能发展的重视等，而并未看到福禄培尔试图做出的法则与自由之间的统一的努力，也就是福禄培尔对于自由所做的一种规定性。

与提倡以法则或以自由来解读福禄培尔的儿童本性观不同的是，有一些教育者认为福禄培尔思想的核心是从上帝或自然的维度来理解儿童，如英国的 Alice Buckton。福禄培尔思想中对于上帝和自然的关注引起了对上帝和自然有着同样情感的 Buckton 的注意，因此 Buckton 成为福禄培尔思想的忠实拥护者。她在杂志上发表了多篇文章，并尤为主张儿童与自然的交往。她认为，“每个儿童都有权利拥有自己的花园，这样儿童可以在与自然持续交往的过程中发现自我，而这就是神给予人的最直接的启示之一”⑤。俄国的 Adelaida Simonovich 则“拒绝福禄培尔方

---

① M. Shapiro, *Child's Garden: The Kindergarten Movement from Froebel to Dewey*. London: The Pennsylvania State University Press, 1983, p.160.

②（美）杜威:《学校与社会·明日之学校》，赵祥麟等译，北京：人民教育出版社，2004 年，第 83 页。

③ 同上，第 81 页。

④ 同上，第 82 页。

⑤ Stephanie Mathivet, “Alice Buckton (1867—1944): The Legacy of a Froebelian in the Landscape of Glastonbury”, *History of Education*, 2006 (35), p.269.

法中的神秘与宗教性的元素，但是非常强调将儿童引入到自然世界当中。她为幼儿园中的儿童都提供了许多的自然材料以供建构游戏，并且鼓励儿童观察自然事物，并进行科学实验”①。

由于福禄培尔自身思想的丰富性与复杂性，再加之不同国家的文化背景、政治制度等因素不尽相同，不同的教育者对于福禄培尔的儿童本性观的诠释与理解有着很大的区别，而对于福禄培尔思想的反思与批判的侧重点也很不相同。但是必须指出的一点是，在幼儿园运动后期所出现的这些福禄培尔思想的新诠释仅仅强调的是福禄培尔所阐释的儿童本性的三重表现形式中的某一个方面，而没有看到福禄培尔思想内部的一种张力，即对于对立统一思想的充分运用。然而，虽然这些对于福禄培尔思想的新的诠释并未能够对福禄培尔的儿童本性观做出完整的解读，而只是侧重于他思想的某个方面，但是它们的出现让福禄培尔思想受到了各方面的质疑，使得福禄培尔的幼儿园教育思想渐渐被人们视为一种不科学的和不自由的教育体系，或者仅仅是一套固定的教育模式而不能适应本土化的要求。再加上当时教育去宗教化的新的社会背景，福禄培尔教育思想中的宗教话语也常被视为落后而备受诟病，而很少有研究对其宗教观进行细致辨析，看到其宗教话语背后所蕴藏的自然科学和人义论色彩。在对福禄培尔思想进行新的诠释、反思与批判的过程当中，一些由此而产生的新的理解儿童本性的方式开始占据各国的教育领域。如通过科学、标准化的手段来把握现实中儿童发展的规律这样一种理解儿童本性的方式，以及由此而带来的教育与发展之间的关系问题；或者是将儿童的自由和个体性发展视为儿童本性中最为核心的精神；或者是对于儿童的功利化理解，即儿童生存的目的在于适应社会，而教育的目的在于培养合格的社会公民，等等。这些理解儿童本性的方式一直存留至今，尤其是科学地理解儿童发展规律的方式在当代教育领域中仍占据主流地位。

（二）福禄培尔儿童观与当代儿童观的可能对话

如比较福禄培尔有关儿童本性的理解和当代学前教育领域中所存在的有关儿童本性的理解，我们可以发现两者之间存在着很大的区别。而正是这种区别将促进我们的对话，让我们能够进一步反思自身所存在的问题。首先，我们可以看到在当代话语体系中存在着一种儿童无绝对本质的相对主义的社会建构论思想，即认为儿童没有什么真正的木质，儿童的本性都是在社会中或者在政治体系中所建构出来的。这种观点大都寻求历史当中的一些事实来作为论据。而在福禄培尔看来，儿童是有其内在本性的，这种本性是先于人的经验的，并且所有国家、所有地区的儿童存在着一种相同的内在本性，但是，这种本性也有待后天自然地展开。既然这两种对儿童本性的理解有着这么大的不同，那么我们就必须来反思一下这两种思想之间哪种更有说服力。在儿童本性的建构论思想中，如果从一些史实出发而由此断定儿

① Yordanka Valkanova, Kevin J Brehon, “The Gifts and ‘Contributions’: Friedrich Froebel and Russian Education (1850—1929)”, *History of Education*, 2006(35), p.195.

童的本性都是在社会或政治发展要求当中建构起来的，这也就意味着儿童没有什么真正的本质，一种社会或政治对于儿童的影响和另外的一种社会或政治的影响之间也不存在好坏之分，一切对于儿童的社会建构都是合理的。这种建构主义的思想在主张相对主义的同时，却也在主张一种对于儿童无本质的绝对论，这在逻辑上来讲无疑是自相矛盾的。所以，这样一种儿童本性的建构论思想最终还是必须面临对社会针对儿童的各种建构方式进行价值判断的问题，而一旦试图做出价值判断，福禄培尔的对于什么是儿童真正的本性问题的追寻还是得重新开启。这样看来，对于儿童内在本性的探索依然是理解儿童的根本问题，而福禄培尔所提供的这种关于儿童有其内在本性的理解是非常值得我们去借鉴的。

其次，我们可以看到福禄培尔所认识的儿童本性的内容与当代对于儿童本性的理解是很不一样的。当代对于儿童的理解可以说主要依赖于儿童发展心理学的研究成果。随着儿童发展心理学这门学科的快速发展，人们掌握了大量有关儿童各方面发展（如语言发展、身体动作发展、认知发展、情感发展等）的普遍规律或者趋势，由此人们对于儿童发展的了解大大增多。这无疑是很有现实意义的。但是，由于儿童心理研究的日益分类化与精细化，人们所获得的对儿童本性的理解逐渐变得琐碎与分裂。这使得人们对于儿童发展的某个细节的了解掌握得越来越多，而对于儿童作为一个整体的理解则越来越少。如果将当代的这些观念与福禄培尔对于统一的渴求进行对比可以发现，福禄培尔要做的恰恰是将儿童身体、心智、灵魂等各方面的发展进行统一，从而找寻到儿童发展中最核心的统一精神。他所力图寻找的法则也不单单是儿童发展某个方面的发展规律或法则，而是一种所有方面发展的统一法则。这也提醒着当下这种“只见树木不见森林”的研究需要反思自身的问题，从而努力以一种更为宏观、统一的角度来理解儿童发展。另外，福禄培尔对于儿童本性发展中的目的与自由、个体性精神是同时关注的。但是福禄培尔所提的儿童的发展目的不是当代话语体系中经常出现的社会的目的、政治发展的目的或经济发展的目的，而是儿童作为一个人发展的目的，即朝向善的目的。福禄培尔对于儿童发展的自由的理解也不是一种让儿童随意为之的自由，而是一种人在朝向目的发展时的自由。福禄培尔对于个体性的发展也不是一种主张极端个体性的思想，而是重视儿童在彰显普遍生命时的个性化特征。这种对于儿童发展的目的与自由、个体性的同时思考对于现今流行的一些目的论，或儿童发展的极端自由论与个性论，或儿童发展的控制论来说都是具有非常大的启示意义的。他的思想也在促使我们进一步去思考儿童的发展是否有目的，什么才是更好的目的，儿童的自由与个性意味着什么，儿童发展的目的与儿童的自由、个性发展之间又该如何统一等问题。此外，福禄培尔对于儿童本性中的无意识的理解也提醒着我们去关注儿童文化与成人文化之间的异同，从而促使我们去关注一些用科学手段可能无法触及的儿童本性中的内容。

最后，我们也可以看到福禄培尔理解儿童本性的方式与当代理解儿童的基本方式相比有着很大的差别。现今关于儿童本性的理解大都是基于心理学的事实性研究，即研究者先建立假设，再通过采用科学的手段研究现实中部分儿童发展的情况以推断假设是否成立，由此形成对于儿童发展普遍规律的理解。这种研究方式已然是当下主流的理解儿童的方式。儿童发展的社会学研究试图采用文化相对性的理论来对这种研究普遍发展趋势的心理学进行挑战，但终究还是以事实研究来攻击事实研究，也就是说，其实它们的内在本质是一致的。而通过福禄培尔从理解宇宙统一精神、自然和人性出发来理解儿童本性的思路，我们则可以看到一种与事实性研究完全不同的研究儿童本性的方式。他在提醒着我们去思考这样一些问题：在思考儿童本性的时候，是不是还可以选择一些另外的维度？譬如说，对人性的深入思考是否可以帮助我们更好地理解儿童本性呢？人活着真的仅仅只是舒适地自我保存吗，还是说人性有着高贵的可能性？如果说人性有一种高贵的可能，那么儿童的精神中是否也有一种更为高贵的因素？又譬如说，对自然本质的深入思考是否可以帮助我们更好地理解儿童本性呢？自然仅仅只是为满足人类生存需要而存在，还是说有着更高的存在意义？如果它有着更高的存在意义，那么它对于我们理解人性有着什么样的帮助？它与儿童本性之间又存在着什么样的关系呢？再譬如说，将宇宙视为一个整体的思考是否有助于我们理解人性发展的目的和自然的本质，从而帮助我们更好地理解儿童本性，等等。福禄培尔可以说是给我们提供了这样一些丰富的视角来思考儿童本性，而这也将促使我们获得对于儿童本性更为深入的理解。

民国时期儿童学研究者群体分析及对当代的启示*

◎ 高振宇①

摘　要：民国时期儿童心理学、儿童教育学、儿童文学与儿童医学四个领域诞生了中国最早的一批儿童学研究者，他们中多数有出国留学或进修的背景，对西方不同领域的儿童学研究有清晰的认知和独到的见解。在返回国内后，他们纷纷结合国内情境发起和推动了儿童学研究，并取得了具有国内外影响力的重要成果。这些学者还致力于推动高校学科建设、学术团体建设和学术期刊建设，并积极投身于社会实践之中，对现实中的儿童产生积极影响。这些经验和启示都值得我国当代儿童研究者学习和借鉴。

关键词：儿童学　群体分析　理论贡献　当代启示

在西方国家，儿童学研究的第一波热潮主要出现在19世纪末20世纪初，受此影响，中国在20世纪初也同样涌现出了大批儿童学研究者。他们不仅在国内率先开辟了不同领域的儿童学研究，积累了极为丰硕的研究成果，而且也取得了许多举世瞩目的成就，受到国际同行的高度肯定和赞许。可以说，当时中国的儿童学研究水平在总体上是和世界保持同步状态的，甚至在某些方面还处于国际领先地位。反观我国当代的儿童学研究情况，不仅在许多领域方面仍处于空白或初步发展的状态，而且在已经发展起来的部分领域中，和国际同行的专业发展程度相比，亦有较大之差距；甚至在譬如儿童教育学的领域，绝大多数学者并没有将儿童及其对儿童的研究置于其研究的原点和核心地位。因此，尽管民国时期的儿童学研究是属于中国儿童学发展的初创阶段，且由于战乱的限制阻碍了它的充分发展，但是其已经取得的经验和成就仍然值得我们当代儿童学研究者学习，以此为推动当代中国儿童学的发展打下坚实的基础。本文将着重从核心学术人物分析的角度，来透视民国时期儿童学研究者的基本情况，因为他们是我国儿童学领域的主要奠基者和方向的引领者。所涉及的分支领域主要为四个，即儿童心理学、儿童教育学、儿童文学和儿童医学，代表人物包括廖世承、黄翼、凌冰、郭任远、萧孝嵘、朱智贤、曾作忠、陈鹤琴、陶行知、周作人、叶圣陶、郑振铎、诸福棠、陈翠贞、范权、邓金鍙和吴瑞萍等。

---

* 本文为国家社会科学基金青年项目“近代中国儿童学学术史研究”（18CZS036）的阶段性研究成果。

① 高振宇，杭州师范大学教育学院副教授、教育学博士，儿童哲学研究中心主任。

一、儿童学研究者的学缘情况分析

（一）多数在西方名校学习或进修，博采众长，了解并掌握当时西方儿童学研究的前沿理论

民国时期儿童学研究者中多数属于留美幼童或工作后前往西方国家进修、访学或考察者，因而拥有开阔的国际视野和丰富的国际交往经验。这些研究者在西方留学、进修或访学期间，基本上都拜在当时各领域儿童学研究者门下，与当时所在领域的许多权威学者都有不同程度的交往，并受到他们广泛而复杂的影响，从而使他们有机会深入接触并掌握当时西方最前沿的儿童学知识体系。这些研究者所在的大学基本上是当时东西方（主要是美国）高等教育界的名校，如哈佛大学、斯坦福大学、哥伦比亚大学、约翰·霍普金斯大学、加利福尼亚大学、克拉克大学、康奈尔大学、耶鲁大学、柏林大学、日本东京帝国大学等，也是儿童学研究不同领域的重镇。如哥伦比亚大学是机能主义学派代表人物桑代克（Edward Thorndike，1874—1949）、伍德沃斯（Robert S. Woodworth，1862—1962，旧译吴伟士）、卡特尔（James Mckeen Cattell，1860—1944）等所在的学校，也是进步主义教育代表人物杜威（John Dewey，1859—1952）、克伯屈（William Heard Kilpatrick，1871—1965）、孟禄（Paul Monroe，1869—1947）等所在的学校，因此成为对儿童心理学和儿童教育学感兴趣的中国学人竞相访问的核心目的地。克拉克大学则是20世纪初美国儿童学研究的中心地带，其校长兼心理学教授斯坦利·霍尔（Granville Stanley Hall，1844—1924）则是美国儿童学研究最核心的领军人物。康纳尔大学则以构造主义心理学派代表铁钦纳（Edward B. Titchener，1867—1927）为主要领导者。约翰·霍普金斯大学的心理学有着鲜明的行为主义传统，华生（John B. Watson，1878—1958）于1920年之前在此任教。斯坦福大学则以推孟（Lewis M. Terman，1877—1956）、迈尔斯（Walter R. Miles，1885—1978）等为主要领导者，推孟是斯坦利·霍尔的学生并且是美国心理学会主席。耶鲁大学则有提出成熟势力说的美国著名心理学家格赛尔（Arnold L. Gesell）长期任教，格赛尔也是克拉克大学斯坦利·霍尔培养的心理学博士。美国纽约州立大学和哈佛大学则拥有当时全球顶尖的医学院，中国儿科的几位奠基人物相继在这些大学攻读博士学位或进修。

具体而言，在儿童心理学领域，凌冰赴美留学，先入斯坦福大学、哥伦比亚大学，后入克拉克大学，在斯坦利·霍尔的指导下，以《公立学校与战争》为题，获得博士学位。主编过《儿童学》等著作的曾作忠也留学于美国华盛顿大学心理学专业，先后获得硕士和博士学位。黄翼则留学斯坦福大学，在推孟和迈尔斯指导下获得硕士学位，出于对儿童心理学的兴趣，考取耶鲁大学攻读博士学位，师从格赛尔，其间对格式塔心理学的理论和实验深感兴趣，曾受到当时在美国访学的格式塔心理学家考夫卡（Kurt Kofflka）的指导，并完成其博士论文《儿童对奇异现象之解释》。郭任远于1918年赴美国加利福尼亚大学伯克利分校学习，主攻心理学，他对华生的行为主义学说深为赞赏，而他的导师则为新行为主义大师托尔曼（E.C. Tolman）。萧孝嵘于1926年赴美国哥伦比亚大学留学，1927年获硕士学位，同年

赴德国柏林大学深造，1928年返回美国，1930年获加利福尼亚大学心理学哲学博士学位，主攻方向为儿童心理发展，随后赴英国、法国、德国等心理研究所进行博士后的心理学调查研究。朱智贤则曾赴日本东京帝国大学进修，在大学院教育学研究室学习，在此期间研习了大量的儿童心理学著作，并翻译了野上俊夫《青年心理与教育》等书。廖世承在1915年9月进入布朗大学攻读教育学、心理学学位，因全年成绩优异、学术成就突出而获得詹姆斯·曼宁奖学金；1918年7—8月期间参加美国哥伦比亚大学师范学院的暑期课程班，修习教育心理和统计的实际应用、小学教育测量等课程，而后继续在布朗大学攻读博士学位，其导师为美国著名的心理学家科尔文教授（S. S. Colvin），其博士论文的题目为《非智力因素的量化研究》，最终成为第一个获得布朗大学博士学位的亚洲人。

在儿童医学（儿科）领域，范权、诸福棠、邓金鍌和吴瑞萍等均就读于由美国洛克菲勒基金会创办的北京协和医学院，最终获得美国纽约州立大学的医学博士学位，其中有不少人留学哈佛大学或耶鲁大学医学院继续进修，从事国际化的儿科研究。诸福棠在就读北京协和医学院期间，深受学院内中外教授的熏陶。据他自己回忆说，他很喜欢听内科教授斯乃博（Snapper）讲课，因为他善于讲临床示范课，抓住有趣的诊疗问题并加以发挥，使听者终生难忘。后来美国著名的儿科权威豪特（L. Emmett Holt）来协和担任客座教授，讲授了大量儿童保健方面的知识，并论述了防治儿童疾病的重要性。这就直接促使诸福棠萌生了专攻儿科的念头。[①]在哈佛大学医学院进修期间，诸福棠的导师为当时美国有名的儿科专家博兰克芬教授（K. D. Blackfan）的第一助手麦肯恩（C. F. Mckhann）教授，名师的指导再加上优良的医疗设备和学习条件让诸福棠如鱼得水。就职于国立上海医学院的高镜朗则在美国罗氏基金会的资助下，赴美欧最具代表性的儿科医院及机构学习，了解并掌握了美欧最先进的儿科医疗水平及经验。先是到美国哈佛大学医学院和公共卫生学院儿童卫生科进修，次年前往纽约肺结核研究院参加儿童结核病课的学习，随后又赶往欧洲各国游学进修，曾就读于维也纳的冯·普利盖病院、丹麦京文生氏研究院皮肤结核科、德国杜塞尔多夫儿童传染病院，还观摩了法国巴黎的巴斯德研究所卡尔美托博士的肺结核门诊以及柏林医科大学儿科医院等。[②]

陈鹤琴则属于横跨儿童心理学和儿童教育学的代表性学者，他于1914年赴美留学，先进美国马里兰州的霍普金斯大学普通学科，插入大学二年级，除了学习英文、德文、法文外，还学习了政治学、市政学、经济学、教育学、心理学，特别对地质学、生物学有着浓厚的兴趣。两年中他广泛涉猎了各方面知识，暑期里还到康奈尔大学和阿莫斯特大学选读园艺学、汽车学、养蜂学、鸟学，最终获得文学学士学位。此后转入纽约的哥伦比亚大学师范学院，专攻教育学和心理学，获教育硕士

① 刘文典：《中国现代儿科学奠基人：诸福棠教授的一生》，北京：中国和平出版社，1990年，第40页。

② 陈挥、宋霁：《高镜朗：中国儿科泰斗》，见《医学与哲学》，2012年第33卷第10期，第79页。

学位。在哥伦比亚大学，陈鹤琴跟随克伯屈学习教育哲学，跟随孟禄学习教育史，跟随桑代克学习心理学，涉猎了广泛的儿童研究前沿知识。儿童教育学专家陶行知于1914年进入伊利诺伊大学研究院，攻读政治学硕士学位，其间深受来自哥伦比亚大学的考夫曼的影响。1915年秋天转入哥伦比亚大学，在此期间修习了杜威、克伯屈、施吹耳（George D. Strayer）、孟禄、康德尔（I.L.Kandel）等国际知名教授所开设的一系列重要课程，如教育哲学、教育行政、教育史、教育社会学、教育财政学、心理学等，受到进步主义教育理念的深刻影响，并成为奠定他一生儿童教育工作的基础。另外，陈鹤琴对儿童心理测验的兴趣及研究也可追溯至他的留学生涯期间。他曾自述自己留学回国后的最初几年对心理测验非常感兴趣，但“这种兴趣，当我未回国以前就产生了。那时候，在心理学家伍德沃斯的指导下，我曾选定自己的博士论文题目为《各民族智力的比较研究》，准备去做一次广泛的智力测验，结果虽然没有成功，可是我对智力测验的兴趣实始于斯”①。

周作人的儿童文学思想主要发端于日本，尤其是高岛平三郎的《歌咏儿童的文学》，这本书恰是在周作人留学日本的最后一年出版的。他赞同书中关于中国文学缺乏歌咏儿童内容的看法，认为中国之所以缺乏儿童诗乃是由于大家对儿童及文学观念的陈旧，正是为了改变这种对儿童的陈旧观念，周作人才开始致力于儿童文学的研究。日本以小川未明为代表的儿童文学家主张将童话、童谣视为“童心文学”，将其文艺精神和创作态度及方法概括为“童心主义”，并且主张童心不仅仅面向小孩，而且也面向一切没有失去童心的成人。这对周作人的儿童文学观也产生了重大影响。周作人认为，真正优秀的儿童文学作家必须满足两个条件：其一是成为诗人或文学家；其二是成为永久的孩子，即永葆赤子之心。他曾提到，“世上太多的大人虽然都亲自做过小孩子，但早失了‘赤子之心’，好像‘毛毛虫’的变了蝴蝶，前后完全是两种情状，这是很不幸的”②。周作人通过翻译柳田国男的《幼少者之声》，汲取了民俗学的方法，并将其引入到中国的儿童文学研究之中。1913—1915年期间，周作人即搜集整理了绍兴儿歌200余首，并于随后撰写了《儿歌之研究》，详细介绍了童谣的分类，并在理论上阐明了儿歌的性质。这些都说明了留学日本对周作人儿童文学观及其研究的深刻影响。周作人儿童文学思想的另一来源则是美国，尤其是斯坦利·霍尔之儿童学的影响，而这种影响的源头则在于高岛平三郎的另一本书《应用于教育的儿童研究》，周作人所用“儿童本位”一语极可能来自这本书。周作人后来购买了霍尔所著《儿童生活与教育的各方面》，并将儿童学的思想融入自己的研究之中，如在《童话略论》（1913）中，周作人即明确提到，“童话研究当以民俗学为据，探讨其本原，更益以儿童学，以定其应用之范围，乃为得之”；“……治教育童话，一当证诸民俗学，否则不成为童话，二当证诸儿童学，

① 北京市教育科学研究所编：《陈鹤琴全集（第6卷）》，南京：江苏教育出版社，1992年，第638页。
② 周作人：《周作人论儿童文学》，北京：海豚出版社，2012年。

否则不合于教育。”[1] 他进而认为除了传统的“体质知能的生长”“教养方策”等研究之外，有关于儿歌、童话的研究，也应归入儿童学的大范畴之内。

（二）积极参与到西方儿童学理论的建设与发展进程之中，并做出重要乃至独创性的贡献

民国时期的儿童学研究者不仅有丰裕的机会向西方学者学习，从而掌握最前沿的儿童研究理论及方法，同时在他们留学、访学或进修期间，通过自身的积极努力参与到全球的儿童学理论建设与发展进程之中，做出了重要贡献，有部分研究者甚至没有盲从当时西方儿童学者的主流观点，而是基于自己的判断和反思做出了独特性的理解与创造，并对全球的儿童学界产生了重大影响。如儿童心理学家萧孝嵘自德国研习格式塔心理学重返美国之后，于1928年在《心理学评论》（*Psychological Review*）上发表《格式塔心理学评论》（A Suggestive Review of Gestalt Psychology），在《心理学公报》（*Psychological Bulletin*）上发表《1926—1927年格式塔心理学的贡献》（Some Contributions of Gestalt Psychology From 1926 to 1927），通过这两篇文章向美国心理学界较为系统地介绍了格式塔心理学的重要观点和贡献。此前美国心理学界对格式塔心理学一直存在较多的误解，而这些文章对格式塔心理学的介绍受到美国心理学界的高度重视，并且受到哈佛大学心理学系主任波林的赞誉。萧本人因这些杰出的成就而荣获美国“科学荣誉学会”和“心理学荣誉学会”金钥匙，后来还与导师一起创立了至今仍负盛名的“哈罗德·琼斯儿童研究中心”（Harold Jones Child Study Center）。

郭任远在大学四年级即1920年时，即发表题为《取消心理学上的本能说》的论文，并发表在美国《哲学杂志》（*Journal of Philosophy*）1921年第18期上，从而成为最早最彻底反对本能论的心理学者。在当时的心理学界，虽然行为主义广为流行，但是仍有相当多的心理学者习惯于用“本能”这个旧概念来解释各种行为事实。如英国心理学权威、本能论者麦独孤（W. McDougall）于1920年在美国哈佛大学讲学时，就宣扬人的行为（包括儿童的行为）起源于先天遗传而来的本能。而郭任远1921年所发表的文章不仅否认本能的分类，而且彻底否认本能的先天概念；文中不仅直指麦独孤等西方心理学的知名人士，也指出华生的所谓“先天的反应”也属于这种先天概念的错误。郭任远认为儿童行为的发展实际上是机体反应系统的组织日趋复杂所致，所谓本能并非是先天生成的，而是一定发展过程的产物。他认为本能的概念既无助于对行为事实的了解，是懒汉的“完结心理学”（Finished Psychology），也是一种不试图用科学方法去研究行为发生的“安乐椅心理学”（Armchair Psychology）。他随后还发表《我们的本能是怎样获得的》《一种无遗传的心理学》等，进一步表达了这种思想。郭任远在这些文中批评行为主义创始人华生，称不是不赞成他的行为主义革命的主张，而是反对他的柔弱性、革命的不彻底性。华生在读到这些文章之后，曾回应郭任远道：“我赞成你大部分的主张，但我

---

[1] 钟叔河编订：《周作人散文全集（第1卷）》，桂林：广西师范大学出版社，2009年，第276—281页。

不能如你的极端。”而麦独孤在对郭任远的回应中，则就此将郭任远描述为“超华生的华生”（Out-Watsoned Mr. Waston）。无论如何，郭任远的儿童心理学观点引起了当时主流心理学界不同流派的注意，对进一步推动心理学的转型与发展发挥了至关重要的作用。

中国儿科奠基人诸福棠在哈佛大学医学院进修期间，其精湛的医术和优良的医疗作风赢得了人们的崇敬，第二年夏天他就担任了儿童病房的代理住院总医师，当时他才33岁。鉴于当时美国麻疹流行非常严重的情形，诸福棠做了认真思考，积极探索预防麻疹的良策。他提出了大胆假设，即患过麻疹的母亲会产生一种抗体通过胎盘传递给胎儿，经过多次的试验与观察，最后终于发现含有这种抗体的假球蛋白可以有效预防麻疹的发病，至少可以减轻症状，不致使小儿诱发肺炎而危及生命。诸福棠将自己的实验与临床报告写成论文，发表在美国权威的传染病学杂志和儿童疾病杂志上，引起巨大轰动。美国《时代周刊》记者闻讯前来采访，并写成《麻疹病儿的福音》一文，使诸福棠成为全美家喻户晓的人物。国际儿科界也公认胎盘球蛋白的确有麻疹被动免疫的功用。我国著名的免疫学家谢少文教授曾指出，“诸老师是我最佩服的科学家。他的重要科研成果胎盘球蛋白预防麻疹，是应用免疫学的一个绝大发现，它既有理论上的创新，又有应用上的贡献，非常有意义”①。足见诸福棠在儿科上的发现对当时世界儿科所做的杰出贡献。

二、儿童学研究者的理论贡献及核心思想分析

民国时期的儿童学研究者在国际留学、进修或访学的基础上，逐渐掌握扎实的儿童学专业知识，并接受系统的方法论训练，从而拿到了进入不同儿童研究领域的入场券，为同领域的其他学者所认可，甚至在此期间通过自己的创造性探索，先期取得了重大成就，博得了国际同行乃至权威人士的高度肯定，为他们回国后继续开展相关领域的儿童研究工作奠定了坚实基础。这些学者都怀有强烈的爱国之心，尽管在国外可能或已经享有高薪及更加优厚的条件，但他们基本上都毅然选择了回国，最终成为推动20世纪上半叶中国儿童研究运动的先锋人物。

（一）通过出版相关论文及著作，开启儿童学研究不同领域的先河

民国时期的儿童学研究者所做的第一大贡献就是通过出版相关著作或论文，在国内率先开辟了所在领域的儿童学研究，宣告了这些领域在国内学术界的诞生，从而推动了儿童学研究在国内的实质性发展。比如陈鹤琴是第一个在中国开展儿童心理学个案研究的学者。1920年他的第一个孩子陈一鸣出生，陈鹤琴便率先以其为对象，从出生的时刻开始就进行连续800多天的观察、实验，研究儿童身心发展的特点与规律，并从多方面总结家庭教育的实验研究成果，陆续写成《儿童心理之研究》与《家庭教育》两本代表性著作，开辟了国内研究儿童心理和家庭教育的先河。在《儿童心理之研究》这本书中，陈鹤琴从身体、动作、游戏、好奇心、惧

① 刘文典：《中国现代儿科学奠基人：诸福棠教授的一生》，第59—60页。

怕、知识、学习、言语、美感、绘画、思想、道德问题、男女性分别等十多个方面系统介绍了他对陈一鸣的观察与研究，得出了许多在儿童心理学领域具有重要意义的结论。以陈鹤琴的个案研究为参考，后续的儿童心理学研究者也陆续开展了围绕自己子女的系统研究，如葛承训于1925年开始对自己的女儿惠明进行了875天的观察，总结了其在哭、笑、眼、口、肢体和躯干动作、游戏、语言等方面的发展特点，并于1932年出版《一个女孩子的心理》；费景瑚也对自己的儿子进行了170天的持续观察，并将自己的研究与达尔文、霍尔、陈鹤琴、葛承训等进行了比较，发表了《均一六个月的身心发展》一文。① 就《家庭教育》这本书而言，陶行知为此所作的序最能说明该书的价值与意义："此书为东南大学教育科丛书之一，系近今中国出版教育专书中最有价值之著作"，"全书分12章，立家庭教育原则101条"，"前两章述儿童心理及普通教导法，为提纲挈领之讨论；后十章都是拿具体的事实来解释各项建议之涵义"，"在这书里，小孩子从醒到睡，从笑到哭，从吃到撒，从健康到生病，从待人到接物的种种问题，得到了很充分的讨论"，"这些讨论对于负家庭教育责任的，都有很具体的指导"。②

廖世承与陈鹤琴合作，于1921年不仅编译出版了我国最早的智力测验译著《比奈-西蒙智力测验法》，还编写了我国第一部心理测验原创著作《智力测验法》。在前一本书中，他们详细介绍了智力测验的用途、性质与方法，还介绍了35种具体的智力测验法。1925年，两人又合编出版了《测验概要》一书，在当时亦被公认为"测验最简便的用书"。当时为儿童所编制的各类测验中，一般都只是针对儿童个体，而廖世承编制的测验，不但用于儿童个人，也可用于团体，四五十名儿童可同时进行，且可适用于不同年龄（小学及初高中）、学科（自然、算学、英文、国文等科目及道德、时事政治等）学生智力的检测，还包含常识、词汇、填字、算术等十余种测验方法。这种测验被国内外学者誉为"廖氏团体智力测验"③。中华教育改进社曾在20年代将此测验方法当作全国教育调查学生智力的测验工具。此外，廖世承在国内还出版了第一本《教育心理》（1924）教科书，该书是在参考西方几本相关著作及结合我国当时最新实验材料的基础上编写而成，全书除了"绪论"（分为2课）和附录（2篇）外，另有"学习心理"（19课）、"儿童心理"（7课）、"个别差异"（15课）三编，共分为43课。

就儿童文学领域而言，虽然早在19世纪末20世纪初期就有学者提倡儿童读物必须切近儿童生活、符合儿童心理，并且有相应儿童文学的译著引进，但直至五四时期才有一批儿童文学研究者的集中提倡，并通过出版相关论文和著作，由此宣告中国儿童文学的正式诞生。这是因为五四时期初步形成了一支儿童文学研究与

① 费景瑚：《均一六个月的身心发展》，见《心理》（半年刊），1934年第1卷第2期。

② 陶行知：《评陈著之〈家庭教育〉——愿与天下父母共读之》，见《新教育评论》，1925年第1卷第2期。

③ 汤才伯：《廖世承：重视教育实验的哲学博士》，见《中国教师报》，2015年7月1日第013版。

创作的队伍（如鲁迅、周作人、茅盾、郑振铎、赵景深等），这些人对传统的儿童观进行了彻底清算，并由此建立起了真正儿童本位的文学观。如鲁迅在1919年的《新青年》上刊登了《我们现在怎样做父亲》一文，文中猛烈抨击了封建伦常对儿童的“残害”与“罪恶”，指出“直到近来，经过许多学者的研究，才知道孩子的世界，与成人截然不同。倘不先行理解，一味蛮做，便大碍于孩子的发达。所以一切设施，都应该以孩子为本位”，“此后觉醒的人，应该先洗净了东方古传的谬误思想，对于子女，义务思想须加多，而权利思想却大可切实核减，以准备改做幼者本位的道德”。[①] 就具体的研究而言，也是以周作人为代表的研究者最早开辟了儿童文学不同层面的研究。如早在1913年时，周作人就刊登了《童话研究》一文，最早提出“中国童话自昔有之，越中人家皆以是娱小儿，乡村之间尤多存者”，他率先从民俗学和比较文学的视角，在国内考察了童话的起源，具体分析了中国古代物婚式、食人式童话与外国同类型童话的区别，认为童话的起源与神话传说有密切关联，童话在儿童教育上有多方面的功能，因此应大力采风和应用。[②]1920年周作人写成《儿童的文学》一文，该文可以说是第一篇最为系统地论述儿童文学的论文，并且在文中第一次出现了“儿童文学”的概念表述。[③] 赵景深于“五四时期”收集了散见于全国各地报刊的18位作者的38篇儿童文学论文，集结为《童话评论》一书，其中有23篇是讨论童话的，此书可以说是我国第一部儿童文学的论文集，集中反映了“五四时期”——也就是中国儿童文学开创期的儿童文学研究成果。

儿童医学领域在近代的起步相对较晚，主要在民国后期才开始发端。如诸福棠联合北京协和医院的同事一起编著《实用儿科学》（1943），足足有80万字，成为中国近代史上第一本相对全面的儿科医学全书。这本书紧密结合我国实际情况，针对全国各地儿科疾病发病情况、病种和季节的不同而提出采取有针对性的诊断、资料和预防方法。当时结核病在全国广泛存在，防治儿童结核病也是当务之急，但是即便是美国权威的儿科用书也并未提及，而在诸福棠等人编著的《实用儿科学》中专门辟出特定章节进行了详细讨论。诸福棠在此书中提倡预防为主的思想，这在当时是非常具有前瞻性的。且诸福棠在此书中用了大量实际事例，深入浅出地把医理和方法说得非常清楚，便于医务工作者理解，就算普通人看了也大有裨益，能够学到不少防治小儿疾病的常识，因此它具有名副其实的“实用”性。此书在民间产生了广泛影响，无疑推动了整个中国的儿科研究与实践事业。如宋庆龄在上海看到此书后设法寄到了当时的解放区，并在那里进行广泛翻印，对解放区的儿童医疗保健工作发挥了重要作用。该书后来又在东北解放区重印，被列为“大学丛书”之一。

---

① 桑楚主编：《鲁迅经典》，北京：北京联合出版公司，2015年，第360—366页。

② 周作人：《儿童文学小论》，北京：北京十月文艺出版社，2011年。

③ 朱自强：《论周作人的“儿童文学观念”的发生——以美国影响为中心》，见《中国海洋大学学报》（社会科学版），2015年第2期，第52页。

（二）具有鲜明的中国风格，同时对西方儿童学理论进行了创造性改变与发展

民国时期的儿童学研究者大都具有开阔的国际视野，因而对国际同行的研究成果极为熟悉，早期大都是以引介、翻译和推广国际同行的成果（尤其以陶行知、陈鹤琴等哥伦比亚大学的学人对杜威学说的推广为典型代表）为主要研究工作，这对于儿童学的传播及掀起国内儿童研究的运动、带动全社会儿童观的变革等发挥了至关重要的作用。但是在推广儿童学的过程中，国内儿童学研究者并没有局限于国际同行的理论成果，而是在批判这些理论成果的基础上，结合中国本土的教育、文学、医学和心理学实践（实验），对其进行了创造性翻译、解释与改变，从而形成了具有鲜明中国气派和风格的研究成果，并为世界儿童学研究的发展做出了独特的贡献。这些研究者所进行的原创性研究，或具有世界同行的同等水平，或处于世界领先地位，从而收获了不少国际同行的认可及赞誉。如在儿童心理学领域，萧孝嵘尤对格式塔心理学的研究颇深，无论在西方还是在中国都是第一批发表论文或专著系统介绍这一学派理论的学者。在其《格式塔心理学原理》一书中，萧孝嵘全面介绍了格式塔心理学的起源、格式塔之内涵与外延、形基现象之分析、全体与部分、内部与外界、格式塔学派与内省派和行为主义流派的关系、格式塔学派与格拉兹学派和莱比锡学派的关系等。该书还曾得到哈佛大学心理系主任波林的盛赞。“格式塔”一词也正是由萧孝嵘所译出，并一直沿用至今，对华语心理学界产生了重大影响。萧孝嵘非常注重心理学研究的本土化，他在书中提到自己特别注意本国的特殊背景，因为“我国人的心理背景与他国人的心理背景自有一些差别，故在有些事件中，不能根据国外之研究结果推知本国的情形”，在研究心理学时，“尽量采用我国的研究资料”，只有在“在某些问题上如无我本国的研究资料，或有之而在某些方面尚有问题”，才采用国外的资料。[①]此外，萧孝嵘也认为国外儿童心理学研究成果存在过于理论化、个人化的特点，缺乏实践的针对性与指导意义，于是在他所出版的儿童心理学著作中，一方面阐述其重要的理论主张，另一方面也会指出简便易行的原则与方法，使儿童心理之实际问题得以解决。[②]

廖世承对国际儿童心理学的发展也做出了重要贡献。早在20世纪20年代初，廖世承就指出当时西方国家对儿童的智力测验已属较多，但很少有人编制儿童非智力测验的问卷与量表。而廖世承则在博士论文中就进行了道德判断测验和智力诚实测验这两个非智力测验，尤其是在儿童道德问题的研究上在西方儿童心理学的历史中具有相当的前瞻性。西方主要是在20世纪30年代以皮亚杰为代表才开始对儿童道德进行心理学研究。此后的50年代，科尔伯格（Lawrence Kohlberg，1927—1987）又对皮亚杰的儿童道德理论进行了系统拓展，形成新的道德发展阶段模式。而直至20世纪70年代末期才出现系统的“道德判断测验”（Moral Judgment

① 杨国枢：《中国人的心理与行为：本土化研究》，北京：中国人民大学出版社，2004年，第29页。

② 萧孝嵘：《实验儿童心理·自序》，上海：中华书局，1933年，第1页。

Test，简称 MJT）①。因此廖世承在儿童道德判断测验方面的研究完全可以说是领先于当时的西方学术界及整个时代的。黄翼是儿童心理学家格赛尔的及门弟子，但他并没有完全认可格赛尔的“成熟势力说”；黄翼在他发表的博士论文《儿童对奇异现象的解释》（1930）中运用皮亚杰所创造的临床法，以一系列本土化的实验来检验皮亚杰关于儿童思维发展的阶段性理论，他发现皮亚杰所提出的思维发展阶段不具有普遍性，如五六岁之前儿童的因果思维是近乎神奇的，五六岁到七八岁儿童的因果思维则近于泛灵论，十一二岁儿童的思维则是唯实论的。他还指出儿童思维的本质与成人相比并无特别显著的差异。而在其于国外发表的论文《儿童物理因果概念》（1943）一文中，黄翼则对皮亚杰的儿童物理因果思想进行了修正，同样发展了皮亚杰的儿童心理学理论。

陶行知深受杜威实用主义教育思想的影响，这在他于哥伦比亚大学留学及杜威访华期间尤为明显，但是在通过对中国当时教育实际进行了深入而广泛的调查之后，陶行知对杜威的思想进行了调整与创新，这种创新主要表现在变杜威的“教育即生活”为“生活即教育”、变杜威的“学校即社会”为“社会即学校”、变“做中学”为“教学做合一”。陶行知坦言，“‘教育即生活’是杜威先生的教育理论，也就是现代教育思潮的中流。我从民国六年陪着这个思潮到中国来，八年的经验告诉我说‘此路不通’。在山穷水尽的时候才悟到‘教学做合一’的道理。所以‘教学做合一’是实行‘教育即生活’碰到墙壁把头碰痛时所找出来的新路。‘教育即生活’的理论，至此翻了半个筋斗。实行‘教学做合一’的地方，再也不说‘教育即生活’……整个的教育便根本的变了一个方向，这新方向是‘生活即教育’”②。他还认为，“学校即社会”，“就好像把一只活泼的小鸟从天空里捉来关在笼里一样。它要以一个小的学校去把社会上所有的一切东西都吸收进来，所以容易弄假”。“社会即学校”则不然，“它是要把笼中的小鸟放到天空中去，使它能任意翱翔，是要把学校的一切伸张到大自然界里去”③。此外，陶行知还对杜威关于思维的理论进行了批判性思考，他指出自己“拿杜威先生的道理体验了十几年，觉得他所叙述的过程好比是一个单极的电路，通不出电流。他没有提及那思想的母亲。这位母亲便是行动”。于是他提出了“行动是思想的母亲，科学是从把戏中玩出来的”这个新命题。④

陈鹤琴也是批判吸收国外儿童学研究先进成果并进行本土化创造的杰出代表。他的儿子陈一鸣就曾回忆，陈鹤琴“广泛地吸收人家的东西，（但）他也批判的，哪一个都和我自己不完全一样。中国的儿童有什么不同，他都要重写的。所以他不照搬人家的。既要吸收人家的，还要分析。他的思想是实际的、批判的……把

① 孔令帅、张民选：《非智力测验的先行者——记廖世承先生在美国布朗大学的学习和学术》，见《现代基础教育研究》，2012 年第 6 期，第 25 页。

② 陶行知：《陶行知全集（第 2 卷）》，成都：四川教育出版社年，1991 年，第 7—8 页。

③ 同上，第 491 页。

④ 同上，第 139、667 页。

外国的搬来，那是搬来主义，脱离实际是不行的。好的拿来以后，哪个好，哪个不好，适合不适合我们国情，还要进行研究实验。这个就是最最可贵的。把这个作为他主导的、科学的态度。要经过实验，贯彻求真求是的原则”①。在儿童心理学方面和家庭教育研究方面，陈鹤琴都是基于自己对儿童的观察与实验而得出成果，其中的许多结论都与国外的儿童心理学研究结论不完全相同，如陈一鸣就坦言，“有一个就是关于好奇心的研究跟国外不一样”，“中国人的好奇心和外国人的不一样，外国人嘛问上帝怎么样，中国人就没有这个问题”，“这就是说心理学他既吸收人家的东西，又有不同的见解”。② 在《儿童心理学之研究》中，陈鹤琴则介绍了史密斯和霍尔关于儿童好奇心的研究，指出自己的研究方法不同于霍尔的问答法，而是采用对两个侄子的直接观察法，每日记录其所问的问句，持续了 27 天，共收录 357 句，而后就问句的体裁、性质、次数、内容等进行了研究，讨论了“好问心乃输入知识之门”“儿童的兴趣与经验”“儿童好问为何成人不问”等议题。

陈鹤琴的“活教育”理论则是结合自己的教育行政与实践经验，对西方儿童教育理论做出创造性发展的直接体现。如在目的论方面，杜威强调教育“在它自身以外，没有别的目的”，而陈鹤琴则认为对儿童的教育应是有目的的，这种目的即体现在“做人”“做中国人”“做现代中国人”三个方面。“做人”是所有儿童教育的共性，而“做中国人”则体现出根植中国、立足中国以及建设中国的民族性特征，“今天我们生在中国，是一个中国人，做一个中国人与一个别的国家的人不同”③。为了让中国人能够与时俱进、追上西方国家发展的步伐，教育应使儿童成长为具有五大特点的“现代中国人”，即拥有健全的身体、有创造的能力、有服务的精神、有合作的态度、有世界的眼光。在课程论方面，杜威强调学校即社会，儿童的社会活动而不是各个分化的学科应是儿童学习的中心，陈鹤琴则继承了杜威的思想，但陈鹤琴不仅强调社会，也强调自然，因此他说“大自然、大社会都是活教材”，“儿童的世界多么大，有伟大的自然，急待他去发现；有广博的社会，急待他去探讨。什么四季鲜艳夺目的花草树木，什么光怪陆离的虫鱼禽兽，什么变化莫测的风霜雨雪，什么奇妙伟大的日月星辰，都是儿童知识的保障”。④ 陈鹤琴赞同杜威关于儿童经验是整体而不能分科切割的思想，并创造性地提出了“整个教学法”和“五指活动”。他将儿童健康活动、儿童社会活动、儿童科学活动、儿童艺术活动、儿童文学活动有机地整合起来，分别视其为“五根手指”，这些手指既相互独立各有功能又自成一体，且只有完整地融为一体才能发挥真正的价值。在方法论方面，杜威强调“做中学”，他提出“人们最初的知识，最牢固保持的知识是关于怎样做的知识……

① 贾宏燕：《陈鹤琴教育思想的中国文化渊源与创新——一项口述史研究》，华东师范大学博士论文，2008 年，第 86 页。

② 同上，第 91 页。

③ 北京市教育科学研究所编：《陈鹤琴全集（第五卷）》，南京：江苏教育出版社，1991 年，第 63 页。

④ 同上，第 80 页。

应该认识到，自然的发展进程总是从包含着从做中学的那些情境开始的”①。陈鹤琴也赞同杜威的观点，他指出，“一切的学习，不论是肌肉的，不论是感觉的，不论是神经的，都要靠‘做’的”②。但陈鹤琴除继续提倡“做中学”之外，也提出教师应在“做中教”，到儿童的生活中去，成为儿童生活的指导者和参与者，并且师生都要通过“做”来获得新知和新的经验，实现教学相长和共同进步。陈鹤琴还据此提出了“四步教学过程论”，即实验观察、阅读思考、创作发表、批判研讨，其中渗透了鲜明的“做中学、做中教、做中求进步”的思想。

儿童文学领域的情况亦是如此，充分体现了本土化的创新与特色，也对世界儿童文学的发展做出了重要贡献。如郑振铎在担任《儿童世界》主编时，就为其设定了十种主要文体，其中“诗歌童谣”“故事”“童话”“戏剧”“寓言”“小说”六类几乎包括了当时东西方主流儿童文学的常见体裁。另外，他还别出心裁地从中国传统的艺术之中汲取灵感，将“插图”作为一种辅助的文体引入《儿童世界》之中。在与西方儿童文学接轨的同时，他创造性地将“歌谱”“格言”“滑稽画”这些辅助体裁也纳入《儿童世界》之中。这就对世界儿童文学体裁的扩展做出了重要贡献。叶圣陶在创作儿童童话时，虽然深受西洋童话大师如安徒生、王尔德、格林兄弟等的影响，但他个人的童话并非直接是“西化”的产物，而是深深地扎根于中国的现实土壤之中，有着浓郁的中国气派。如他的题材皆来源于中国的现实生活，从民族的土壤中挖掘而来，他在童话中所描写的物质生活环境与乡土风光、民族风俗、时令节序、服饰饮食等画面，完全是“中国式”的。周作人关于儿童文学与童心的理解虽然深受小川未明的影响，但是他个人的理解仍然是与日本学者有所差异的，甚至有一定的创新和超越。新村彻在其《中国儿童文学小史》中坦言，“在日本，童心是成人对自己孩提时代的一种怀旧情结；而周作人理解的童心，则是站在儿童的角度，通过对儿童进行综合性的观察，将其视为一个完全的人，和成人一样有同等的人格。在‘综合性’上，他超越了同时代的其他议论”③。此外，小川未明主张童话是教育与艺术兼备的，但周作人却认为童话更接近于艺术而非教育，它是感性的、具象的，是供人欣赏和感染人心向上的。

三、儿童学研究者的实践服务分析

（一）学术服务

1. 高校学科建设

民国时期的儿童学研究者基本来源于高校，因此参与高校的学科建设是他们的首要任务。他们中多数有在不同高等学府或医院工作的经历，他们参与到不同机构的学科建设之中，而这里的学科与儿童学研究密切相关。具体的工作内容包括：（1）进行不同科目的授课。民国时期的儿童学研究者，不管其是否有行政职务，一

① （美）杜威：《民主主义与教育》，王承绪译，北京：人民教育出版社，2001 年，第 184 页。

② 北京市教育科学研究所编：《陈鹤琴全集（第五卷）》，第 76 页。

③ 刘军：《日本文化视域中的周作人》，上海：上海文艺出版社，2010 年。

般都会走进课堂，与学生共同研讨儿童学研究的相关议题，有时候甚至同时在不同高校、不同系所内授课。(2）编撰教科书。由于民国时期的许多大学课程在早期都缺乏固定教材，通常都是大学教师自己收集整理和撰写讲义而成，因此儿童学研究者所出版的许多学术著作正源于他们的课堂教学，这些著作中的多数也成为当时各大学后期指定版教科书。(3）建立或参与建立儿童学研究实验室或相关系所，并亲自负责资金筹措、设备购置、资源调配、人员引进等细节工作。(4）推动高校局部或整体机制的改革，为教学与学术研究创造良好的环境。

凌冰在归国之后（1919—1927）即赴南开大学，成为学校第一任大学部主任。在此期间，一方面他要为学生讲授儿童心理学、教育学与哲学等课程，另一方面还要负责教学业务和筹资建校的工作。他以自己讲授的儿童心理学课程为基础，出版了《儿童学概论》(1921)，有力推动了当时中国的儿童学研究。黄翼在浙江大学担任心理学教授，当时心理学系在教学和科研方面均属空白，而黄翼为了推进心理学的学科建设，从图书馆资料到仪器设备都亲自采办，甚至筹建心理学实验室，从而使心理学学科初具规模。在此期间，他经常为学生开设“儿童心理学”“儿童训导与心理卫生”“儿童心理专题研究”“教育心理学”“教育统计学”“变态心理学”“实验心理学”等课程。

廖世承则先后担任南京高等师范学校（后改为东南大学）教育科教授兼附属中学校长、东南大学教育科教授兼附属中学主任、上海光华大学教育系主任及副校长、国立师范学院院长等职。1920年他与陈鹤琴一同建立了中国第一个心理系，并创办“南京高等师范学校心理实验室”，在中国率先开展心理测验的实验与研究，先后出版《智力测验法》和《测验概要》等著作。廖世承还是在中国最早开设“教育心理学”等课程的教育专家之一，由他编著的《教育心理学》是我国最早的关于教育心理学的高师教科书。萧恩承则于长沙师范学校教授儿童心理学，其编著的《儿童心理学》一书于1921年秋在商务印书馆出版；1930年起则任教于北京大学和北京师范大学，他还根据讲义重新编著了一册《儿童心理学》(1934)。萧孝嵘曾任南京中央大学心理学系教授，后兼任心理学系主任、心理学研究所所长等职。在中央大学任职期间，他先后讲授了十多门心理学课程，并结合教学开展研究，着力推广心理学在实践中的应用。

陶行知毕业归国之后曾在南京高等师范学校担任教育学教员兼教务助理，讲授“教育学”“教育行政学”“教育统计”等课程，后出任该校教务主任，并推行了一系列教学与管理层面的改革，如改“教授法”为“教学法”，在学生群体中推行自治制度，倡导男女同校，运用科学手段（如统计学原理）进行教务管理等。曾作忠曾于1941年担任广西教育研究所所长，后任广西师范专科学校（后升格为广西省立桂林师范学院、广西国立桂林师范学院）校长，设教育、史地、理化、国文、英语等系科。其间他聘请著名教育家林砺儒教授为教务长，协助改革学校教育体系，重视教育的实践性和民主性，积极聘请知名学者讲学，一时之间名师荟萃。曾作忠自己则坚持在教育系任教，讲授教育学。

周作人于1917—1919年担任北京大学文科教授兼国史编纂处编纂员，教授“近代欧洲文学史”“希腊罗马文学史”“近代散文”“佛教文学”“日本文学史”等课程，当时所教科目都没有指定教科书，需要自行编纂讲义，于是他边授课边编写，终成《欧洲文学史》(1918）等书。虽然周作人自己对这些书的评价并不高，称其为“杂凑而成”，但是其后这些书中的多部被商务印书馆推荐为大学教本。周作人还在北京大学创办东方语言文学系，出任首任系主任，同时兼任北京女子高等师范学院教师，教授“欧洲文学史”；兼任燕京大学国文系主任，并授“文学通论”“习作和讨论”等课。1928年时，周作人任北平大学文学院国文系教授、日本文学系主任，同时在文理分院任教兼国文系主任。

诸福棠协和毕业之后即担任助理住院医师兼助教，此后成为实习医生、住院医师，并在中英文期刊上发表《乳酸牛奶喂养婴儿》《手足搐搦症在香山慈幼院儿童的年龄、性别和季节分析》等论文，而后选择儿科作为职业方向，并在1936年担任协和医院第一任中国籍儿科主任。从国外进修回国之后，诸福棠继续在协和医学院任教，其间出版了《实用儿科学》作为关键性的教材，对协和医院内从事儿科工作的医师、实习医师等提供了重要的具有可操作性的参考。高镜朗毕业后先于嘉兴福音医院工作，后在上海会同其他同行参与筹建第四中山大学医学院（上海医科大学前身），任执行委员兼秘书、儿科讲师、儿科主任；出国进修返回之后则任上海医学院儿科教授，兼附属护校校长。陈翠贞从美国霍普金斯医学院获博士学位之后，曾任南京中央医院儿科主治医师，北京协和医学院儿科讲师，南京卫生局、南京中央大学和南京军医学校特约医师和儿科讲师；抗日战争爆发后，任中央大学医学院儿科主任医师兼副教授、国立上海医学院儿科主任医师兼教授，由于所授课程没有现成的教科书，参考书也非常匮乏，遂每晚在油灯下编写讲稿，凭着落日余晖在茅屋前阅读资料。抗战胜利后，陈翠贞随国立上海医学院迁回上海，继续从事儿科医务工作并培养儿科专业人才，为医学院学生讲授儿科全部课程，兼任附属中山医院儿科主任，每周定时去中国红十字会第一医院儿科病房查房。

2. 学术团体建设

学术团体的建设不仅发生在高校内部，而且也发生在高校之间，甚至主要取决于后者。高校内部的人力资源和经费有限，一所学校难以聚集同类型同领域的大量人才（尤其是在民国时期），因此当时建立了跨校合作的有效机制来调动和整合来自不同高校和区域的儿童学研究者，成为促进儿童学研究团体形成的更佳途径。民国时期的儿童学研究者在这方面做了初步表率，他们不仅致力于在高等院校内部推动儿童学研究及人才培养，而且积极联合其他同领域的研究者，共同发起成立相关学术组织，通过学术研讨会、研究成果展览会、出版研究成果、读书会或游艺会等方式，加深对儿童学众多议题的深入研讨与反思，增强研究者之间的学术与情感联系，从而有力推动了儿童学研究团体的形成和发展，并进而对全社会儿童观的转型及儿童研究浪潮的推动产生了极为关键的影响。

在儿童教育研究领域，陈鹤琴和陶行知、张宗麟等人于1926年在南京率先发起组织“中国幼儿教育研究会”，1929年又在此基础上发起成立能够吸纳更多教育界人士的“中华儿童教育社”，陈鹤琴任理事会主席。成立之初，只有个人社员47人，团体社员22个，主要团体代表有南京鼓楼幼稚园、晓庄试验乡村师范学校、上海商务印书馆尚公小学、浙江杭州横河小学、苏州中学实验小学等。但至1937年，中华儿童教育社的社员已多达4000人，团体社员达34个，分社28处，干事处21处，因此可以说中华儿童教育社已经成为当时全国最大的一个儿童教育学术团体和推动、研究儿童教育的中心。中华儿童教育社的性质是纯粹学术研究机构，“以研究小学教育、幼儿教育、家庭教育，注重实际问题，供给具体教材为宗旨”①。中华儿童教育社主要开展以下几类活动：首先是学术年会，从1930年至1937年期间共召开了7次年会，抗战期间及新中国成立前断断续续还有5次，各次学术年会的主题如表1所示。表中所列议题可以说都是当时基础教育领域最为热点的关键议题，对这些议题的充分讨论有助于推动基础教育改革的深化与发展，从而为儿童创造更有利的教育环境。同时，作为一种身体参与的形式，年会促成了学术团体内各地社员的意见交流和情感联络。而陈鹤琴等则经常被推举为大会主席并在开幕式上发表主旨演讲，极大地促进了这些教育领袖人物的社会资本及学术声望的积累。中华儿童教育社还经常邀请国际上知名的儿童教育专家来华讲学，如杜威、孟禄、克伯屈、罗格等；并且还参与国际儿童教育的组织及活动，如国际新教育同盟（New Education Follow-ship）、世界教育专业组织（World Organization of the Teaching Profession）等。

其次，除开展年会活动和国际交往活

表1　中华儿童教育社各届年会主题

会　次	时　间	地　点	到会人数	讨论研究中心
成立会	1929年7月	杭州	47	讨论社章
第一届	1930年7月	无锡	62	讨论小学课程
第二届	1931年4月	上海	322	讨论儿童中心教育
第三届	1932年11月	南京	204	讨论儿童健康
第四届	1933年7月	济南	113	讨论小学公民训练
第五届	1934年7月	武昌	215	讨论小学实际问题
第六届	1936年7月	庐山	700	讨论良师兴国运动
第七届	1937年7月	北平	600	讨论乡村教育及幼稚教育
第八届	1938年11月	重庆	250	讨论战时儿童教育
第九届	1942年11月	北碚	270	讨论战后儿童教育及师资培训
第十届	1944年1月	北碚	—	讨论儿童福利，举行儿童读物展览会
第十一届	1945年8月	北碚	289	讨论儿童福利
第十二届	1947年10月	南京	410	发动普及国民教育运动

① 《儿童教育》，中华儿童教育社，1929年第1卷第9—10期，第4页。

动之外，中华儿童教育社还积极出版儿童教育研究作品，包括“中华儿童教育社丛书”“中华儿童教育社乙种丛书”和“中华儿童教育社千种丛书”三类（如表2所示）。其中千种丛书编辑计划包括儿童教育研究丛书、小学教师辅导丛书、新儿童文库、小学儿童读物集、儿童文学丛书、儿童科学丛书、儿童卫生丛书、儿童工艺丛书、儿童书法范本、儿童音乐集、儿童美术集、幼稚儿童读本等。中华儿童教育社还组织社会开展与儿童教育相关的读书活动，最初由上海分社所组织，每月一次，形式包括读书分享、小型研讨会、演讲和参观等，目的是为了促进社员之间的学术交流与相互补益，参加者主要为陈鹤琴、董任坚及上海工部局所办各小学校长，此后南京分社也开始不定期举行读书活动。此外，为了增进研究者之间的感情，增强到会者的参会体验，展示儿童研究在教育界的优秀实践成果，中华儿童教育社在年会期间往往同时举办各种类型的游艺、展览和参观活动，如交谊会、儿童教育成绩展览会、当地名胜古迹考察、当地教育机构参观、儿童游艺表演（舞蹈、唱歌、武术、提琴独奏等）。

在儿童文学领域，研究者也积极参与学术团体的建设与发展。早在1920年11月，周作人等便已经提出要成立文学研究会，其目的有三：一为联络感情，二为增进知识，三为建立著作工会打下基础。最终在1921年1月，由郑振铎、茅盾、叶圣陶、周作人等联合发起，文学研究会才算真正成立，郑振铎为书记干事。文学研究会成立之初就把目光投向了儿童，他们发现传统的中国社会对儿童缺乏正当的理解，没有给予儿童必要的适合他们年龄的精神营养，因此主张新的文学战士应当为儿童创造新的文学作品，他们以《儿童

表2　中华儿童教育社出版的三类丛书

丛书名	责任者	书　名	出版单位	年份	备注
中华儿童教育社丛书	董任坚译	前进的教育	商务印书馆	1935	
	龚启昌译	儿童绘画心理之研究	商务印书馆	1936	
	黄冀	神仙故事与儿童心理	商务印书馆	1936	
	陈鹤琴、钟昭华	南京鼓楼幼稚园儿童生活写真	商务印书馆	1938	
	陈鹤琴、钟昭华	一年中幼儿园教学单元	商务印书馆	1939	
	俞子夷、吴志尧	小学视导	中华书局	1939	
中华儿童教育社乙种丛书	董任坚编	飞机的故事、火车的故事、轮船的故事、斫树的故事、造屋的故事、救火的故事、商店的故事（儿童故事画集）	世界书局	1932	
	董任坚编译	汪汪和咪咪	商务印书馆	1936	
	董任坚编译	俄国图画故事全集	商务印书馆	1937	
	董任坚编译	造游戏房	商务印书馆	—	
	董任坚编译	零到九（学算第一步）	商务印书馆	1940	
中华儿童教育社千种丛书	董任坚编	儿童研究纲要	世界书局	1948	再版

世界》《小说月报》等为主要阵地，掀起了一场有声有色的儿童文学研究与实践运动。其中郑振铎在研究会的成立和发展过程中发挥了关键性的作用。儿童文学研究会依托上述阵地积极译介国外的儿童文学作品，其作者几乎涵盖了当时西方所有主流的儿童文学作家，如安徒生、格林兄弟、王尔德、贝洛、小川未明等，这些翻译的作品甚至影响到了学校教育本身，尤以夏丏尊翻译的儿童小说《爱的教育》为代表，后被许多中小学列为学生必读课外书。另一方面，儿童文学研究会也积极推动本土的儿童文学创作与研究，体裁涉及童话、儿童诗、儿童散文、儿童小说、儿童戏剧、幼儿文学等。

儿童心理学则主要是在整体的心理学团体内运作和发展，而这些儿童心理学的杰出代表们在持续推动心理学团体的形成、重组和发展方面始终扮演着重要角色。当时，心理学的团体主要是以中华心理学会，该学会是在1921年于南京高等师范学校临时大礼堂内宣告成立的，成立之初以张耀翔为会长兼编辑股主任，陈鹤琴为总务股主任，廖世承、刘廷芳、凌冰等为指导员，总务股的办事处即设在南京高等师范学校，总会和编辑股则设在北京高等师范学校。该会以研究各种心理问题（包括儿童心理）为宗旨，“是专为联络中国心理专家和素有研究的心理学者而设”，其会员主要是从三个方面来研究心理学的：“一是昌明国内旧有的材料；二是考察国外新有的材料；三是根据这两种材料来发明自己的理论和实验。”①中华心理学会曾约定每年暑期内开大会一次，每半年开职员会一次。②中华心理学会自成立之后，会员逐年增加，鼎盛时达到235人，其中大学教授有20人，中学教职员有52人，其余则为专科及大学学生。但是其间缺少有效持久的学术活动及会议，因此该组织逐渐涣散。1931年时乃有部分心理学教授（包括艾伟、郭任远、萧孝嵘、沈有干、陈鹤琴、董任坚等15人），计划重建中华心理学会③，后因“九一八事变”的发生又被搁置。此后至1937年时，陆志韦、刘廷芳等再次倡议重组中华心理学会，改称“中国心理学会”，票选出萧孝嵘、艾伟、陆志韦、刘廷芳、汪敬熙等为学会理事，并计划当年暑期在北平举行第一届年会。在当时通过的章程中，再次重申学会是以促进心理学之研究及应用为宗旨，且会员有出席年会宣读论文之权利。④但后续因抗日战争的全面爆发，实质性的学术会议及其他行动未曾得机展开。

在儿童医学领域，1936年10月，诸福棠联合上海的高镜朗、祝慎之、富文寿等儿科研究者联合发起筹组“中华儿科学会”（即“中华医学会儿科组”），并于上海正式成立，祝慎之为首任会长。其宗旨为联合国内儿科同人，探讨学术，策励医事，以达怀幼保婴之目的。其组织结构内包括会长、副会长、书记、会计、编辑等。中华儿科学会的首批基本会员包括高镜朗、祝慎之、诸福棠、吴瑞萍、陈翠贞、范权等，其中高镜朗为会计，诸福棠

① 《本杂志宗旨》，见《心理》，1922年第1卷第1期，第1页。
② 《中华心理学会情形》，见《中华教育界》，1922年第11卷第7期，第1—2页。
③ 《中华心理学会筹备成立》，见《民国日报》，1931年7月7日。
④ 《中国心理学会成立》，见《中华教育界》，1937年第24卷第9期，第103—104页。

为编辑。中华儿科学会的章程中规定执行委员会每半年举行常会一次，每两年召开全体大会一次，大会时讨论会务，并宣读关于儿科的论文。① 有关中华儿科学会的学术年会及其他活动，缺乏具体史料记载，但中华儿科学会上海分会却开展过学术研讨活动，如1946年12月11日上海分会借福幼医院召开大会，当时参会者有50人，会上高镜朗用英语宣读《儿童脚气病之鉴别诊断》，用中文宣读了另一篇论文《儿童急性肺炎》，刘震南则宣读了《数种急性传染病之自动免疫法》的论文，这些论文都引发了与会者的热烈研讨。② 另据史料记载，中华儿科学会曾组织中国儿科专家赴美参加1947年9月在纽约举行的国际儿科大会，这说明当时中国的儿科学术团体在国际化方面做出了初步的努力。

3. 学术期刊等刊物的建设

学术期刊对于一个领域的形成与发展至关重要，通常它是依附于该领域所在核心组织的，或至少有某个学术团体在背后共同组织策划和运作，所以它的存在不仅能够维系学术团体内部的团结，提升其凝聚力和社会资本，从而能够使学者标识并逐渐认同自己作为儿童学研究者的身份，也能够推动儿童学研究成果的产出及知识的生产，由此构建更加系统的儿童学知识体系。民国时期的儿童学研究者充分认识到学术期刊的重要性，因此他们积极参与各自所在领域的学术期刊的建设工作。这些学者基本上都是领域内标杆性学术期刊的主要支持者和供稿者，有些研究者甚至是通过参与这些期刊的建设，才逐渐走进某个领域并成为该领域的专家。部分领军者更是这些期刊的直接发起人及创办者或主编，他们不仅自己撰稿组稿，而且进行了大量琐碎却重要的工作，如找领域内同人约稿、出版发行、稿费筹措等，为维系学术期刊的生存、推动这些刊物的发展付出了宝贵的时间。

陈鹤琴在创立幼稚研究会的同时，也创办了我国专门研究幼儿教育的刊物《幼儿教育》（月刊）作为其会刊，而伴随幼稚研究会改组为“中华儿童教育社”，《幼儿教育》也更名为面向更大年龄群体儿童及其教育的《儿童教育》。该刊自创刊之日起，直至1937年，共发行8卷68期。《儿童教育》可以说是近代中国第一份儿童教育的专业性期刊。它最先把“儿童教育”视为一个明确的研究领域，将学前教育和小学教育视为彼此联系的整体，并注重家庭教育与学校教育、社会教育的连接以及幼小衔接。《儿童教育》在形式上是为中华儿童教育社的年会做总结和研究成果的展示之用，“本社成立之后，便有年会。年会是交往意见、促进研究进一步的组织。所以每届年会，不但预定了中心问题，共同讨论，更将讨论的结果，印行年刊”③。因此其结构包括论著、报告、资料、展览会纪要、附录等部分，这在本质上已成为全国儿童教育研究者之间进行专业交流的重要平台，对促进学术共同体的形成也发挥了关键作用。为了让该刊持续

① 《中华儿科学会章程》，见《中华医学杂志》（上海），1938年第24卷第3期，第238—239页。
② 《中华儿科学会上海分会》，见《上海医事周刊》，1946年第12卷第1期，第2页。
③ 《健康教育》，上海大东书局，中华儿童教育社年刊，1932年第1期，第1—2页。

运转并发挥对全国儿童教育的影响力，促成儿童教育研究团体的形成以及儿童教育研究的发展，陈鹤琴作为主编，广泛依靠同学、同乡、同道、同事等资源与力量，努力确保杂志有充足的优质稿源。《儿童教育》的撰稿人群主要由四大类构成：一是大学研究者，如郑晓沧、尚仲农、董任坚、徐养秋等；二是幼儿园及中小学教师，如钟昭华、屠哲梅、李清悚、张宗麟等；三是相关杂志编辑，如沈百英、胡叔异等；四是其他社会人士，如绘画专家虞哲光、音乐家周淑安、王瑞娴等。①

郑振铎则是儿童文学领域最具有办刊和刊物建设经验的研究者，他主编或主创的刊物包括《儿童世界》《小说月报》《文学周报》《文艺复兴》等15种。《时事新报》副刊《学灯》的儿童文学专栏可以说是郑振铎开辟的现代报刊中的第一个儿童文学专栏，这正是在郑振铎担任该副刊编辑之时。《儿童世界》和《小说月报》则是儿童文学研究会主导的两份重量级期刊，其中《儿童世界》（周刊）属于给儿童看的非学术类杂志；《小说月报》除刊登儿童文学作品之外，也经常刊登儿童文学评述类文章，如茅盾的《最近的儿童文学》、沈泽民的《王尔德评传》等。就郑振铎所主编《儿童世界》而言，最初几期的工作几乎都是他一人承担，既作为主编，也作为译者和作者。他也积极依托儿童文学研究会的学术（作家）团队进行持续组稿和约稿，为推动儿童文学的传播发挥了重要作用。特别是为了让全社会教育者及家长认识到此刊物的重要性，做好舆论的宣传，他特地事先拟好了发刊词即《〈儿童世界〉宣言》并在不同的成人报刊（如《时事新报·学灯》《晨报副刊》《妇女杂志》等）发表，使社会各界能对此刊物的宗旨、内容及目标有清晰的了解，从而为后期刊物风靡全国奠定了坚实基础。通过组稿约稿，郑振铎也直接推动了儿童文学创作团队的形成。如叶圣陶就曾言："郑振铎兄创办《儿童世界》，要我作童话，我才作童话，集拢来就是题名为《稻草人》的那一本。"②事实上，叶圣陶的第一篇童话《小白船》的确发表在《儿童世界》中，此后他在《儿童世界》上总共发表了43篇童话，分别结集为《稻草人》（1923）、《古代英雄的石像》（1931）等著作，这为其成为童话创作大师奠定了坚实基础。《儿童世界》虽每周只出一刊，但在出版的细节上充满儿童友好的意味，如每期封面都是精美有趣的彩色图画，取材于儿童所熟悉和喜爱的故事；版面设计生动活泼，图文并茂，文字有深有浅，题材多样等，从而成为当时最受儿童所喜爱和欢迎的文学读物之一。

《小说月报》则起先由茅盾任主编，1923年开始改由郑振铎担任主编，其版面得以调整并加重了儿童文学的比例，甚至专门开设了"儿童文学"专栏，发表国内外儿童文学的原创作品并评述海外儿童文学的动态信息。其封面和插图等则经常使用丰子恺的儿童漫画。郑振铎还革新了刊

---

① 郭景川、申国昌：《民国时期儿童教育学人的教育交往空间——以陈鹤琴及中华儿童教育社为考察中心》，见《学前教育研究》，2018第9期，第23页。

② 叶圣陶：《杂谈我的写作》，见《叶圣陶论创作》，上海：上海文艺出版社，1982年，第151页。

物运作模式，设置了“卷首语”“最后一页”“本社投稿简章”等栏目，建立起了编者、读者和作者之间的联系①，所有这些都使《小说月报》成为国内最具有权威性、影响力和童心美的儿童文学刊物。此外，郑振铎、赵景深等还先后主编过《文学周报》（1921—1929），此刊物也同样注重儿童文学，包括翻译作品、原创作品以及儿童文学研究的论文，如《儿童文学的翻译问题》、《研究童话的途径》、《中西童话的比较》（赵景深）、《童话的起源》（顾均正）等。《文学周报》的插图也同样是丰子恺的儿童漫画，郑振铎将其统一题名为“子恺漫画”，1925年时郑振铎还联合沈雁冰、叶圣陶、朱自清等，以《文学周报》的名义集合出版了我国第一本《子恺漫画集》。

中华心理学会的会刊为《心理》，在其宗旨中即明言自己为中华心理学会的言论机构，主要报告中外心理学研究成果，并进而创造本土的理论与实验。它是我国心理学领域第一本专门性的杂志（也有人指出因它早于日本的专业心理学杂志，因而也是东方第一本心理学杂志），由张耀翔主编，上海中华书局印刷发行，编辑本部则设在北京高等师范学校心理学实验室的中华心理学会总会。该刊于1922年1月正式创刊，英文名为*Chinese Journal of Psychology*，及至1927年1月停刊，其间共发表论文163篇，其中具有本土原创性质的论文有50余篇，其常设栏目中包括儿童心理学，曾出版相关论文如陈鹤琴的《研究儿童的知识之方法》（1922）、《研究儿童的颜色美感之方法》（1922）、《研究儿童的历史》（1922）、《儿童的暗示性》（1923），许寿裳的《儿童心理的研究法》（1923），朱崧毓的《儿童兴味》（1924）等，其中陈鹤琴是最核心的儿童心理学论文供稿者。《心理》杂志设置有“中国学者心理学之研究”栏目，集中摘录了其他知名杂志所发表的心理学论文，这些论文除了为“传播旧作，唤起新作”的目的外，还可以作为讲授心理学课程及心理学爱好者自学的参考资料。1936年，作为第二代《心理》杂志会刊的《中国心理学报》创刊，其英文名完全沿袭了《心理》杂志，该刊此时更加注重扎实开展本土心理学研究，希望能树立具有中国特色的心理学。该刊至1937年6月停刊，其间总计发表文章24篇，其中实验报告14篇，系统论述的文章4篇，书评3篇等，每期都有一个专栏“心理学界消息”，用以刊登国内外心理学界的最新信息。其中，萧孝嵘、孙国华、沈有干等是主要的供稿者。该刊物采用中英双语国内外发行的形式，代表着当时包括儿童心理学在内的整个中国心理学界的最高水平，并对中外心理学界的学术交流产生了积极意义。最后，就儿童医学领域而言，诸福棠等人自发起成立儿科学会之际就决定要办儿科杂志，1947年召开第二届中华儿科学会大会，陈翠贞被选为委员，大会请其专门负责筹建《中华儿科杂志》及出版，但最终未能实现，直至1950年7月才得以创刊，以陈翠贞为主办人。所以在民国时期，一直缺乏儿科的专业杂志作为领域建设的主阵地。

① 唐瑾：《“我有如炬的眼，我有思想如泉”——回望郑振铎的办刊工作》，见《中国政协》，2019年第1期，第73页。

（二）社会服务

社会服务是当前高等院校的三大职能之一，且当今社会更为强调科研成果的直接或间接转化，因此研究与实践的结合正是当前学术活动运作的特点之一。对儿童学研究这个大领域而言，着眼于儿童学知识体系的科学构建是远远不够的，还应同时关注儿童的现实生活，使关于儿童的理论知识能指导和作用于实践，这样才能真正造福于儿童，这也是儿童学研究运动之能兴起和受到不同领域人士关注的根本因素。而民国时期的儿童学研究者一方面致力于自己所在领域的理论研究，推动儿童学研究团体的形塑与成长、儿童学学术氛围的营造与发展，另一方面他们并没有将自己的视野局限于理论的范围之内，而是积极投身实践，将自己融入整个社会之中，把研究所得应用于与儿童相关的服务与实践之中，从而对现实生活中的儿童产生了实质性的积极影响，推动了当时整个社会儿童福利的提升和儿童境遇的改善。教育学、心理学两个领域的儿童学研究者倾向于通过创办幼稚园、中小学、培育院等或主持儿童相关工作等方式直接投身于社会实践，并将自己在教育上、心理上的实验及理想与这些实践紧密结合，有能力者还会以行政的力量来提供更大范围的社会服务。文学领域的儿童学研究者则以翻译和创作本土儿童文学作品，创办面向儿童的文学刊物等方式来为当时的中国儿童造福。医学领域的儿童学研究者则一直重视临床的诊断与治疗等工作，在此过程中同步积累医疗案例及开展儿科研究，他们还通过筹措资金和设备、人力主动创办面向儿童的医院，并为贫困儿童提供特殊的服务。

具体而言，在儿童教育学领域，陈鹤琴和陶行知都是开展社会服务的最典型代表，今以陈鹤琴为例稍加说明。1923 年，陈鹤琴在南京鼓楼头条巷自己家里，办起了招收 12 名儿童的鼓楼幼稚园，自己担任园长，进行基于实践的幼儿教育改革试验，并据此发表《我们的主张》一文，提出办幼稚园要适合我国国情和儿童特点的 15 条主张以及办园的一整套具体经验，这对于在全国范围内推广本土特色的学前教育具有重要意义。陈鹤琴还赞助陶行知筹建南京晓庄乡村师范学校，兼任该校指导员及第二院（幼稚师范院）院长，并于 1927 年 11 月协助创办樱花村幼稚园，开辟了乡村幼儿教育实验场地。1927 年陈鹤琴受聘于南京市教育局学校教育课课长，大力整顿中小学和幼儿教育，设立实验区制，培训师资队伍，建立校长会议和教学讨论会制度，试验新教学法，树立实验和研究风气，并编纂教科书与儿童读物，研究和领衔制作玩具、教具和设备等。1928 年 9 月，陈鹤琴出任上海工部局华人教育处处长，一直工作至 1939 年。在此期间，他极力推动儿童教育的普及，先后创办了八所小学（也有说七所小学）和一所女子中学，每所小学都附设幼儿园，并且在工人区开办简易小学，专门招收贫寒子弟入学，推行二部制教育，给 50 多所私立中小学争取到经费补助，还在华童公学增设华人校长和副校长。上述小学都是陈鹤琴依据活教育原理与儿童心理特点而设计并创建的。比如上海西区小学三层大楼近 20 个教室，每个教室的采光都非常好，宽敞明亮。校舍内有暖气，引用沙滤水等新式设备，有专供儿童搭伙、装有煤气灶和纱窗的厨房。男女学生的厕所也有 55 个之多，且都基于性别做过特别设计。教室内均设有换气通道，保证空气新鲜。课桌都是根据低、中、高不同身材配套特制等。除一般教室外，还设有音乐、自然、劳作、美术等特别教室，同时还有体育场、游乐场等。在教学上，陈鹤琴大力提倡活教育，进行启发式教学，重在培养儿童的创造思维能力，激发儿童兴趣；又提倡儿童通过参观、操作、体验、观察等多种实践方式走进社会，应用并扩展所学知识。如讲到《蔬菜丰收》时，就带领孩子们参观菜田；讲到《孵小鸡》时，便发动家长买来母鸡和种蛋，让学生分成喂食管理、记录温度等若干小组进行逐日观察，直至小鸡破壳而出等。① 陈鹤琴还亲自动手编写教材和课外书，如《儿童国语课本》、《中国历史故事》（40 册）、《小学自然故事》（40 册）等，既抓住儿童心理，又充满生活气息。此外，陈鹤琴还积极参与儿童教（保）育的其他社会服务活动，如 1938 年初，陈鹤琴担任上海慈善团体联合会救济战区难民委员会教育委员会主任，发起成立“儿童保育会”并任理事长；1940 年，在江西泰和创办中国第一所公立幼稚师范学校——江西省立幼稚师范学校并任校长，附设小学、幼稚园和婴儿园，1943 年改为国立幼儿师范专科学校，即南京师范大学学前教育专业前身；1945 年 11 月陈鹤琴创办上海市立幼稚师范学校（后改为市立女子师范学校），任两校校长等。

在儿童心理学领域，可以廖世承和黄翼为例说明。廖世承在 1919—1927 年期间任南京高等师范学校附属中学校长和东南大学附中主任。“东大附中”是当时全国中学教育改革的实验中心，其间他与舒新城及校内教师一起从事各类儿童教育实验（如“道尔顿制”“六三三新学制”等），写出《实行新学制后之东大附中》《东大附中道尔顿制实验报告》等书，他指出“六三三新学制”是适合个性及顺应时代潮流的，既可使各段教育相互衔接，也可顾及升学和职业两种前途，因此主张推行该学制。而“道尔顿制”的特色虽在于自由与合作，但以当时中国的实际情况而言却难以推行②，因此廖世承明确反对盲目照搬西方的“道尔顿制”，主张依据中国自己的国情来推进儿童教育改革。他还根据一线的实践与观察，指出中学教育应是一种相对独立的教育，不应做大学的预备，并主张加强对青少年的道德教育。基于上述实践以及在地研究，他写成了《中学教育》一书，这是我国近代最早的一本关于中学教育的专著。③ 廖世承被许多后人称为著名的中等教育专家，这不仅得益于他在中学所做的系列研究开辟了国内中学教育研究的先河，同时也是由于他在东大附中期间培育了后世许多的名人（如巴金、胡风、汪道涵、李国鼎、余传韬等），使东大附中成为当时全国中等学校之“牛耳”，“报考人数，为全国称首”④。此后，廖世承转任光华大学副校长兼教育系主任、光华附中主任等职，同样在中学教育

① 张纯瓦、黄雪娥：《陈鹤琴与上海工部局西区小学》，见陈秀云编：《我所知道的陈鹤琴》，北京：金城出版社，2012 年，第 55—58 页。

② 冯克诚主编：《民国学校教育思想与教育论著选读 4》，北京：人民武警出版社，2011 年，第 4 页。

③ 徐传德主编：《南京教育史（第 2 卷）》，北京：商务印书馆，2012 年，第 344 页。

④ 廖世承：《我的少年时代》，见《良友画报》，1935 年 9 月号。

领域取得了令人瞩目的成就，使光华附中一跃成为全国名校，并培养出姚依林、荣毅仁、赵家璧、周有光等一大批社会精英。赵家璧就曾回忆道："我们的光华老校友每逢'六三'校庆聚会时，都无不交口怀念和感谢光华附中和廖老师对自己培育的恩情。廖世承老师是我们不会忘记的现代中国中等教育史上最有贡献的伟大的教育家。"①1938年之后的八年时间里，廖世承担任国立师范学院筹备委员会主任及国立师范学院（简称"国师"）院长，积极开展师范教育"独立办理"的实践探索与改革。在此期间，他克服重重困难，高质量延聘优秀师资，其中有不少是各个学科领域的佼佼者，如钱基博、钱锺书、孟宪承、高觉敷、周澄、刘佛年等。而他对师范教育的认知与见解，直到今天仍富有深刻意义，如他认为教师必须对自己的职业树立坚定的信念，必须重视专业训练及学科学术训练，必须养成儿童研究的精神和良好的才艺；体育、德育、智育"三育并进"但体育第一；将学校向民众打开，而非建成"修道院"等。尤其是为了践行为民众服务的思想，廖世承积极组织学校成立社会教育推进委员会，设立民众教育馆、民众学校所来救济失学儿童及贫困乡民，还为周边几个省培训在职小学教师。

儿童心理学家黄翼所开展的社会服务主要是创办浙江大学教育学系培育院，此培育院相当于西方的Nursery School，面向2.5—4.5岁的儿童所开设。创办此院的目的主要是希望配合在大学开设的儿童心理学课程，方便师生对幼儿进行近距离观察，从而开展各类儿童心理研究；同时也是希望基于儿童心理卫生知识而建立的训导原则可以成为教导儿童之"最正当途径"，"许多向来视为道德上品行上问题，根本实系心理卫生问题……窃欲在培育院中试诸实际，此本院同人最勉力以之一端也"②，并"要对于儿童的心理健康，有一点切实的贡献"③。培育院的训导工作包括三个方面的基本任务：其一是幼儿良好生活习惯的培养；其二是幼儿情绪和意志行动的调节；其三是幼儿不良行为的矫正。④一般通过三个步骤来完成：第一步是调查每个幼儿心理健康的状况，包括院中观察、家长访问等，内容涉及身体检查、智力测验、性情评估表、幼儿在院行为问题记录等；第二步是个别研究其原因及处置的方法，分析判断原因，决定矫正之方法；最后一步则是实行矫正。⑤

儿童文学研究者们的社会服务则主要体现在两大方面：其一是进行儿童文学作品的翻译或本土创作，他们中的每一个人几乎都翻译或创造了大量不同类型的儿童文学作品，因而都是最有代表性的儿童文学作家；其二是创办、主编或协助主持儿童文学刊物的发行、出版及运作等事宜，为全国儿童文学的创作及推广搭建稳定的平台，也为全国的小小文学爱好者们持续提供精神的营养，这方面已经在前文有简略讨论。在第一个方面，如郭沫若在

① 张林凤：《廖世承：中国现代教育园地的垦荒者》，见《档案春秋》，2019年第3期，第40页。

② 黄翼：《浙江大学教育学系培育院》，见《教育杂志》，1939年第29卷第4期，第77页。

③ 黄翼：《儿童训导论丛》，上海：商务印书馆，1948年，第93页。

④ 黄翼：《浙江大学教育学系培育院》，见《教育杂志》，1939年第29卷第4期，第81页。

⑤ 黄翼：《儿童训导论丛》，第90—94页。

早期就写过七十余篇儿童诗（如《新月与晴海》《两个大星》《两对儿女》等）、儿童歌舞剧或童话剧（如《黎明》）；茅盾在早年编辑《童话》期间就发表了近三十篇童话，如《书呆子》《寻快乐》《学由得瓜》等，在20世纪30年代则创作了三篇童话小说，如《大鼻子的故事》《少年印刷工》等；陈伯吹创作了大量儿童诗（如《牧童》《小野猫》《为农夫而歌》等）、歌谣及中篇儿童小说（如《模范同学》《华家的儿子》《阿丽思小姐》等），出版诗集《小朋友诗歌》《小朋友歌谣》。在第二个方面，郑振铎便是最典型的代表。他发起创办的《儿童世界》，一改过去儿童刊物成人化、质量低的弊端，以符合儿童心理特点且生动活泼、多样化的方式，赢得了儿童文学界及小读者们的广泛欢迎，从而创造了儿童刊物前所未有的兴旺局面。郑振铎还于1923年接编《小说月报》，在其努力下，该刊物在儿童文学方面的关注得到进一步增强，尤其是从第15卷第1期（1924年）开始，即设立"儿童文学"专栏，大量刊载国外儿童文学作品，发表儿童生活题材的文学作品，并介绍海外儿童文学动态信息。特别是在1925年连续推出两期《安徒生号》来纪念安徒生诞辰120周年，从而有力地推动安徒生童话成为全国家喻户晓的童话。

儿童医学研究者则以创立医院、开设儿科门诊等方式提供有意义的社会服务。诸福棠在获得博士学位及哈佛进修之后，在北京协和医院边研究边开设门诊。自协和被日寇占领之后，他联合协和的老同事（吴瑞萍、范权、邓金鍫），克服重重困难，利用自己的物力和财力建立了"北平私立儿童医院"。诸、吴、邓、范等忙里忙外为儿童操劳，门诊、住院外加出诊，协和儿科的老牌子、高超的医术再加上认真负责的工作作风和平易近人的服务态度，使得这所医院很快就远近闻名、门庭若市。抗日战争结束后，诸福棠租下"首善医院"旧址，又花费许多资金和时日进行修缮并购置了一大批病床、医药和医疗器械，还请来了专职的药剂师和化验员等，使儿科医院日趋正规化。此时"北平私立儿童医院"的影响力进一步扩大，他们的服务范围逐渐涵盖内城的四面八方，后为解决交通问题还专门购置了三辆进口汽车。在行医过程中，诸福棠对穷苦人家的孩子尤为照顾，只要看到病儿骨瘦如柴、家长衣衫褴褛，便在处方单上写"Free"（免费）字样，病家即可免费取药及接受输液注射抢救治疗。[①]高镜朗在国立上海医学院被日军侵占之后，也以自行开业行医的方式继续儿科医学的探索，他创办了上海最早的儿童专科医院，即福幼医院。医院每天来就诊者众多，"一般日看百余号，最高达140—150号"，病儿家长都有"经高医师诊治后才可放心"等赞语。[②]

四、对当代中国儿童学研究的启示

我国当代也正在掀起新一轮的儿童学研究运动，部分领域（如儿童心理学、儿童文学、儿童教育学、儿童医学、儿童哲学等）已经发展了近四十年，但这些领域

① 刘文典：《中国现代儿科学奠基人——诸福棠教授的一生》，北京：中国和平出版社，1990年。

② 陈挥、宋霁：《高镜朗：中国儿科泰斗》，见《医学与哲学》，2012年第33卷第10期，第79页。

的发展水平与国际同行相比，仍然存在一定的差距，尤其是在儿童教育学领域，直到近年学者们才逐渐生发出儿童及儿童研究的意识，自觉地将其纳入各自教育学研究的视野。而仍有部分领域（如儿童社会学、儿童人类学、儿童法学、儿童经济学、儿童政治学、儿童传播学等）在国内基本处于初步发展甚至是尚未奠基的状态，和国际目前的发展情况相比更有较远的距离。而民国时期虽属于初步创立儿童学研究领域，但其成就、经验和发展方式等仍然值得我们当代的儿童学研究者借鉴和学习。由以上关于民国时期四大领域代表性学者的留学经历、学术成就和实践服务，可以为我们推进当代中国的儿童学研究提供如下三个方面的关键性启示：

一是增强与国际同行的交流与合作，了解和掌握国际儿童学研究的最前沿理论成果和方法，并以此为基础来发展中国本土的儿童学研究。民国时期的儿童学研究者非常注重到国际儿童学研究的重点大学、基地或医院进行交流、访问、进修或学习，在这个过程中他们积极接触国际儿童学研究的顶尖学者，从他们那里了解到最前沿的理论体系，并掌握了最先进的研究方法与技术，这使得他们自身的儿童学研究从出发点来看就站在世界的最高水平。而我国当代的儿童学研究者对国际同行的了解程度还远远不够，虽然各领域不断在邀请国际专家来华交流，国家和地方也通过各类项目派遣学者、学生等到国外进行访问和学习，但从实际的研究产出来看，并没有充分引进和应用国际前沿成果，而且事实上对日本、北美和欧洲的儿童学系及研究机构的考察仍相对不足。当代西方的儿童学研究有一个社会文化的明显转向，且以儿童社会学为奠基性的领域，而国内对这些转向性的成果介绍和应用得还很少，对儿童社会学的认知也主要停留在基本了解上，具体的应用依然少见。每年的北美和欧洲都会举办较大规模的儿童学研究大会，但是我国直接参加这些大会并汇报国内研究进展的学者仍比较少。在国际顶尖的儿童学研究期刊（如《童年》《儿童与社会》等）上所传达的中国声音则更少。由这些方面的表现来看，我国当代儿童学研究者的国际化程度仍有待进一步提高。

民国时期的儿童学研究者不仅有向国际同行学习的强烈意识，且在国际化的过程中发表了大量具有国际同等水平甚至是领先水平的成果。此外，他们不盲从国际的儿童学研究理论框架，而是充分结合本土的情境、资源和条件，检视这些理论成果的效度，甚至以此为基础修订和发展国际前沿理论体系。我国当代的儿童学研究一方面存在国际最前沿成果引进不足、了解不够的问题，另一方面也存在对西方已有理论缺乏批判性反思、本土化重构和创造性发展的问题。比如在儿童教育学领域，就存在大量引进西方形形色色教育理论而缺乏批判和创造的现象，且尚未明显构建出具有中国特色而又能影响全球的教育理论体系。儿童哲学方面虽已引进李普曼、马修斯、奥斯卡和夏威夷等模式，但对这些模式的批判性反思明显是不够的，更多的是直接的分析与应用。所以未来我国的儿童学研究者仍应结合本土的情境开展更多原创性的扎根研究，以更为丰裕的资料和数据来进一步发展国际上已有的儿童学研究理论，并逐步构建出具有中国特色、风格和气派的儿童学理论体系或模式。

二是长期稳定举办区域乃至全国性的儿童学研究会议，创建和发展专业的儿童学学术期刊，以便形成和壮大儿童学研究的学术团体，强化集体的身份标识与认同。民国时期虽然因战争和政治等种种因素的干扰，对学术团体的建设造成了较大阻碍，但是学者们依然克服重重困难来举办儿童学不同领域内的学术研究会议，不仅为交流感情、增进了解，也为传播和研讨各自领域的前沿议题，从而推进领域的发展及团体的建设。部分领域在举办学术研讨会的同时还会以参观考察、成果展览、文艺表演等多种方式来进一步增强学术团体内部的凝聚力。这都是我们今天的儿童学研究须积极吸取的经验。当下中国虽然在教育、心理、文学、医学等领域内都有举办专业性的会议，但是会议的主题是否真正聚焦儿童仍存疑问，更多的是从学科自身的逻辑而非儿童的逻辑或议题出发。且全国性的跨学科儿童学研究会议仍然不多见。杭州师范大学教育学院自 2019 年开始发起推动儿童学研究的年会和高端论坛，其目的正在打破这样的尴尬局面。在这些年会和论坛上，来自哲学、教育学、心理学、文学、历史学、社会学等学科的专家及学者都从不同的角度交流共同的儿童议题，对于儿童学知识体系的建设发挥了重要作用。但是目前的参与群体仍主要在教育学（并且是学前教育学）的范围之内，推动更多来自其他学科的研究者积极参与是后期需要做的重点工作。期望这样的大型年会和高端论坛能够持续办下去，从而有助于真正形成儿童学研究的学术团体。

另外一个途径则是学术期刊的建设，民国时期的儿童学研究者非常注重这方面的工作，每个领域内都在积极创建和运转多种学术期刊，尤其是主创人员或团体在这方面的投入巨大。当代我国的儿童学研究在某些领域是有自己的专业期刊的，如儿科领域有《中国当代儿科杂志》《儿科药学杂志》《临床儿科杂志》《中国中西医结合儿科学》等，儿童教育学领域就更多了（不过所有期刊在刊名上都没有明确标识“儿童”），但多数领域仍缺乏自己的专业期刊，如迄今为止尚未有专门的儿童心理学、儿童文学、儿童社会学、儿童哲学等领域的期刊。就儿童学研究的整体而言，目前国内还缺乏一种真正专注于此领域并全力促进此领域建设的学术期刊，从而阻碍了儿童学研究整个学术氛围的成型。正是在这样的情境之下，《新儿童研究》的出版发行才变得极为紧迫和必要。因此主创团队及所有关心中国儿童学研究的学者都应紧密团结在这本未来新期刊的旗帜之下，持续系统地发表高水平的儿童学论文，才能造成对不同学科而言真正的影响力，并不断吸引更多的学者加入儿童学研究的阵营中来。

三是推进理论与实践的交融整合，以理论研究指导儿童相关实践，造福现实世界中的儿童，并以实践进一步调整和发展理论。民国时期的儿童学研究者不仅在理论化的学术研究方面做出了有显著意义的贡献，而且也通过多种实践方式积极参与到社会服务之中，将科研成果及时高效地转化为实际的造福儿童的行动。这里的实践方式包括自己撰写和出版适合儿童阅读的文学作品、报纸或杂志，创办医院、学校或育婴机构为区域内的儿童提供优质教育和医疗服务，担任学校或区域行政领导来实际推动教育改革等。反观我国当代的儿童学研究者，可能更多地偏向于职业的学术研究者身份，于实践的参与和推动方面着力程度并不高。尽管我们不能指望所有的研究者都成为民国时期的学者那样的社会活动家，但主动接触实践场域、参与或亲自开展实践活动仍然是非常有必要的，毕竟儿童学研究若不能真正造福于实际的儿童，则儿童学研究的意义将荡然无存。且事实上对实践的参与和关注，会对学者自身的理论研究及创新产生巨大的推动作用。这在儿童哲学方面体现得尤为明显。正是由于现实中学前教育工作者对儿童哲学的主动关注和探索，才推动了关于儿童哲学在学前教育阶段实施和应用的研究；正是由于小学阶段不同学科教师对儿童哲学的兴趣以及对不同路径的关照，才催生了儿童哲学独立课程和融合课程的深入研究，以及在目标、团体、探究、刺激物、评价等课程基本要素方面的具体研究；正是由于现实中儿童哲学本土化的需要，才触动研究者基于中国哲学和文化所开展的特色化研究。因此未来我国的儿童学研究者，应积极走进儿童的生活，开展更多基于儿童的扎根研究，并通过不同形式的实践参与来丰富和发展儿童学研究的理论体系。

从儿童哲学到率性教育

——《儿童精神哲学》阅读札记

◎ 于 伟[1]

摘　要：刘晓东教授的《儿童精神哲学》是大陆儿童哲学领域的重要代表作，对于我提出“率性教育”发挥了重要作用。该书内容丰厚，阐述了“儿童哲学”“本性”“先验”“复演”“集体无意识”“童话”等主题词，探索了诸如“成熟的有智慧的圣人的精神状态是与儿童一致的”“儿童的精神文化在很大程度上是对过去文明历史的复演”“儿童发展的较慢速度也许有利于最后更大的进展”“人的身体已与动物的身体产生了根本的区别，其原因在于人的身体或人的肉身具有文化性”“任何一个成人都有儿童时代”等关键命题，带领我们深度走进儿童和儿童背后的冰山，打开更广阔的儿童精神世界。

关键词：儿童哲学　儿童精神哲学　刘晓东　率性教育

儿童哲学是教育基本理论，也是教育哲学的前沿领域。儿童哲学作为学科出现在世界上大概不到60年，在中国大陆不超过40年。《儿童精神哲学》(1999)是华东师范大学刘晓东教授的重要作品，是新时期我国教育哲学和儿童哲学领域的一部力作，在我国儿童哲学研究方面填补了空白。现在看来，这本书经得起时间的检验。新近面世的《儿童教育哲学》(2018)在一定意义上是本书部分主题的深化与拓展。诚然，我们也可以读最新的作品，但最新的未必是最重要的。《儿童精神哲学》一书一半内容是他的博士论文，完成于1995年；另一半内容是后来补充的。第一次知道刘晓东及其著作是在20多年前听我的老师王逢贤教授讲起，缘于1995年5月18日王先生主持了刘晓东的博士论文答辩会。从那时起到现在，我一直在读这本书。可以这样说，刘晓东的儿童哲学思想对后来我提出“率性教育”起了重要作用。自2016年以来，刘晓东教授多次应邀到东北师范大学附属小学做学术报告，我与附小全体老师也一直在阅读刘晓东教授的《儿童精神哲学》。以下主要是我阅读该书绪言、第一章《儿童精神成长导论》、第二章《儿童的认识》三部分的体会札记。

一、秉要执本——书中突出的主题词

整本著作刘晓东教授（以下简称“晓

[1] 于伟，东北师范大学教育学部教授、东北师范大学附属小学校长、教育部“长江学者奖励计划”特聘教授。

东教授”）关注的是儿童的梦想、儿童的想象、儿童的认识、儿童的科学、儿童的伦理、儿童的审美以及儿童喜欢的游戏、童话、神话、童谣。我常说的“儿童是哲学家，儿童是艺术家，儿童是梦想家”主要来自晓东教授。在来东北师范大学附属小学（以下简称“附小”）工作的十多年前，我就一直讲这三句话，它们是“率性教育”的重要思想来源。

晓东教授在著作中提到了大概46个主题词，体会比较深的有6个：

（一）儿童哲学

“由于求知是人类的天性，所以从根本上说，儿童的哲学是儿童的一种天性。”① 儿童哲学这个概念能在20多年前提出来还是比较早的。晓东教授为研究儿童哲学提供了四个理由：有助于认识哲学发生、发展的面貌；了解儿童的精神世界，关心儿童的精神生活；为寻找培养儿童哲学思维的方法开辟了广阔前景；童心可鉴。② 马克思在《〈政治经济学批判〉导言》中指出：“一个人不能再变成儿童，否则就变得稚气了。但是，儿童的天真不使他感到愉快吗？他自己不该努力在一个更高的阶梯上把自己的真实再现出来吗？”③ 我们很难想象这是马克思的话，但这确实是他说的，我特意买来原本验证，原本里有这样一段话：“他自己不该努力在一个更高程度上使儿童的淳朴本质再现吗？他固有的淳朴性格不是在儿童的本质上，在任何时期都复活着吗？人类最美丽的发展着的人类史之童年为什么不该作为一去不返的阶段而永远发生吸引力呢？有教养不良的儿童，有懂事太早的儿童，古代民族中，有许多属于这一类的。希腊人是正常的儿童，他们的艺术对我们所产生的那种强烈的吸引力跟他们生长所依据的不发达的社会阶段并不矛盾。”④

讲到儿童哲学时，晓东教授多次引用雅斯贝尔斯的《智慧之路》的第一章：什么是哲学。这本书英文版是1954年出版，中文版是1988年出版，也算是“儿童哲学”这个词进入中国的一个标志。雅斯贝尔斯是一位了不起的大哲学家，他写过教育方面的书，如《大学理念》《什么是教育》等。《智慧之路》中写到“任何愿意收集这些故事的人，完全可能编成一部儿童哲学专著”⑤。这些故事就是儿童的故事。“每个人都有自己的哲学，每个人都必须完成自己的哲学创造。”“我们可以从孩子们提出的各类问题中意外地发现人类在哲学方面拥有的内在禀赋。”⑥ 实际上这也是承认了孩子是哲学家。有孩子会问：“我手指甲剪了，为什么我还是我？”“我今天头发掉了八根，为什么我还是我呢？”还有的孩子在听别人讲世界是如何创造出来的时候，如大人说：“开始的时候是上帝创造了天和地”，这时候孩子会立刻追问：

---

① 刘晓东：《儿童精神哲学》，南京：南京师范大学出版社，1999年，第92页。

② 同上，第111—114页。

③（德）卡尔·马克思：《〈政治经济学批判〉导言》，见《马克思恩格斯选集》第2卷，北京：人民出版社，1972年，第114页。

④ 同上。

⑤（德）卡尔·雅斯贝尔斯：《智慧之路》，柯锦华等译，北京：中国国际广播出版社，1988年，第2—3页。

⑥ 刘晓东：《儿童精神哲学》，第97页。

“在开始之前又是什么呢？”显然，孩子意识到了问题是很重要的，心灵是永无止境的，结论性的答案是永无可能的。

晓东教授认为，求知就是对世界充满强烈的好奇和探究的欲望，甚至是一种不可控制的痴迷状态。儿童由于对外部世界感到惊奇，往往会向成人提出一些问题。“儿童的提问反映了他在智力上应付外部世界的渴求。”① 说到底，如果我们从生存的角度来看，儿童之问就是生存的需要。从功利角度看，这就是最大的功利。孩子为什么要摸、要碰、要探索、要问？从根本上讲，是他们生存的需要。或者说，来自本能的需要，否则他们难以生存，但是有的时候我们忘记了这也是最大的功利。所以儿童之问不仅是浪漫，不仅是闲着没事。小孩有时候连他自己也不知道为什么要问，但我们从生物进化论的角度可以解释儿童之问、儿童之思、儿童之行。

在书中，晓东教授对哲学做了大量解读，从古希腊讲到当代。他比较早地谈了儿童哲学问题，现在我们都把它变成了四个字的名词，晓东教授那时候用的还是“儿童的哲学”。他专门用了几十页的篇幅讨论“哲学是不是仅仅属于成人”“是不是充满理性、逻辑论证精神的就是哲学，其他的就不是”“怎么看待儿童的哲学思考”“儿童有没有哲学”“儿童有没有资格当‘哲学家’”等问题，这是我看到的中国大陆在新时期最早谈论这些问题的著作。这本书是1999年出版的，但晓东教授是在1995年提交博士论文（该书之主体部分）时就有了系统的思考。

（二）本性

本性是重要的主题词。人的本性是什么？儿童的本性是什么？晓东教授深受几个学科影响：一是心理学，尤其是精神分析学派；二是生物学，书中大量引用生物学著作，包括胚胎学、古生物学等。这是我非常感兴趣的，我到附小这五年，特别感兴趣的就是进化论。我有十几种达尔文的著作，中文为主，有的是英文的。要研究人的本性，要“刨”到细胞，“刨”到生物，从植物到动物然后到人，从这个链条来看对人的理解就不一样了。人的文化、人的认识等都有生物学或遗传学上的前提与规定，它们离开生物学将是不可理解的。“由于遗传上的资质，过去以及现在才能使文化的发展成为可能。猿、猴以及别的动物，在遗传上就不能运用符号，因此也就不能吸收人的文化。把‘正常’人类的基因型更换一个等位基因，就能使他成为傻子，他就完全不能在任何人类社会中尽他的本分。人类遗传并未被人类文化所消除；人类的遗传仍是人类的基本，它能使人表现各种所谓社会和文化的行为。如果了解人，就必须洞察人类基因型的活动和人类的基因库。”② 所以我一直说我们要想象一个孩子身上承载着15万代人类的基因和经验，这与晓东教授的想法是不谋而合的。

书中还提到原始意象、种族发育根源的碎片、原始遗留物、原始遗产。提出和剖析“原始遗留物”和“原型”等概念是以弗洛伊德和荣格为代表的精神分析学派为人类认识自己做出的一大贡献。除了经

---

① 刘晓东：《儿童精神哲学》，第93页。

② （美）杜布赞斯基：《遗传学与物种起源》，谈家桢译，北京：科学出版社，1964年，第285页。

验外，“人那里还存在着‘原始遗产’，这是一种原始的知识，是出生时就携带的‘种族发育根源的碎片’”[①]。从古希腊到现在，我们一直在思考“我是谁”。我们对自己还不是很清楚，“认识你自己”的道路还相当长。所以即使“原始遗留物”和“原型”不是很严谨和明确的概念，甚至不能说它是百分之百的真理，但我们可以把它作为很好的解释工具，作为如何认识自己、认识精神世界的工具。如今生物学、遗传学等学科的发展，特别是DNA技术使我们在更大的意义上相信原始遗留物的存在，至少是功能性的存在。有专家提出“表观遗传学”，我们有些遗传的机能是需要表达的。比如说小孩子一岁可以走路，但我们不提供走路的机会，他可能就不会走了。这些都属于原始遗留物的一部分。

可以夸张地说，甚至一条鱼或者一个草履虫的某些基因可能都在孩子身上有所体现。我们有时候对儿童不理解，是对生物的历史不理解。孩子身上不只是我们看见的那些，甚至还有上亿年的遗传和基因。所以向儿童学习，实际是向整个生物历史学习，这句话非常重要，所以我很赞成。叶澜老师最近在文章《溯源开来：寻回现代教育丢失的自然之维》中指出，我们教育研究忽略的一个重要方面就是自然，以及我们对自然的敬畏。我们看待人之本性、儿童之本性，既要看到所谓人的神性，还要看到人的生物性，甚至包括野性。人的本性需要满足，不满足人就不能成为一个完整的生物体。

本能是天性的重要部分，本能有时候是控制不了的，要经过长期修炼才能控制。成人可以控制得比较好，小孩很难控制。一年级小孩刚入学就是要动，控制几秒钟可以，几分钟可以，要40分钟完全控制则做不到。如果硬要孩子做到，孩子的个性人格、心理发展会受到摧残。

（三）先验

先验就是先于个体经验。先验是在基因里有的，在适当的时候能够释放表现出来，而不是后天学到的。康德认为，人有先天的认识能力，这属于先验的范畴。先验的含义把很多人都难住了，先于经验是指先于个体经验，但不是先于人类经验。先验再怎么先也先不过基因，先不过历史和人类。人在认识过程中，用先验的认识能力去整理加工后天的感觉经验，这才是带有普遍性、必然性的科学知识。考古专家苏秉琦在考古过程中运用娴熟的手感进行考古研究。我们一般认为考古用眼睛，他不仅用眼睛，还用手摸。老师也是这样，要依靠感知觉去了解孩子。皮亚杰深受康德影响，提出了几个概念：图式、自我中心状态、平衡、直觉。皮亚杰提出的自我中心的解释是，孩子以自己为中心，不采纳别人的观点。因为孩子能力不行，他不得不这样做。但是以自我为中心的成人不采纳别人的观点是因为他不愿意这样做。比如，半岁的孩子为什么不走路？不是不愿意走，而是能力不够，不能走。直觉是关于物理实体的判断，是根据知觉而不是推论做出来的。图式是人的认识功能长期演化的结果。皮亚杰提出的儿童发展阶段论就是说明儿童在什么阶段就应该具备一定的功能，这个功能是先天的。

① （奥地利）弗洛伊德：《摩西与一神教》，李展开译，北京：三联书店，1989年，第88—89页。

“人具有先验的知识。”① 本能就带有先验性，我们很多生理行为都具有先验性，比如眨眼睛、会翻身、会爬，这些不是后天别人教的，基因里就有这样的密码，有适当条件就展现出来。小孩到一定阶段自然会说话，但动物再教也不会，因为没有这种基因。“身体所具有的一些不学而能的本能‘智慧’本身，就是人的精神系统中的部分内容。”② 实际上，先验和整个生物的历史有关系，是整个生物进化的大全。“童年是生命进化史的浓缩，而这生命进化史是一条浓缩的悠长的神秘的河流。”③ 这条河长到什么程度呢？其实我十几年前读这本书时缺少感悟，现在读了进化心理学之后就有感受了。在人身上流淌着什么样的信息？在无数个基因里承载着父辈的信息、祖先的基因。这是第一部分，是大家都知道的。第二个就是人类三百万年积累的经验和基因。还有一部分是我们一般人想不到的，不是一亿多年，而是37亿多年以来人类积累的信息在人身上也有反映。所以千万不要小看孩子，孩子生来就很复杂。

先验的东西是经验的基础，也是先决条件。任何先验的东西都是经验积淀的结果。“与生俱来的‘精神器官’是在漫长的进化过程中形成的，它们是历代祖先经验的活的沉积。历代祖先面对普遍的问题和典型情境所采取的共同的策略和反应，会沉淀为先验的知识；这种先验的知识是生物性的知识，是经验变成了先验，是‘道成肉身’。”④ 对于人类来说，经验成先验。对于个体来说，没有经历过的都可以叫先验。为什么小学、幼儿园这么强调体验、经验、活动、操作呢？对于孩子来说，先天的很多本能不经过体验的过程，就落不了地或者显现得不充分。开放的建构主义认为，“从人类的进化来看，一切知识都是建构的；但从个体发生来看，外部环境的某种简单的刺激，一旦与个体因成熟而觉醒了的某一特定系列的先验知识或生物学潜能的某一点相遇或构建，可能会导致这一系列的先验知识或生物学潜能的现实表达”⑤。就像小孩，有走路的本能，但是如果从来不让他走，他可能就不会走。像说话一样，人生来是可以说话的，有先验的器官，但是没有接触声音的环境，就没有和别人交流的机会，大概就不会说话了。“即将表达的精神成长潜能是由先天与后天共同决定的。”⑥

（四）复演

复演是很重要的主题词。“由于一切高等动植物的胚胎发育都是从一个受精卵开始的，这说明高等生物起源于低等的单细胞生物，所以个体的发生是生命进化过程的简略重演。”⑦ 0岁到12岁孩子的身上浓缩了整个生物界的历史，甚至浓缩了整个人类发展的历史。从古生物进化发展

① 刘晓东：《儿童精神哲学》，第5页。
② 同上。
③ 同上，第252页。
④ 同上，第5页。
⑤ 同上，第6页。
⑥ 同上，第23页。
⑦ 同上，第59页。

到人经过了上亿年，人类至少有6000年文明史，人的历史至少有300万年。这么长的历史，在孩子的前6年甚至12年基本上都展现出来，包括走路、说话、独立行动、写字、有文明、有教养、能认识世界。“较高级认识的发生要简略地重演较低级认识的发生过程。较低级的认识形态是较高形态认识孕育的土壤和存在的基础，仍然发挥着它们不可替代的功能。”①虽然这个观点也有争议，但是晓东教授极力倡导这一观点，至少它是有重要解释力的假说，包括他后来提出的“幼态持续”也是一个重要观点。小孩懂事太早，发展速度太快，很早就小学化、中学化、大学化，看起来比别人学得好、成绩高、发展快，但是有后患。

（五）集体无意识

书中大量引用荣格的著作。“集体无意识”“原型”都是荣格的思想。集体无意识是生物长期积累的、自己意识不到的。荣格的《原型与集体无意识》有助于大家理解人，理解精神分析，理解人的精神世界以及人的原始遗产。集体无意识就是原始遗产，是上亿年来作为先天的文化财产传递下来的。以儿童绘画为例，儿童画的魅力就在于涂鸦，涂鸦过程中就存在集体无意识。比如，我们观察三百年、五百年来孩子们的画，看哪些是共同的；我们观察同年龄的孩子画一百个题材的画，哪些是共同的；看孩子们的臆想和想象，什么是一样的，什么是不一样的。如果他们没有商量，也不是老师教的，但都画出了相同或近似图案，那就说明一些问题了。我们过去讲原型分析，最大的原型就是上亿年的基因和经验。我们需要从这样的视野来研究儿童，只有脑子里有这些丰富的信息，看到一个孩子才会看到背后更多的东西。荣格看到的也是在我们生活中会看到的蛛丝马迹，但是他做了深入的分析，包括对图案的分析、对绘画的分析。他的分析可能会存在不足甚至错误，但是肯定会给我们带来启发，因为他的分析常常超乎我们的想象。原型在神话里能看出来，在小孩的绘画里能看出来，在老太太的剪纸里能看出来。这可能是几百万年、几千万年抑或几百年前的东西在孩子的表象中呈现出来。可能个中原理还不清楚，至少我们能够做一定的解释。孩子今天画的画，未必是今天看到的，也未必是昨天老师教的，可能是几百万年积累下来的，用李泽厚的话说是“积淀”下来的。但经过训练之后，原型往往就被淹没了、被遮蔽了。为什么海德格尔讲“澄明”，其实就是源于对本能的压抑而看不到真相。因为认为真相很丑，是恶的东西，认为文明才是好的，是善的东西，实际上未必是这样。孩子是“自然之子”，是“历史之子”，身上承载着上亿年的基因和积累。所以小孩不小，是我们把孩子看小了，如果把儿童看大，我们自己就大了。所以率性教育提出“保护天性”，这根是深扎了上亿年的。

（六）童话、神话

我们鲜少研究神话与教育、宗教与教育的关系，事实上教育的起源与神话有关，宗教和教育的关系历史也相当悠久。教育有多长历史，宗教和教育关系的历史大概就有多长。从中国教育史来看，“教”这个字的构成，上面是“爻”，代表占卜。

① 刘晓东：《儿童精神哲学》，第59页。

现代社会讲立德树人，如果世界上只有一个或几个的孤独个体，人不可能成己成人，立德树人也就无从谈起。个体需要追求意义，这是人和动物的重要区别。动物可能需要意义，但我们不知道它的意义在哪里。我们知道人是需要意义的，人是需要符号的。人们经常说自己"难受"，其实现代人的"难受"很大程度上是因为意义的缺失。人生来就属于某个共同体、某个族群。所以立德树人的第一要务就是为家族、为民族。

我们很少从教育基本理论的角度研究"童话"和"民谣"。我们研究比较多的是课堂、教学、合作，如何有效学习，如何深度学习，这些都很必要，但是我们也可以换一种思路，还有很多值得研究的话题，比如民间故事，尤其是流传几百年的民间故事；还包括民谣，民谣能反映什么、说明什么？它和教育有什么关系？其实民谣的传播过程就是教育的过程，不要把教育局限在学校教育，学校教育只占人一生中一小部分。人从出生开始接受最多的是家庭教育、社会教育以及自我教育，然后才是制度化的学校教育。所以我们要打开思路，研究民谣以及儿童的习俗。"童话""神话""童谣""儿歌"是语文老师尤其要注意研究的，研究它们在语文教学中的地位。我们对"童话""寓言"可能更多是从教育意义上理解的。这些故事都有一个重要的作用，那就是"教化"：如何使人向善。附小学生总结过童话故事里一定有一个坏人和一个好人，好人开始比较"傻"，会受欺负，后来出现一个神仙来帮助他，坏人最后会受到惩罚，这算是童话的基本模式。心理学家平克写过一本书叫《人性中的善良天使》，如果人类可能变得越来越善良的话，一定是和教化作用分不开的。人很复杂，儿童也不简单。我们需要用大家都熟悉的自然科学方法来研究，包括问卷调查法和实验法等，但也不能忽视质化研究的方法，如用人类学的方法到现场进行实际考察，包括深描、访谈、观察。

还有许多主题词，如精神、梦想、游戏、进化认识论、**原逻辑**。儿童有自己的逻辑。小孩有所谓的"歪理"，和我们的逻辑不一样，但不能说他们没有逻辑，可以叫前逻辑。**自然律，先在**。其实我们看到的很多都是后在的，先在的我们看不见，大概有经验的人长期观察能看到。**本我，本能，直觉**。为什么会有直觉？一瞬间的判断有时候就非常准，甚至自己都说不清楚。因为有基因，有上亿年的基因经验在里面，比如偏好，喜欢什么样的人，自己都说不清楚，只有历史能说清楚，只有从上亿年的进化角度能够说清楚。**个体，类**。晓东教授认为很多事物都是无意识的，都是类的，不完全属于个体。基因是属于类的，某种基因是属于所有人的。当然它的表现需要看环境，如果环境一样，表现可能是一样的；但是如果环境有特殊变化，基因也可能发生变化。书中提到了类精神、类生物，提到了种系，这是过去我们研究教育很少提及的。我们观察儿童时仅仅看儿童，没有从家族、从历史角度来看，这就很有局限。内在教师，这是蒙台梭利提出的。**率性**。1999 年晓东教授就关注到率性，也提到率真，我认为率性里应包括遵循率真。他在儿童审美里提到了本体之美、审美之美、世界感。认知是世界观，审美是世界感，审美和感性、感情连在一起，没有感性就没有审美。人的身体文化性，身体有生理性，还有文化性。生命进化史、宇宙进化史，大大拓宽了我们对人的认识的视野。发生认识论、理性，也是一种本能。我们原来都认为本能和理性是对立的，晓东教授说理性也是一种本能。理性是一种潜能，没有这种基因不可能有理性，德性和理性都和基因有关系。过去我们很少把基因和伦理道德连在一起，实际上二者是有关系的。认为没关系，可能太武断了。

二、抽丝剥茧——感受颇深的八个命题

晓东教授在整本书中涉及许多问题，需要反复咀嚼，以下是对书中绪言及前两章部分内容感受颇深的八个命题。

（一）“成熟的有智慧的圣人的精神状态是与儿童一致的。”①

晓东教授的书和文章中多次讲到老子。如何看待儿童和成人是一个大观念、大问题。他不仅重视老子，还重视庄子、王阳明、李贽等。保护天性实际上是保护纯真、保护率真、保护童心。所以保护天性是有一颗真、纯、朴素的童心。如何看待儿童确实是教育工作的出发点，至少是之一。我们把儿童当玩物，还是当器物，还是当动物，还是当人物是不一样的。这涉及我们对儿童是否尊重和承认的问题。作为一年级班主任，是不是把孩子当孩子非常重要，这就涉及我们的信念和耐心。虽然人的忍受力是有限的，但是在不同的信念下忍受的程度是不一样的。作为没有经过训练的常人在情急之下都想打孩子、骂孩子、踢孩子。为什么有的人控制住了自己的冲动？这不仅仅是本性问题，还是德性问题、信念问题，信念和观念不是小事情。

“儿童无意中向人们启示着生命的真谛，他们隐喻地向人们诉说着生存的意义。”②大家可以看到二年级孩子写的诗，那是真实的。一个七岁孩子写得不亚于成人，所以不要小看孩子，但也不是所有小孩都这样。还有儿童画，有的是家长帮忙的，有的是孩子自己画的。是不是孩子画的我一眼就能看出来，出自孩子手里的东西，一定是有泥土芳香的。就像齐白石的画和纯粹学院派的画不一样，一比就能看出来，没有矫揉造作，朴实无华，“土得掉渣”，原生态。小孩从小就矫揉造作，未来可能职位不低、工资不少，但会活得很累，因为从小就把自己包裹起来。所以童心不仅对孩子很重要，对我们成人也很重要。

（二）“儿童的精神文化在很大程度上是对过去的文明历史的复演。”③

这一观点在心理学史上很多人提过，也有人反对。我现在倾向于接受这个观点。他的意思和我原来讲的意思很像，我说“一个孩子身上承载着十五万代人的基因和经验”，这是最保守的说法。假设人类有三百万年历史，如果二十年是一代的话，至少是十五万代，这是大数。十五万代的遗传、变异和经验积累会有很复杂的情况。为什么说这个观点重要呢？因为我也有孩子，我也做过孩子，我也见过很多

① 刘晓东：《儿童精神哲学》，第 1 页。
② 同上，第 2 页。
③ 同上。

孩子，我也见过更多的父母。经常有人说："这个孩子像谁呢？这么奇怪呢？"像的地方不用说了，关键是对不像的地方怎么看。一种情况他可能觉得是少数，就像疾病一样，某种病罕见所以觉得奇怪；另一种不奇怪，你一眼看不出来，小孩自己也不知道，不是后天学的，也不是别人教的，哪儿来的呢？基因里面潜在的，就像有的遗传性疾病在一定年龄才显现出来一样。这个观点告诉我们，不要小看三岁的娃娃，包括一岁的孩子，他们身上承载着三百万年复杂的力量。所以对孩子得有点儿敬畏之心，因为他们是文明的一个缩影。如果从进化论角度看，活下来的都是强大的，其余的被自然淘汰了。所以我们需要有一点生物学的观点、进化论的观点甚至古生物学、胚胎学的观点来看待儿童。

（三）"任何一个成人都有儿童时代。"①

心理学家霍尔说，儿童是成人之父；人类学家泰勒说，儿童是未来的人的父亲。不仅因为儿童提出一些命题成人未曾关注，而且因为成人是从儿童发展起来的。我们成人来自儿童，我们没有理由歧视他。儿童既是我们的前身，又是我们的未来。②儿童是研究人的重要渠道。"认识你自己"是德尔菲神庙的铭句。卢梭说："在我看来，人类所有的各种知识中，对我们最有用但是是我们掌握得最少的，是关于人的知识。"③我们不妨从研究儿童开始。附小科学老师指导一年级的孩子做一个作业：观察小鸡的鸡爪、翅膀五十天，看看有什么变化。只要指导到位，一年级的孩子是可以做的。这样的事情如果能做十年，到大学本科写研究报告就没有问题。有的学生到本科到硕士了都不会写报告，就是从小没有经过这样的训练，而且一训练就觉得枯燥。像附小孩子，对这类训练不觉得枯燥，因为符合他们的兴趣，能看、能摸，而不仅仅是冷冰冰的数字。现在有时候我们学研究方法就不是这样，就是算、看、统计、分析，非常枯燥，说到底是因为那是一步登天的，小学、中学没有铺垫。如果从小学、中学就有统计的观念，有这种思想和体验，到大学研究生阶段很快就跟上了。就像对农村生活很熟悉，大学一讲农村你都不用怎么看，马上就能想起来。但是从来没有去过农村的就费劲了，"乡土"两字就理解不了，因为没有生活经验。任何一个成人的精神世界都源于他的儿童时代。霍尔是复演论的代表人物，他说"儿童是成人之父"，这也是晓东极为赞成的观点。

（四）"在童年期中，游戏使个体内在的精神潜能逐渐现实化，而教育使外部文化逐渐内化为个体精神层面上的内容。游戏和教育分别从内外两方面促成个体精神的发育和成长。"④

这句话是有味道的，没有哲学功底的人说不出这样的话。晓东教授对游戏和教育进行了深刻的阐释。游戏和教育为什么重要？游戏和梦想是怎么回事儿？教育和游戏是怎么回事儿？游戏就是孩子们要释放本能。"童年""游戏"和"教育"这三个关键词非常好，对我们小学和幼儿园非

① 刘晓东：《儿童精神哲学》，第3页。

② 同上。

③ （法）卢梭：《论人与人之间不平等的起因和基础》，李平沤译，北京：商务印书馆，2015年，第35页。

④ 刘晓东：《儿童精神哲学》，第1页。

常重要。“游戏是个体自发地对自身潜能的开发活动，是个体处于游离状态的潜意识的活动的外化。”[①] 游戏是儿童自有能量的一种释放和展现。所以，一个好学校一定是孩子们的梦工厂与乐园，尤其是小学。对于小学和初中来说，游戏很重要。为什么教育要数字化、信息化？就是要让看不见的变得清晰可见，比如力的作用、三角形的分类，用动画一做孩子们马上就能理解了。做成动画，孩子们感觉就不一样，远超过文字描述。游戏对于低年级的教学很重要。“儿童的游戏是跨文化的”，“儿童的游戏又是不断发展的”[②]。成人不能过度娱乐化，小孩却一定要讲游戏。小孩坐不住，一二年级小孩坐 40 分钟太难，尤其是男孩。小孩只要眼睛一睁开就不会闲着，各种跑各种爬，因为他要释放。孩子到了五六年级就好很多。率性教育讲究这样一个过程，强调对不同年级的培养重点是不一样的。

（五）“文化的内核是生物的，生物的东西被文化的东西化了妆。文化大厦的根基是这些被其包装与改造的先天禀赋，如果没有这些先验的东西，文化将失去其根本的形式与质料。我们甚至可以说，在一定意义上，文化作为一种普遍的人类现象，其本身就是自然的、生物的。”[③]

有人说文化显然和生物不一样，怎么说文化是生物的、自然的呢？晓东教授深入到基因上进行分析：“人与一般生物在基因编码系统的开放程度上有很大差异……微生物、植物以及低等动物的 DNA 编码是特异的、封闭的。”[④] “人类基因系统中的开放性编码系统本身就是普遍的、生物的，而不是文化的。它的运作与表达也要以先天禀赋（先验的东西）为基础并受其制约。所以，一方面，我们应看到人类的现实存在是文化的；另一方面，我们又应当充分估计到先天禀赋在文化和精神系统中的根基地位。”[⑤] 乔姆斯基于 20 世纪 50 年代出版的《句法结构》是很重要的一本书。他认为，“知识”减去“经验”，剩下的便是“先天结构”的内容；由于知识与经验的内容相差很大，先天结构的内容必然十分丰富。[⑥] 儿童说出的词是哪里来的？显然我们现在要承认，儿童的语言不仅是成人教授的，儿童写出的作品也不都是成人教的，很多都是自己生成的，不要以为什么都是老师教的。所以我们附小现在有过程的归纳教学一个重要的点，就是相信孩子自己能够探索出东西来。虽然孩子们探索出来的东西对人类来说可能是早就知道的，但是对他们来说是新的发明发现，他们要自己经历一下。

因此，在率性教育里面，天性是一个内核。我提出保护天性，也是这几年来理论与经验长期互动积淀的结果。率性教育中的“率性”一词也体现了保护天性这一最重要的方面。如果不去研究陈元晖，不去研究《中庸》，就提不出率性教育。除

---

① 刘晓东：《儿童精神哲学》，第 7 页。
② 同上，第 8 页。
③ 同上，第 3 页。
④ 同上，第 1 页。
⑤ 同上，第 3 页。
⑥ （美）乔姆斯基：《乔姆斯基语言哲学文选》，徐烈炯等译，北京：商务印书馆，1992 年，第 101 页。

《中庸》外，《礼记》和《周易》也非常值得关注，读懂这些才能读懂中国人，读懂中国教育。《礼记》中讲中国最大的礼是祭礼。为什么要祭？这涉及万物有灵论。古代教育的目的之一就是教育人知天、知地、敬祖上，这就是那个时代的“立德树人”。叶澜老师讲“教天地人事，育生命自觉”，教和育合在一起才是教育，“教天地人事”这五个字继承了中国天地人的历史传统；“育生命自觉”说的是古希腊“认识你自己”，从个体来说是自己，从群体来说是人类。

“每一个生命个体都有某种天生的机制，即由遗传而与生俱来的机制，因此，无论对人还是对于比人低级的动物，其心理活动都不是从‘白板’开始的。”“‘先天’是就其遗传所得而言的。它是不依赖于某个个体经验的，它在个体发生上是先验的。我们应当承认‘先天’的存在。”① 其实先验和遗传有关系，所以孩子生来都会眨眼睛。附小幼儿园的梅花鹿在“六一”的时候生了一只小梅花鹿，孩子们特别欣喜，刚生下来的小梅花鹿就会走，不用母鹿教。因此，讲先天，必须有鲜活的体验。我们说先于个体经验，不是先于人类经验。从个体发生上是先验的，个体有了先天的经验，才会产生心理活动。“这些遗传信息是进化过程中自然选择的结果，它们是经验的沉积。也就是说，这些在个体发生上先验的东西在系统发生上是后验的。”② 它是长期生理的和社会的因素作用的结果，是生理经验和社会经验的集合。

（六）“人的身体已与动物的身体产生了根本的区别，其原因在于人的身体或人的肉身具有文化性。”③

过去“社会性”讲得多，但是“文化性”讲得少。人类的精神成长与人的文化性密不可分。“人类个体的基因程序全开放的份额更大，所以人类个体的精神成长不只是像植物那样，其基因信息在适当的环境下会自动展开，人类的精神成长既有一个由内向外表达的过程，又有一个由外向内浸染（内化）的过程，而且这两个过程又往往交织在一起。所以人的具有生物性的先验内容在表达过程中往往又受到外部文化的影响而变成文明化的东西。同时，文化在影响人的时候又往往不得不考虑到人的本性或人的可接受性，从而使自己真正占有人，也被人占有。唯理主义重视的是先验外显的过程，经验主义重视的是文化内化和活动内化的过程。”④

实际上，文化性来自人的社会化，比如人的眼神。远古时代或西方人所说的野蛮人时代，人的眼神和现在是不一样的，透着凶光、野性的光和本能的光。所以马克思讲：“人的眼睛与野性的、非人的眼睛得到的享受不同。”⑤ “五官感受的

① 刘晓东：《儿童精神哲学》，第 3 页。
② 同上。
③ 同上，第 344 页。
④ 同上，第 6 页。
⑤ （德）卡尔·马克思：《1844 年经济学哲学手稿》，中共中央马克思恩格斯列宁斯大林著作编译局译，北京：人民出版社，2000 年，第 86 页。

形成是以往全部世界史的产物。"[①]手还是那些手，身体还是那些身体，这是没有变化的，变化了的是野蛮在减少、残暴在减少、文明的因素在增加。所以这个观点我们要关注，它不一定就是真理，但至少引发我们思考。人类为什么需要教育？我们经常提到教育的起源、教育的功能，我猜想人类靠本能活着的时候大概不需要教育，教育显然比本能复杂。教育的产生首先就是生存需要，而且是族群的需要，因为没有族群就没有个体。在远古时代，个体是不存在的，可能作为个体的身体是存在的，但是作为思想的个体是谈不上的。甚至在西周时期，谈个体都是很奢侈的事情。所以教育最初一定是社会教育、家庭教育，显然还不是学校教育。生存的需要一定是原初社会最大的需要，当然这也是假说。当然，进化论、精神分析是解释力很强的一种假设，但也不好说就是完美的理论。特别是在人文社会科学中，也不存在完美的理论，但至少是我们解释的工具。没有这些理论就没有办法对世界进行解释，想进行解释就要走过它。

（七）"儿童发展的较慢速度也许有利于最后更大的进展。"[②]

从现在饲养的鸡和鱼等就能感觉到为什么人们要吃笨鸡蛋而不吃速成的，因为速成的是违背生物发展规律的。人类科学发展面临着伦理方面的约束，如果没有伦理方面的约束，人类可能真会毁灭。核技术、生物技术、遗传技术，大概需要伦理道德来约束。实际上附小的很多做法受欧美和日本影响，比如开放式学校、让孩子们接触自然、附小的沙坑和梅花鹿，这些都是让孩子们亲近自然的标志。日本的操场没有人工草坪，他们认为用人工草坪不环保。孩子就在土地上玩耍，让孩子一个月踩一次泥。人来自自然，所以适当回归于自然也是好事。黑格尔说："每个个体，凡是在实质上成了比较高级的精神的，都是走过这样一段历史道路的，而他穿过这段过去，就像一个人要学习一种较高深的科学而回忆他早已学过了的那些准备知识的内容时那样，他唤起对那些旧知识的回忆而并不引起他的兴趣使他停留在旧知识里。各个个体，如就内容而言，也都必须走过普遍精神所走过的那些发展阶段，但这些阶段是作为精神所已蜕掉的外壳，是作为一条已经开辟和铺平了的道路上的段落而被个体走过的。这样，在知识领域里，我们就看见有许多在从前曾为精神成熟的人们所努力追求的知识现在已经降低为儿童的知识、儿童的练习，甚至成了儿童的游戏；而且我们还将在教育的过程里认识到世界文化史的粗略轮廓。"[③]人类的精神发展过程是一个艰难的过程，比如在16世纪是杰出人物掌握的知识，到了20世纪小孩可能就能掌握了。就像8岁学的知识觉得很难，到了28岁回过头来再学就觉得简单了。算术就是这样，比如归一问题、相遇问题小学时学觉得很难，上了中学再学就容易理解了。

---

① （德）卡尔·马克思：《1844年经济学哲学手稿》，第87页。

② （瑞士）皮亚杰：《皮亚杰发生认识论文选》，左任侠等译编，上海：华东师范大学出版社，1991年，第18页。

③ （德）黑格尔：《精神现象学》上册，贺麟等译，北京：商务印书馆，1979年，第18页。

（八）“主体的认识结构在对外部客体的不断建构中不断复杂化，从而逐渐意识到自身，这便是（自为的）主体的出现。”①

从一般生物认识的进化过程看，原生生物的反应不是被动的而是主动的，是与有机体对周围条件的生物性适切相结合而保证其生存的反应。原生生物已经存在个体经验（知识）。如果我们追溯人类学习的起源，单细胞的原生生物则是学习活动的发源所在。单细胞原生生物已经是认识主体。②皮亚杰也认为，生物体是认识主体的起点。③人与一般动物的区别在于能否制造工具。“而‘认识的认识’或‘运算’是在制造工具、使用工具的实践活动中产生的。所以，‘运算’或‘认识的认识’是人的认识特性。”④

自我意识对一个人的认知、情感和人格的发展很重要。自卑，是一个人对自我认识过低；自傲，是对自己的认识过高。实际上，影响人发展的一个重要因素就是对自我的评价。一个小孩自我意识发展的重要阶段就是 3 岁以前，所以古人讲“三岁看大”是有道理的。3 岁、6 岁、12 岁是重要时期。可以说，男孩的自我意识发展水平要比女孩晚一年半到两年，甚至可能更长时间。所以男孩自我意识的能力比较弱，对自己的反省能力比较弱，事情做错了还不知道。人类最重要的是有自我意识以及对认识的省察和解读，所以人类的强大就是我们有反馈。思维（形式的逻辑智慧，或反省的智慧，或概念的智慧）是把经验内容同化于自己的思维形式⑤，也就是皮亚杰所说的同化与顺应，这可以成为分析儿童的一个重要框架。

儿童的自我意识与主客关系的区分有关。“儿童最初还不存在任何自我意识，内部世界跟外部现实之间还不存在任何界限。也就是说，在儿童那里，主客体是混沌不分的，像原始人那样‘主体和客体完全合并’，儿童的世界观也有类似于原始人的‘非二元论’状态。”⑥能区分主客观、主客体是自我意识发展的一个结果。所以有这种观点：儿童的早期阶段和人类的早期有相似的地方，但不可能完全一样。怎样看待儿童的世界观，儿童如何看待自己和世界的关系，确实是值得研究的问题。皮亚杰认为，认识活动的存在形式存在两极，即 DNA 和思维，在这两极之间可以发现一切中介阶段。⑦物质的守恒、对称关系的协调、归类的产生、算术运算的构成等使儿童形成了运算系统。⑧所以到初中阶段，儿童就可以从具体思维、操作思维逐渐过渡到符号思维、形式化思维。

皮亚杰提出“儿童中心主义”，就是讲儿童看世界有明显的个人主观性。儿童有自己对世界的解释，有时候想说服儿童不见得是件容易的事。儿童看上去什么都不懂，但是他们有自己的思考。甚至有的

① 刘晓东：《儿童精神哲学》，第 66 页。
② （苏联）拉德吉纳-科特斯：《有机体进化过程中心理的发展》，北京：科学出版社，1965 年，第 9—10 页。
③ （瑞士）皮亚杰：《生物学与认识》，尚新建等译，北京：三联书店，1989 年，第 157 页。
④ 刘晓东：《儿童精神哲学》，第 57 页。
⑤ （瑞士）皮亚杰：《生物学与认识》，第 161 页。
⑥ 刘晓东：《儿童精神哲学》，第 68 页。
⑦ （瑞士）皮亚杰：《生物学与认识》，第 161 页。
⑧ （瑞士）皮亚杰：《儿童的心理发展》，傅统先译，济南：山东教育出版社，1982 年，第 65—77 页。

时候他们也不是思考，就是一种直觉、感受，只是他们说不出来。有一次我亲耳听见一位朋友的女孩问爸爸：“如果天上有太阳又有月亮会是什么样子呢?”“怎么能让我妈再生我一次?”“我能不能变成美人鱼?”这类问题很有意思，但是我们成年人很少会想到。小孩子愿意想，很随意也很经常地想。她就单纯地觉得美人鱼很好，但自己不是美人鱼，所以她想让妈妈再生她一次，那样她就可以变成美人鱼了。这类事情我们听着很好笑，但是她没笑，她很严肃、很认真地问这个问题。如果能把儿童一年里说的问的类似的话记下来是很有价值的，很多这样的瑰宝都没被家长重视，随时间流逝了。但同时，儿童的认识只是一幅世界的肖像画或重构图。主体的生成依赖于这个不以人的意志为转移的客观世界。只有对他从外部世界得到的资料进行推理，儿童才能克服感官经验的无常性，并且认识到表面变化背后的永恒性，这正是成人思维的标志。主体认识的历史实际上是主体与客体相互建构生成的历史，是主客体关系发生变化的历史。①

晓东教授学养扎实，著述文本内容丰厚，深度地走进儿童和儿童背后的冰山，为我们打开了更广阔的儿童精神世界。整理阅读札记的过程是对文本、对实践再反思、再重构的过程，本人水平、时间很有限，谫陋之处在所难免，发表的主要目的是略表对《新儿童研究》的助力与企盼。敬请晓东教授及海内方家指正。

2018 年 3—6 月初成

2019 年 7 月 13 日—8 月 19 日补苴

① 刘晓东：《儿童精神哲学》，第 66 页。

儿童到底可不可能是真正的哲学家

——从周大观及其诗集《我还有一只脚》谈起

◎ 潘小慧[1]

摘　要： 本文主要借由周大观小朋友短暂的十年人生，尤其以其一年多生病期间所创作的诗集《我还有一只脚》及其面对自身生死问题所产生的思想作为探讨的文本依据，并判断评价这种思想是否具有普遍意涵，甚至已经上升为一种生死智慧？也以此来思考“儿童到底可不可能是真正的哲学家”，并进一步理解儿童思维的哲学性。

关键词： 儿童哲学　童年哲学　周大观　《我还有一只脚》

一、前言

“儿童哲学之父”李普曼（Matthew Lipman，1922—2010）有一次在美国哲学年会上，提出“我们也许可以把童年的哲学类比为宗教哲学、科学哲学、艺术哲学、历史哲学之类的科目”[2]。受到李普曼的启发，马修斯于1994年出版《童年哲学》一书，首度正式提出“童年哲学”（The Philosophy of Childhood）一词，将“童年”和“哲学”这两件事联结在一起。马修斯不是一开始即突然生发出此一概念，除了受到李普曼启发的影响外，再经过撰写出版《哲学与小孩》（*Philosophy & the Young Child*，1980）、《与小孩对谈》（*Dialogue with Children*，1984）二书之后，他作为专业的哲学工作者，逐渐发展出他对“童年哲学”比较清晰的想法。他在书中用十章的篇幅，以哲学的方式阐述童年，阐述儿童的哲学潜能。他探索了孩子的思考方式，也反思了我们对孩子的想法，并试图将童年与成年间的裂缝弥补起来。按马修斯的说法，提出“童年哲学”的日的是什么呢？

> 我之所以要提出一种“童年哲学”，事实上是提出我自己的“童年哲学”，目的是希望为“童年哲学”在未来的哲学教育中奠立一席之地，使它无论在学术研究、写作或教学上，都成为一个道道地地的工作领域。[3]

“儿童哲学”（Philosophy for Children）一词条于2002年5月被收入于《史丹福哲学百科》（*The Stanford Encyclopedia of*

① 潘小慧，台湾辅仁大学哲学系教授。

② 马修斯：《童年哲学》，王灵康译，台北：毛毛虫儿童哲学基金会，1998年，第10页。

③ 同上，第14页。

Philosophy)[①]。"童年哲学"一词条也于同年9月被收入，其开篇即言："童年哲学近来被视为与科学哲学、历史哲学、宗教哲学以及许多其他'哲学'学科相类似的研究领域，它被视为与这些已经具有哲学研究合法领域的'哲学'学科相类似的学科。"[②]这说法与前述李普曼的说法相同，笔者强烈怀疑此词条的撰写主要参考了李普曼的观点。

"童年哲学"的提出，似乎是对于"成人哲学"的一种对比式观照。以前没有或不知道有所谓的"童年哲学"时，"哲学"似乎就等同于"成人哲学"，或是"成人哲学"的代名词。像发展心理学者皮亚杰（Jean Piaget，1896—1980）的理论就主张："儿童是经历一定阶段而发达的，难行使哲学的思考。"笔者曾经指出这里反映出两点迷思：

> 迷思一：哲学是大学哲学院系师生的专利。然而事实上：哲学最素朴可贵之处并非一堆艰涩的专有名词或术语，而是时时处处向生活发问的精神。因此，哲学是每一个有理性的人（包括儿童）的权利……
>
> 迷思二：哲学是成人的专利。然而事实上：探索人生重要课题，不仅是人（包括儿童——未来的公民）的能力，且应是一项不可让渡的基本权利。[③]

如果"童年哲学"可以成立，"童年哲学"具有合法性，首先必须预设儿童可以是一个哲学家，即使是广义的哲学家；其次，童年哲学和成人哲学的关系为何？童年哲学对于成人哲学的意义是什么？童年哲学是否作为"前"成人哲学而补充了成人哲学？然而，哲学是否有年龄之别？一个成熟的哲学或哲学理论跟提出的哲学家的年龄有关吗？李普曼曾建议我们做哲学工作者，应该提出以下这样的问题："怎样才算是小孩子？""小孩子想事情的方式和我们有什么不同？""幼小的孩子真的有能力为别人设想吗？"……[④]

如果按照国际上对"儿童"的定义为18岁以下的男女的话，那么6岁以前的幼童和13—18岁的青少年在各方面的发展都是有极大差异的，也不宜笼统地说"儿童"如何如何般地一概而论。事实上，对"儿童"思想的探究，也就是对儿童的哲学研究，在中西历史的记录上是远远不足的，也因此，今天我们加强对儿童哲学及童年哲学的探究极其有意义。

本文主要借由周大观小朋友短暂的十年人生，尤其以其一年多生病期间所创作的诗集《我还有一只脚》及其思想——一种面对自身生死问题所产生的思想，作为探讨的文本依据，并判断评价这种思想是否具有普遍意涵，甚至已经上升为一种生死智慧。也以此来思考"儿童到底可不可能是真正的哲学家"。此外，加上一个巴西四岁男童与妈妈的对话视频，以此两案例来检视李普曼曾建议的讨论问题："幼小的孩子（4岁）或儿童（10岁）真的有能力为别人或他者设想吗？"借由两案例

① https://plato.stanford.edu/entries/children，检索日期：2019年3月31日。

② https://plato.stanford.edu/entries/childhood/#Bib，检索日期：2019年3月31日。

③ 潘小慧：《儿童哲学的理论与实务》，台北：辅仁大学出版社，2008年，第12—14页。

④ 参见马修斯：《童年哲学》，第11页。

的分析探究，能进一步理解儿童思维的哲学性。

二、周大观生平及其诗集《我还有一只脚》

周大观（1987.10.29—1997.5.18）①，生于中国台湾，五岁时便能朗诵“四书五经”、唐诗宋词与歌赋，最喜爱的事情是演奏小提琴。进入小学后，开始养成写日记的习惯，他习惯以诗词的方式写日记与作文。因为在音乐上的天分以及家人的栽培，他成为台北县大丰小学第一届管弦乐团的第一提琴手。

1996年的寒假，当时年仅9岁的周大观与家人到美国、中南美洲旅游，回到台湾后身体不适，历经多家医院诊断是遭恶性横纹肌癌侵袭，历经两次开刀清除癌细胞、12次化学治疗、30次钴六十照射治疗以及截肢手术，与病魔抗战一年多。

1997年2月17日，台大医院为他召开最后一次“医疗评估会议”，身为患者的他坚持参加。医师了解周大观有足够坚强的意志力去面对，特许他出席这个“算计”自己生死的会议，这是台湾有史以来第一次有10岁的病患参加医院的“医疗评估会议”。当时医护人员以鼓掌欢迎小巨人参加。

周大观在生病住院期间，在与病魔的斗争中，每每以诗文表达并记录自己的心情感受，后投稿《国语日报》，每投必登，形同连载。

1997年5月2日，由台湾省文艺作家协会主办的中兴文艺奖章第二十届得奖名单，新增设儿童诗奖给周大观。5月4日，周大观在文艺节大会接受表扬。5月18日凌晨4时50分，周大观病逝。

1997年6月1日，台北的远流出版社收录了周大观的41篇病中诗文，协助出版《我还有一只脚》(诗集)，全书共95页。诗集以诗文表现，坚强的生命、动人的诗篇、纯洁的心跃然纸上。该诗集后来总共有17种语言版本，出版发行20个国家，畅销1059万多册，帮助包括中国大陆、尼泊尔等20个国家地区的19万多癌童挥别阴霾、迎向阳光、活出希望。

周大观去世后，其父周进华、其母郭盈兰以其名成立了“周大观文教基金会”，每年举办理“全球热爱生命奖章”的选拔表彰会，实践周大观热爱生命、快乐生活的态度。

三、《我还有一只脚》里的生命哲学

（一）《序诗》

《我还有一只脚》诗集主要呈现作者周大观小小年纪直面癌症的心路历程。《序诗》如此写道：

> 癌症是千面恶魔，
> 医师护士是万能博士——
> 以化学治疗为大刺客，
> 以放射治疗为小魔鬼，
> 以开刀治疗为吸血鬼；
> 爸爸是鼓励先生，
> 妈妈是安慰小姐，

① 本文关于周大观的生平事迹，主要参考周大观：《周大观小档案》，见《我还有一只脚》，台北：远流出版社，1997年，第92—94页；以及“周大观文教基金会”网络资料，http://www.ta.org.tw/about.php?lang=zh&view=1&idept=9，检索日期：2019年8月13日。

弟弟是逗笑小丑，

老师、亲友、宗教爱心人士是啦啦队；

我是超级马里奥，

把万能、鼓励、安慰、逗笑、加油的爱化为大爱大愿——

一愿发明“太阳能灭癌加速器”随时攻击癌症恶魔。

二愿呼唤所有的地球人团结一致对癌症恶魔全面宣战。

三愿只要有更多科学家、临床专家医师及医院。

四愿鼓舞所有的癌症病人及家属坚强最大的意志力。

五愿敬请所有的地球人珍惜身体的健康、生命的尊严以及家庭的和乐。[①]

周大观将生病期间身边最重要且最密切的人都写进诗里了，每个人对周大观而言都有他/她的重要性，他虽然是弱小病人，但也有自我期许。他期许自己是“超级马里奥”，想要把身边的重要他者给他的各种爱（万能、鼓励、安慰、逗笑、加油的爱）“化为大爱大愿”，所以发了五个宏愿。即使自己生重病，仍不忘关怀他人，这是多么成熟又伟大的心灵啊！

（二）《邻居》

一般人面对进开刀房动手术这件事，不管如何，总会有些担心害怕的。周大观怎么看待这件事呢？《邻居》一诗如此描述：

八十五年（1996年——编者注）五月十五日，

爸妈第一次扶我进开刀房，

焦虑弟弟是邻居，

平静妹妹也是邻居，

我选择了平静妹妹。

八十五年六月六日，

爸妈第二次抱我进入开刀房；

害怕阿姨是邻居，

坚定叔叔也是邻居，

我选择了坚定叔叔。

八十六年一月二十五日，

爸妈第三次背我进入开刀房；

死亡先生是邻居，

生存小姐也是邻居，

我选择了生存小姐。[②]

周大观记录了三次进开刀房动手术的心理状态以及最终的选择态度。他用了“焦虑弟弟/平静妹妹”“害怕阿姨/坚定叔叔”“死亡先生/生存小姐”三种对比，来呈现当时他所面临的可能情况，他告诉自己且调适出一个最佳的应对方式，就是以平静、坚定的态度积极面对，努力争取自己的生存。十岁的孩子，对于情绪的掌控、意志的坚持勇敢以及对生命的热爱与追求，一点也不输给成年人。

（三）《截肢》

病情恶化，面临不得不截肢的命运，少了一条腿这是何等严重的大事啊，周大观写了《截肢》一诗：

① 周大观：《我还有一只脚》，第6—7页。

② 同上，第10—11页。

癌症恶魔是人类的敌人，
霸占了我的右脚。
化学治疗攻不进，
放射治疗打不下，
医师要一刀两断。
敌人向上串联，
敌人就要转移阵地，
几何级数的分裂，
天文数字的阵痛，
爸妈也只好一刀两断，
爸妈把我交给医师，
医师把我交给科技，
我把生死交给上帝。①

（四）《我还有一只脚》

截肢已是事实，该怎么看待自己已经不完整的身体呢？是要自怨自艾呢？还是怎么呢？周大观写了《我还有一只脚》一诗，他说：

贝多芬双耳失聪，
郑龙水②双眼失明，
我还有一只脚，
我要站在地球上，
海伦·凯勒双眼失明，
郑丰喜③双脚畸形，
我还有一只脚，
我要走遍美丽的世界。④

其实，早在22年前，还没看到诗的内容，就只是第一次看到“我还有一只脚”的标题时，笔者就已经潸然落泪了。一般的成人，若面临类似的处境，会告诉自己“我还有一只脚”还是“我只有一只脚”？对于事实而言，两句话都说出真相，都是可以成立的，都是真的。但是面对人生，不仅需要事实命题，更需要价值命题，也就是我们如何评价与看待这件事实。“我只有一只脚”的命题着重于失去的部分，“我还有一只脚”的命题则着重于拥有的部分。已经失去的再也唤不回，何不珍惜现在还拥有的？这种正向思考转念的功夫，如何要求一个仅仅十岁大的孩子做到？但这个孩子自己却真真实实地做到了。“还有”和“只有”的一字之差，却是两种对身体的诠释，两种对生命的观点，两种对自我的接受与否、肯认与否，这是何等强大的内心素质所能展现出来对生命困境的不屈不挠以及对生命的永不放弃！此时的周大观，还想到中外名人贝多芬、郑龙水、海伦·凯勒、郑丰喜等，比起他们“双”眼或“双”耳或“双”脚的问题，他自我安慰的同时也安慰身边的人，说出“我还有一只脚”，而且这只脚

① 周大观：《我还有一只脚》，第72—73页。

② 郑龙水（1959— ），幼时因罹患青光眼导致双目失明，2017年成为台湾大学第一位盲人博士，是一个社会福利工作者、弱势群体代言人。他创办了台湾第一本有声杂志《回声》，创办了台湾第一个视障基金会爱盲基金会，推动成立了台湾第一个视障团体联合组织中华视障联盟，成立社团法人台湾公益联盟。

③ 郑丰喜（1944—1975），台湾云林人，他出生时，右脚自膝盖以下左右弯曲，左脚自膝盖以下萎缩，足板向上突起，后通过自身努力成为一名教师、作家。其著有自传《汪洋中的一条船》，其奋斗的故事曾分别于1978年和2000年两度被搬上电影和电视荧幕。其妻吴继钊女士为了纪念他，在云林县口湖乡创立“郑丰喜纪念图书馆”；1977年，郑丰喜文化教育基金会成立，设立奖学金帮助与鼓励有肢体障碍的学子就学、出国深造。

④ 周大观：《我还有一只脚》，第74—75页。

还“要走遍美丽的世界”。只有当他仍然肯定自己，仍不放弃自己时，这个即使是有病痛的身体的生命方是有意义的、光辉的。周大观真的好棒！他面对生命的智慧一点也不比成人差，他遇到截肢的遭遇时，能够正向思考并转念，接受身体残缺的自己，还对未来充满希望。身体和精神相比，对于人的生命而言，到底哪一个才是主体？哪一个才是本质要素？也许周大观没有读过哲学，但他的生命态度与境界，已经展现出哲学家的智慧，活出虽短暂却大有意义的人生，如果这不是哲学家那谁才是？有人喜欢称呼这样勇敢的病人是“抗癌斗士”或“生命斗士”，这点笔者也认同，没有异议；但是，笔者更想从儿童哲学的角度，指出周大观是一个知行合一的真正的哲学家。

（五）《活下去》

在台大医院为周大观召开“医疗评估会议”之后，1997 年 3 月 20 日的相关报道如下：

> 二月十七日下午五点半到七点半，台大医院教授林凯信、医院外科部副主任赖鸿绪以及医师林东灿、周献堂、陈志成、护理长等，开会讨论周大观的检查报告、病理分析，随即审慎评估切割骨盆的可行性。由于手术牵涉到内脏的移位，而脏器是最易感染细菌的组织，医师们做出了最后的共识：医学技术的出发点是为了让生命更美好，如果痛苦的疗程已不再具有意义，接受安宁照顾走向人生终点，要比接受无意义的治疗、忍受痛苦更有人性。散会前，林凯信教授征询大观的意见，医、病之间有一段简短的对话：
>
> “谢谢医师叔叔伯伯阿姨，我尊重你们的意见，不再开刀了；不过，请您告诉我，我还能活多久？”
>
> “人活多久是神的事情！我们是医生，不是上帝。”
>
> “癌细胞最后会不会死掉？”
>
> “癌细胞会死掉。而你写了那么多的诗歌，你将活着被上帝接走。”

会议结果，群医束手无策。周大观却在日记里默默写下《活下去》一诗：

> 医师是法官，
> 宣判了无期徒刑；
> 但是我是病人不是犯人，
> 我要勇敢地走出去；
> 医师是法官，
> 宣判了死刑，
> 但是我是病人不是犯人，
> 我要勇敢地活下去；
> 我要与癌症恶魔争健康，
> 向上帝要公平，
> 我才只有十岁，
> 我不只有十岁，
> 我还有好多个十岁。①

（六）《希望》《对话》

即使遭遇病魔无情的侵袭，周大观始终对医生抱持信赖与感恩，对生命抱持希望。好多首诗都表达了此一信念，例如《希望》：

---

① 周大观：《我还有一只脚》，第 12—13 页。

生病的时候，

希望是一张小小的诊断书——

生，在这里，死，也在这里，

医生叔叔就是医生，只有医“生”，不会医“死”。①

诗集的最后一首《对话》说道：

河流小孩对大海妈妈说：

“谢谢您永远包容我。”

大海妈妈对河流小孩说：

“欢迎你随时回家来。”

癌症小孩对医师叔叔说：

“谢谢您爱心收留治疗。”

医师叔叔对癌症小孩说：

“请你勇敢地走出去。”②

虽然最终周大观没能战胜病魔，但是我们看到他做到许多事：他勇敢，他勇敢面对每一次的手术与治疗；他懂得感恩与感谢，他对关爱与照护的人明白地表达感谢；他做到冷静与平静，自己看自己的检查照片，同时要求参加医院为他召开的医疗评估会议，也接受医疗评估会议的决定。以上至少包括理智、意志和情感三大能力。这些，就算是一个成人都很难做得到，但周大观做到了，自自然然地做到了。我们该如何看待这样的孩子？说他早熟、情商特别高，还是他根本就是天生的哲学家？

四、影片《巴西男童恳求别吃动物妈妈哭了》

几年前，偶然在网络上看到一部 2 分 30 秒的影片，是一个四岁巴西男孩与妈妈的对话。网络说明如下：

来自巴西的路易兹，当章鱼面疙瘩放在眼前时，他天真地问：“章鱼不是真的吧？”听完妈妈的解释以后，还一度以为它们的头仍在海里存活。直到妈妈坦白告诉孩子，所有动物在端上桌前都会被人切开，路易兹才终于搞清楚状况。他惊讶地说：“所以……我们吃动物的时候，它们会死！这些动物……你应该照顾它们，不应该吃掉它们！”受到儿子的同理心感动，妈妈忍不住掉下泪来。路易兹一副萌样问道：“你为什么要哭呢？”她回答：“我才没有哭，只是被你感动了。吃吧，但是你不用吃章鱼！”

为了便于分析与研究，笔者按照既有的中译，将影片以逐字稿记录如下：

小男孩：这样子好吗？

妈妈：好……快吃你的章鱼饺子。

小男孩：好吧妈咪……好啦……这章鱼应该不是真的吧，是不是？

妈妈：不是。

小男孩：那好吧……他应该不会说话，也没有头，是吧？

---

① 周大观：《我还有一只脚》，第 22—23 页。

② 同上，第 90—91 页。

妈妈：他当然没有头啊，这些是章鱼剁碎的脚。

小男孩：脚？那他的头在海里吗？

妈妈：他的头在鱼市场。

小男孩：那人把章鱼剁了？像这样？

妈妈：是呀！

小男孩：为什么？

妈妈：因为我们要吃它……这样才不用把整只吞了。

小男孩：可是为什么？

妈妈：宝贝，为了吃它呀！就跟我们把牛跟鸡剁碎一样。

小男孩：啊……鸡吗？没人吃鸡的啊！

妈妈：没人吃鸡吗？

小男孩：他们是动物啊！

妈妈：飞！

小男孩：飞！

妈妈：那我们吃饺子吧，吃那些马铃薯吧！

小男孩：就吃马铃薯还有饭。

妈妈：好吧！

小男孩：章鱼是动物！

妈妈：是的。

小男孩：它们全都是动物啊！鱼是动物……章鱼是动物……鸡是动物……牛是动物……猪也是动物……

妈妈：是啊！

小男孩：所以当我们吃动物时他们就会死。

妈妈：是啊！

小男孩：为什么？

妈妈：这样我们才有得吃呀，宝贝！

小男孩：为什么？它这样不就死了？我不喜欢它们死……我喜欢看它们蹦蹦跳跳的。

妈妈：好吧，我们以后都不吃了，好吗？

小男孩：好！你应该要照顾这些动物的，而不是吃它们。

妈妈：是的，你都说对了，那吃些马铃薯吧！

小男孩：好！你为什么要哭？

妈妈：我没有哭，我是被你感动了啦！

小男孩：一定是我做了什么很美的事。

妈妈：哈哈，快吃吧，不用再吃章鱼了。

小男孩：好！①

由以上对话，“它们全都是动物啊！鱼是动物……章鱼是动物……鸡是动物……牛是动物……猪也是动物……”首先，我们发现男孩已经会使用逻辑当中的归纳法。其次，男孩心中有一个预设，或许可以诠释为一种道德直观（由“你应该要照顾这些动物的，而不是吃它们”一句得知），男孩对动物有一种悲天悯人的情怀，“我不喜欢它们死……我喜欢看它们蹦蹦跳跳的”“你应该要照顾这些动物的，而不是吃它们”。透过男孩跟母亲的对话，男孩确认“所以当我们吃动物时它们就会死”此一事实。因此，得出“吃些马铃薯

① 影片《巴西男童恳求别吃动物　妈妈哭了》共2分30秒。发布日期：2013年6月2日。网址：https://www.youtube.com/watch?v=N0gFbFcMKII。

吧”“不用再吃章鱼了”的结论命题。此结论命题不像抽象的逻辑般只存在于思想中，它还指导男孩的具体生活，也就是男孩不单理解这个逻辑，还知道这个道理，进而身体力行，知行合一。

虽然男孩年仅四岁，可能还不识字，当然也无法著述，但他却可以真情实感地关怀非人存有的动物。周大观也是，他对周遭人的感谢与祝福，以及对病友的鼓舞等言行，都显示他有推己及人的关怀能力。回应李普曼的建议问题：“幼小的孩子真的有能力为别人设想吗？”笔者必须大声说：“可以的”，毫无悬念。

五、结论：孩子可以是哲学家

我们怎么评估一个人是不是哲学家？笔者以为有三点：第一，爱好真理：仅有好奇心并不构成哲学家，好奇也可能起于人的幽暗与八卦窥伺之心，真理 / 智慧也不同于一般的知识，苏格拉底所谓的“喜爱真理的意象的人”，才是“爱智者”，才是真正的哲学家，也才是真正的自由人。这样不是为了其他功利理由，而只是为了求知本身所进行的思考，其存在只是为了其自身，如此纯粹的，称之为“自由的”。第二，谦逊：以真理为师，在真理面前，不自以为是，保持方法上的怀疑精神，随时可以修正自己。第三，乐于分享真理：既然认识到真理，就不能私藏或独享，要乐于分享所认识到的真理，这是一种慷慨精神。宽泛地说，儿童的纯真与赤子情怀（所谓的童心），基本上吻合以上三点。当今的问题是，哲学作为一门科学，也是自由的科学；因此严格地说，研究哲学这门科学有所成就的人，我们就称他们为哲学家。那到底如何判定“有所成就”？标准为何？

孔子和苏格拉底虽然述而不作，从他们的一生行谊看来，从没有人怀疑他们是道道地地的哲学家。所以在古代，是否有著作似乎并不是哲学家绝对必要的条件；但是在现代，如果没有著述，别人如何理解你的思想？你又如何将思想传达给他人？又将如何保存此一思想？这至少需要广义的语言与文字的协助。所以，除了文字著述外，有声书也是一种可能，不断地传讲也是可行的。著述的形式方面，似乎并无限定，除了传统的论说文形式最为普遍外，也可以是像《论语》和柏拉图《对话录》的对话体例，也可以像《庄子》一书的文学寓言体例，也可以像纪伯伦《先知》一书的散文体例，也可以是诗歌的体例。因此，笔者以为周大观的诗集《我还有一只脚》足以作为代表其生命哲学思想的传播文本。至于巴西四岁男孩，由视频，已经看出他是一个小小哲学家了，只要生命继续，他就还有无限发展的潜能。

另外，哲学思考的探究范围或内容，主要包括“反省普遍性的课题”“提出基础的问题”和“探询第一因”。周大观的诗集《我还有一只脚》所呈现的生命态度与思考，是否具有普遍真理？如果有，我们就可以肯定这本诗集的哲学性以及哲学价值。由前文的阐述，笔者已经肯定周大观不仅只活了十岁，他的哲学精神是不朽的，也永远值得后人学习！

儿童哲学与文化研究

——以《花木兰》与《哪吒之魔童降世》为例

◎ **简成熙**[①]

摘　要：儿童哲学从美国李普曼的发展以降，已近五十年，学者们也有不同的发展方向与重点。从最先的对儿童进行哲学教学，到探究儿童自己的哲学化思考，并形塑对儿童的思考，也就是用哲学探究、建立、重构儿童图像。这些重点并非壁垒分明。在与儿童互动的过程中，我们不宜忽略相关文化的省察。晚近的文化研究也鼓励我们分析大众文化素材，从而掌握其背后的意识形态以及个人认同的种种因素。本文即以迪士尼影片《花木兰》以及国产影片《哪吒之魔童降世》为分析对象。笔者认为两部片子都各自颠覆与翻转了其在中国传统的文本。两部影片的核心旨趣环绕在当代自由主义下的个人自主。虽然翻转了传统文本，但仍然可以与传统精神契合。儿童是天生的哲学家，教师也都是天生的故事家，笔者鼓励教育工作者虚心循着儿童哲学的精神，在日后不断推陈出新的影音文本中，活化教学、肯认儿童，从而共享其他文化精神，在地球村的时代，共构人类文明。

关键词：儿童哲学　文化研究　电影评论　花木兰　哪吒

一、为什么以此为题？

儿童哲学作为学术探究领域之一，虽是由当代李普曼（M. Lipman）所创，然历代哲学家从事哲学探索时，有时也离不开儿童。柏拉图《美诺篇》里借着苏格拉底对奴童的对话，拉出了知识的追忆，儿童有天生的能力从事几何学的探究（82a—85d）。洛克也把儿童的心灵视为白板。奥古斯丁、卢梭的《忏悔录》以及弥尔的自传，不乏对其个人童年时代的回忆，显示了哲学是如何从其成长的生活经验中成形。当代儿童哲学至少可以有三个不同意义：其一是哲学对于儿童的探究（Philosophy of Children）；其二是指对儿童进行哲学教学，或协助儿童进行哲学思考（Philosophy for Children），李普曼最先致力于儿童的哲学教学，可为代表；其三是探究儿童自己的哲学化思考（Children's Own Philosophizing）。这三个层面当然不是截然分明的[②]，例如，马修斯（G. B. Matthews）在从事儿童哲学的教学实践中，认为不能只停留在工具主义，儿童更

---

① 简成熙，台湾屏东大学教育行政研究所教授。

② Johansson, V., Philosophy for Children and Children for Philosophy（Part 2）. P. Smeyers（ed.），*International Handbook of Philosophy of Education.* Cham，Switzerland：Springer，2018，pp.1149—1161.

是天生的哲学家，他不仅扭转了皮亚杰对儿童思考的探究，更进一步提出有别于传统儿童的图像①。是以对儿童实施哲学教学，会影响我们对儿童的看法，而我们对儿童的图像认识，也会影响对所谓儿童进行哲学化思考的接纳度。的确，当代儿童哲学的发展，已不只是狭隘的教儿童哲学云云，更是借着对儿童图像的多元思考，肯定儿童的主体性，回归（成）人本身的哲学反思。2017 年出版的《儿童哲学国际研究指南》分八个探索内涵，儿童哲学研究已经成为西方哲学领域与跨域学科间的重要探索内容。②

20 世纪，英国伯明翰文化学派从马克思遗绪、法兰克福学派思想中汲取养分，更进一步集中在对大众传媒的研究，开创了“文化研究”（Cultural Studies）的跨域研究范式，影响深远。值得我们注意的是，传统哲学、史学从事的文化研究以及儒家文化、道家文化等，代表的是人类高端的智慧。也是 20 世纪，一位美国人类学学者雷德菲德（R. Redfield）区分了大传统（Great Tradition）、小传统（Little Tradition）对某一文化或区域人们的影响。大传统是指上层精英的思考模式，小传统则是指未受教育或不识字的普罗大众心中依循的价值样貌。雷德菲德原著中的小传统本是指农民，他也特别强调大、小传统的相互渗透性。③伯明翰文化学派鼓励学者从事大众文化的研究。④当今，知识普及，许多地区已没有雷德菲德严格意义下的“小传统”，但若把“小传统”视为普罗大众生活模式通行、使用、享受的一套价值、信念、话语或休闲品味，笔者认为文化研究较之传统哲学精英、抽象的哲学思考，更易于体察人类当下的风貌，自然也应成为儿童哲学的素材。

电影号称“第八艺术”，排行老八，代表许多精英艺术工作者不认为电影应位列艺术之林，但相信无人能否认其无远弗届的影响力。尔来，许多教育工作者已在推广电影教学。⑤我们若将前述儿童哲学的“哲学”抽换成“电影”，也可以得到三个研究方向：其一，电影对于儿童的研究，或可称之为“儿童电影”；其二，对儿童进行电影教学；其三，儿童自行进行电影的解读与思考。笔者不想在逻辑上坚持这种区分，但期待能鼓励更多的教育工作者不仅从电影教学中丰富儿童对于电影文本的解读，也能从许多优质的儿童电影中形塑多元的儿童图像，以建立儿童观影的主体性。师长们更应该在此一教学或观

---

① 白倩，于伟：《马修斯儿童哲学的要旨与用境——对儿童哲学“工具主义”的反思》，见《全球教育展望》，2017 年第 46 卷第 12 期，第 3—11 页。

② M. R. Gregory，J. Haynes，K. Murris.（eds.），*The Routledge International Handbook of Philosophy for Children.* London & New York: Routledge, 2017.

③ Redfield，R.，*Peasant Society and Culture*：*An Anthropological Approach to Civilization.* Chicago：University of Chicago Press，1956.

④ 文化研究，论者已多，于伟在《教育哲学》第十章《美学与教育》（教育科学出版社）中，已经指出了文化研究、文化政治美学与教育变革（第 292—295 页）。国外代表性的教育与文化研究合集，可参考 H. Giroux，P. Shannon（eds.），*Education and Cultural Studies*：*Toward a Performative Practice.* New York & London：Routledge，1997。

⑤ 夏昆：《教室里的电影院》，北京：中国轻工业出版社，2013 年。

影过程中，反思电影的寓意，丰富成人自己对于儿童图像的多元思考。

阅读李普曼自传时，笔者相当动容于他的一段自省，李普曼反思他在奈及利亚进行经验分享时，小朋友们发言时会先起立，美国没有这个师生“不公”的传统，他最先汲汲于制止儿童这种礼数，后来想想，自己不正是以己文化臧否他者吗？想着想着，也就不制止学生发言时的起立。① 李普曼这种后设反思，很不容易，这也说明了进行跨文化文本的儿童哲学教学时，教师文化反思与省察的重要性。基于同样的理由，笔者个人对于一般人评价甚高的阿米尔罕（Aamir Khan）主演的宝来坞电影《三傻大闹宝莱坞》（3 Idiots，2009），肯定之余，也有些许遗憾。肯定的是片中对于制式教育的批判，不过，这种批判一旦成为公式，那就沦为刻板印象了。我不太相信印度顶级的理工大学的教授，会像戏中的颟顸与呆气。许多西方学者（或受西方教育洗礼的东方学者）常论述西方大学教育重创意，我们的教育只是灌输死知识云云，不能说这种观察不对，而是这种公式化、脸谱化的批评，也无助于我们大学真正的改善。从事文化研究，在诠释方法论上，最难克服的就是我族中心或东施效颦的心态，前者让我们无法虚心接受别人优点而自以为是；后者一味持守别人月亮圆的心态，既不知己，也无从真正学习别人优点。笔者期待以下的分析，没有这些方法论心态上的缺失。

本文将以迪士尼1998年上映的《花木兰》与2019年暑假上映、引起热潮的《哪吒之魔童降世》（后文称“新版哪吒”）为范例。理由是二者都有类似的主题——强调个人自主（Personal Autonomy）。这是西方自由主义传统下最重要的核心目的。②《花木兰》是从西方看东方，我们希望它们不要有类似《三傻大闹宝莱坞》式对印度（中国）的刻板印象。新版哪吒也不要有我族中心或东施效颦的文化偏见。经由本文的解析，笔者认为两部片子都各自颠覆与翻转了木兰与哪吒在中国传统文本的形象。虽然翻转了传统文本，但仍然可以与传统精神契合。儿童是天生的哲学家，教师也都是天生的故事家，笔者期待与鼓励教育工作者虚心循着儿童哲学的精神，在日后不断推陈出新的影音文本中活化教学、肯定儿童，从而共享其他文化精神，在地球村的时代共构人类文明。

二、做自己 vs 集体目标：《花木兰》

迪士尼的传统手绘动画（以前称为“卡通”），如1998年的《花木兰》与1999年的《泰山》（*Tarzan*）仍然承继着百老汇轻歌剧的传统。美国迪士尼卡通其来有自，20世纪初带给无数人欢乐的童年回忆，之后一度呈现疲态。《小美人鱼》

① Lipman，M.，A Life Teaching Thinking：An Autobiography. Montclair：*The Institute of the Advancement of Philosophy for Children*，2008，p.144.

② 自主性（在道德上可译为“自律”）是西方自康德以降很核心的概念。20世纪60年代英国的教育哲学家彼得斯（R. S. Peters）及其同僚弟子，正式标举自主性为教育目的。相关内容可参考S. C. Brown（Ed.），*Philosophers Discuss Education*. London：The Macmillan Press，1975。Dearden，R. F.，Hirst，P. & Peters，R. S. &（Eds.），*Education and the Development of Reason*. London，England：RKP，1972. Bridges，D.（Ed.），*Education，Autonomy and Democratic Citizen*：*Philosophy in a Changing World*. London & New York：Routledge，1997. 受社群主义及后现代主义之冲击，近20年来，自主性是否应为教育目的，也受到许多质疑。

（*The Little Mermaid*，1989）可算是迈向20世纪90年代复苏的里程碑。《美女与野兽》（*Beauty and the Beast*，1991）、《阿拉丁》（*Aladdin*，1992）、《狮子王》（*The Lion King*，1994）、《风中奇缘》（*Pocahontas*，1995）、《钟楼怪人》（*The Hunchback of Notre Dame*，1996）、《大力士》（*Hercules*，1997）等佳作不断问世。这些作品虽然也来自西方传统，但在叙事内涵上已做了翻转。历经十年，千禧年之后，虽仍有《星银岛》（*Treasure Planet*，2002）、《熊的传说》（*Brother Bear*，2003），但手绘动画已欲振乏力，且放弃了设计多段百老汇歌剧的桥段，因为已经不敌3D动画的效果，殊为可惜。前述作品也陆续有真人版重现，的确是文化研究的好素材。《花木兰》在这一系列的动画作品中，是唯一非西方传统的故事，格外受到注目。

美国知名的批判教育学者吉鲁（H. Giroux）曾经认为迪士尼的影片，将特定意识形态的蛊惑技巧用纯真情感加以包装，透过炫目科技、声光效果及娱乐商品，结合温馨感人的情节巩固既有的意识形态。①吉鲁提醒我们重视文本的意识形态，值得发人深省。不过，如果我们暂时摆脱知识分子高高在上的学术矫饰，暂时同乐于通俗文化的创意，将可发现文化的反思不仅仅是学者专家的专利，不少艺术工作者早就将其敏锐的社会观察带进其作品中。笔者曾经认真地检视20世纪前后十年间吉鲁所批评的前述动画作品，性别意识、族群融合、多元文化与家庭、人与动物共存共荣、西方强势文化反思等，都以不说教的方式呈现了其前卫特性。②个人认为20世纪90年代系列的迪士尼传统手绘歌剧动画，实在是通俗文化的极致成就，值得全球教育工作者珍惜。

迪士尼的动画《花木兰》，对西方世界而言，当然是坐落在多元文化架构下的产物，相较于西方，中国自然是最主要的非西方文化代表；另外也反映了90年代中国改革开放后开始崛起的事实（看看他们的市场商业嗅觉多敏锐）。为了回应多元文化，迪士尼的木兰意象，既不能流于早年歧视的刻板印象，从后殖民、后结构的角度切入；也不宜将所谓东方文化视为一种奇观，纯然满足西方人的窥视。张艺谋当年的《菊豆》（1990）、《大红灯笼高高挂》（1991）等的叙事与美学风格就受到部分影评人类似的批评。戴锦华不一定同意这种论述，但她在评述张艺谋电影的性别与政治意涵时说道："中国历史、文物空间，间或出自杜撰的中国文化典仪，加诸欲望视野的东方佳丽，便使得它在欧美期待视野中成为具有充分正义性与他性的关注对象。"③更早的作品，"在将民族文化及表象屈服、认同于西方话语权的同时，他们以其作品填充并固置了西方充满误读与盲区的东方视域。他们不仅创造了一支东方的、绚烂翩然的蝴蝶，而且创造了钉死蝴蝶的那根钉"④。这也说明了在后殖民、东方主义视野下，东西方主体位置的

① Giroux，H.，Animating Youth：The Disneyfication of Children's Culture. *Socialist Review*，1995：24（3），pp.24—25.

② 简成熙：《电影与人生》，台北：心理出版社，2010年，第183—213页。

③ 戴锦华：《性别中国》，台北：麦田出版社，2006年，第121页。

④ 戴锦华：《斜塔瞭望：中国电影文化1978—1998》，台北：远流出版社，1999年，第240页（"斜塔瞭望"为台版名，大陆原版书名为"雾中风景"）。

辩证关系。尤记得《花木兰》上映时，我们的不少学者批评场景不对，片中的皇宫造型与今无异，今天的北京城是明成祖以降的规模，木兰是“五胡乱华”的南北朝时期；木兰造型不对，她相亲时的装扮活像日本艺伎等。其实，就笔者所知，迪士尼做了相当考证。他们连香港邵氏兄弟公司早年摄制的《花木兰》(岳枫导演，凌波主演，1964）都曾参考。前述问题，迪士尼的回答是他们不是要还原木兰的时代，唐朝的服装较六朝时代亮丽，动画呈现较讨喜。至于像日本艺伎，是因为当时日本大化革新，派了很多遣唐使，日本艺伎较现今中国实保留了更多大唐时候的装扮等。先不计较这些问题，从叙事内涵上来看，迪士尼的木兰与传统木兰有什么差别?

传统的木兰叙事是代父从军，强调的是忠孝双全。木兰以巾帼之身，不让须眉。这些在传统男尊女卑的文化中，当然都有颠覆的新意，但传统叙事中，木兰其实是具有男性的能力，乃能在男性的游戏规则中脱颖而出，最终回归传统秩序，并没有带给女性地位结构性的改变。大部分的中国戏曲，也会安排木兰心仪的男性将官，最终拯救国家后，两人共结连理。我们发现，迪士尼木兰中的忠孝双全、代父从军只是背景，重要的桥段都围绕在性别意识与勇于做自己。自主性（autonomy）成为其中最重要的元素。我相信迪士尼的木兰，不像传统木兰有高强的武功，正是想要凸显女性不必一味跟男性拼拳的寓意。此外，有商业卖点的木兰与李翔将军的感情戏也未过于着墨，编剧群是不希望用儿女情长来干扰女性自主。当然，也不能过于强调木兰纹风不动的情感，那会是另一极端，因此也有淡淡的铺陈。虽然在90年代性别意识在西方已是政治正确，但商业电影仍得照顾保守的多数。如何将性别意识融于自主性中，使女性自主（女性主义）不至于带给大部分观影人士不安，就考验着迪士尼团队的商业智慧。

影片一开始的相亲戏，嫁个好人家，让自己幸福与光宗耀祖，这是最传统的女性角色。木兰没有扮演好，她在自家庭院的水缸边及祖先祠堂上，都有映照自身形象的反思。当她在祖宗牌位前顾影反思时，编导先保留她浓妆艳抹的造型，之后她先拭去半边脸的浓妆，哪一边脸才是真实的她？然后木兰把另一半浓妆拭去，浓妆在此可以代表传统加诸其上的角色（或束缚）。接着，木兰解下头发，卸妆后的素颜木兰就被定格在最具传统意象的众多祖先牌位上。随着主题曲“反省”(reflection）的结束，影像与歌词共伴主题——做自己。几乎尔后重要桥段的影像、歌曲与叙事，都烘托着此一主旋律。如行军训练的桥段，木兰体力不支，但她不气馁，而是运用巧思攀上高木（这段戏后来在皇宫争逐战中又被呈现）。训练戏的否极泰来，不仅说明即使女性受先天体力限制，后天也可加以锻炼，还强调善用女性巧思，可以获得更好的效果。雪地大战，又再次展现男女有别，李翔决定与阵地共存亡及擒贼先擒王的同时，木兰有不同的想法，她单枪匹马，企图制造雪崩，掩杀匈奴大军。当然，女儿之身被识破，这可是父权文化下的欺君之罪，一切归零。笔者特别喜欢之后的那场反省（又是反省）戏。木须龙以头盔映照着美丽的木兰容颜安慰她，但这岂是木兰所在意的？她真正在意的是努力表现自己，赢得别人的肯定，但迎合别人的期望，又何尝是真实的自己？在目睹匈奴王等残部潜入京城后，木兰毅然决定以女儿之身，善尽个人对于国家的责任。这段戏，木兰、木须龙、幸运蟋蟀都有揽盔自照的影像。“反省”是片中重要的图腾意象，唯有反省，才能真正面对自己，勇于做自己。最后的皇宫追逐戏码，是整篇主题的再呈现，编导仍不忘在细节处提醒观众，偷渡性别意识。如木兰以女儿之身向在场所有群众示警，木须龙提醒木兰是女儿之身，谁会理她？而木兰以女儿之身，在匈奴王面前坏其好事，匈奴王居然视而不见，要待木兰把头发揪起，才能唤起匈奴王对于轰掉山顶造成雪崩的小兵记忆。大部分的观众不会注意这些细节，但这些设计发挥着衬托主题的重要寓意——代表着古代女性的失语。女性主义的意涵不露痕迹地呈现在影像与叙事结构里。

受限于篇幅，笔者无法在此进一步分析音画之间的关联，但笔者忍不住要提已辞世的主题旋律作曲者杰瑞·高史密斯（J. Goldsmith，1929—2004），他为迪士尼木兰影片所谱的主题旋律与配乐，在情绪所烘托的主题下，我甚至于认为超越了目前为止所有呈现木兰的中西影像（我当然无法去比拟京剧）。至于众歌曲的曲风，不敢说多有创意，至少在歌词上，如果读者要细细解析影像文本，一如笔者前段的分析，也绝不会失望。笔者特别推荐主题曲 *Reflection*（台版译为《真情的自我》，李玟主唱），除英文原唱外，还有粤语版（陈慧琳主唱）、中国大陆普通话版（是由叶蓓主唱，原声带似无收录）。台版的歌词采意译，未直译原词；叶蓓主唱的歌词则是由英文直接翻译。两者各有特色，有兴趣的读者可以相互比较，一定可以发掘许多乐趣。英文教师也可以指导学生对照影像，吟唱原曲。

附带一提，除了迪士尼动画外，近年来也有真人版《花木兰》（马处成导演，赵薇、陈坤主演，2009），相较于迪士尼动画，是比较写实且接近中国传统的花木兰。剧本内涵更多样化，有着属于更多成人间的复杂是非，忠孝双全的木兰形象依然感人。木兰以公抑私的情感叙事，让人感伤木兰情感压抑之无奈，赵薇诠释的木兰形象更近乎完美。从网上得知，迪士尼真人版木兰（刘亦菲主演）又将推出，我们乐于看到中外不同的诠释。以往木兰的女角表现，女装得漂亮，男装得帅气。雄兔脚扑朔，雌兔眼迷离，女性反串男性，已不意外，我们是否能早日接受男英姿、女帅气的男角反串诠释女角呢？①

① 戴锦华在《性别中国》中，也提醒读者注意花木兰故事中的“易装”，女子易装从军，是透过“化装”成为男性，是扮演一个男性社会功能。虽然这构成了某种对前现代中国性别秩序的僭越，但并非是反叛者的僭越，而是至诚者的僭越。在中国京剧中，“刀马旦”也扮演类似的角色。教育工作者也可思考“女侠”在国产武侠功夫电影的多元表现，并留意小男生、小女生可能的认同经验。1949 年后的中国，仍然有着古典戏曲的传承，如《穆桂英挂帅》（徐苏灵导演，1958）、《杨门女将》（崔嵬、陈怀皑导演，1960）、《穆桂英战洪州》（崔嵬、陈怀皑导演，1963）等。《战火中的青春》（王炎导演，1959），也有女角高山易装从军的叙事结构。更不用提祝希娟所饰吴琼花一角的《红色娘子军》（谢晋导演，1961）。香港邵氏兄弟以杨门女将故事改编的《十四女英豪》（程刚导演，1974），在 20 世纪 80 年代更兴起一阵影视旋风。台湾也有以文学家谢冰莹记载其亲身经历所撰写的同名小说改编的《女兵日记》（李嘉导演，1975），描述在 1927 年被称为黄埔六期参与北伐战役的一群女兵的真实故事。借着花木兰热的同时，吾人可以扩大视野，一并重新回顾过往，并留意不同时代所赋予的意义。

三、我命由我不由天 vs 社群整合：《哪吒之魔童降世》

时隔 21 年，迪士尼《花木兰》主题的“做自己”，在新版哪吒中更是清楚的呈现，哪吒要对抗的是加诸己身的命定。暂不谈新版哪吒，让我们先重温华人世界的哪吒传统图像，有助于我们对照新版哪吒。哪吒三太子在台湾民间神祇中信众很多，有“中坛元帅”之称，本源可能出于佛教或印度教。在中土佛教故事中，其是毘沙门天王后裔，为佛教护法（学者考证更可能来自古波斯《列王记》的一位王太子，Nowzar）。但是在道教传说中，我们熟悉的《西游记》《封神演义》等故事大致来自《三教源流搜神大全》。哪吒为“托塔天王”李靖之第三子，兄为金吒、木吒，人称“三太子”。哪吒本为灵珠投胎，母殷十娘怀胎三年六月，生下一肉球，李靖持剑劈之。后哪吒被太乙真人收为徒弟，性格活泼纯真，好打不平。一日在海边玩耍，见东海龙王三太子敖丙为祸，乃杀之抽筋，欲为父祝寿。不料东海龙王前来兴师问罪，李靖惧之，迁怒哪吒，于是“割肉还母、剔骨还父”的惨烈情节，于焉产生。后来太乙真人以荷叶、莲花、莲藕等重塑其身。佛教教义中，“削骨还父、割肉还母”，本是为了却尘缘。民间道教版本，对照于“身体发肤，受之父母，不敢毁伤，孝之始也”，已经有了冲突辩证之因子。大体上，华人世界所呈现的哪吒童书绘本、相关的影视叙事，如北京人民美术出版社 1985 年出版的《封神演义》插画版、香港邵氏兄弟公司的《哪吒》（张彻导演，1974）、上海美术电影制片厂的《哪吒闹海》（1979）等，都不离上述情节。不过，值得我们注意的是《封神演义》中即使哪吒已剔骨还父，民间感念哪吒义勇祭祀之，李靖仍横加阻挠哪吒汲取人间香火。重生后的哪吒，还一度寻仇，李靖不敌，求助燃灯道人，再困哪吒于玲珑宝塔。后父子修好，共同代天巡守。《西游记》《封神演义》中李靖、哪吒父子不睦，想来当时作者在旧时中国传统中，也透露着对父权的些许抗议。台湾学者宋文里①即曾从批判教育学的视角，以哪吒剔骨割肉的隐喻来说明父权与青少年叛逆之间的辩证关系。宋文里的诠释，有其文化学上深层的一面。蔡明亮导演在其处女作《青少年哪吒》（1992）中，也是借此冲突的隐喻来讨论亲子疏离。事实上，如果青少年叛逆，部分台湾父母会祈求哪吒三太子庇护，保佑其子弟不要受邪魔外道影响而误入歧途。吊诡的是，哪吒的故事原形，却来自其与父亲的不睦。以叛逆的哪吒来救赎青少年的误入歧途，也具有很深层的文化辩证寓意。不过，近年来台湾流行的“电音三太子”，已经没有这种惨烈的冲突隐喻，而是观自在的另一种欢乐气氛了。

这些民间传说故事，都伴随着笔者这一代的童年成长经验。忆童时，我们小男生关注的焦点是谁比较厉害。孙悟空大闹天宫时，二郎神杨戬、哪吒都不是悟空对手。孙悟空更拔下其毫毛，用幻影术，让哪吒着了道（新版哪吒则是他的幻影术让对手着了道）。后来，孙行者护唐僧西天取经，遇上铁扇公主、牛魔王的宝贝儿子红孩儿，孙行者不敌红孩儿三昧真火。所以，红孩儿应该技高一筹。不对不对，

---

① 宋文里：《我们的小孩：一种“后学”的前言》，见《教育研究月刊》，2004 年第 118 期，第 55— 66 页。

《封神演义》中，元始天尊将“九龙神火罩”传于太乙真人，太乙真人就是靠“九龙神火罩”的三昧神（真）火收拾过石矶娘娘（有的版本是石矶娘娘败于哪吒），太乙真人又将之传给哪吒，哪吒怎么不用“九龙神火罩”来对付孙行者呢？反正，哪吒在齐天大圣面前，没讨得便宜。大圣又败于红孩儿，难不成红孩儿比哪吒、大圣更厉害？后来长大仔细读《西游记》，老孙怕的是烟，红孩儿有点取巧，可能还是老孙厉害些。这些神童各有粉丝，是我们小男生从小争辩的主题。印象里，孙悟空的粉丝最多。不打不相识，后来孙行者碰上了独角兕大王，其金刚圈可尽收兵器，哪吒父子曾来相助，也不敌，还得麻烦太上老君。姜是老的辣，孙悟空、红孩儿、哪吒，不管多么勇武，还是得受制于天条、天律。儿时接触这些生动改写的神话故事，已在冥冥之中感受到这些鲜活童子都逃不出如来佛（大人）的手掌心，但这些鲜活童子颠覆传统的无限创意，却是我们快乐的泉源，也可算是在制式教育、循规蹈矩下不敢逾越学校、父母、师长期望的暂时解放。孙行者讨论已多，哪吒此时已成为火红对象，可以照顾照顾红孩儿。这三个人物，都是我们民间文化中最有型的青少年或儿童形象，也刚好都或顽或劣，或正或邪，红孩儿在传统叙事里最邪，后被白衣大士收服，好像成了善财童子，形象转变得最快。这些民间传奇里称得上名号的人物，都值得师生们用更多元的方式去创意解读。

言归正传，理解传统哪吒在中土的文化叙事后，我们现在可以开始进入《哪吒之魔童降世》的叙事分析。首先，对于我们成年人而言，绝对不能拘泥于昔时耳熟能详的文本经验，不同时代应该要有不同的诠释。有时为了叙事结构的统一，也必须大胆地割爱，新版把“剔骨去肉”删除，就像迪士尼的花木兰一开始不会武功，颠覆了传统的印象。我相信大多数人对于哪吒一开始魔童的邪恶造型也不能适应。我个人在网上观影的过程，就在不断颠覆传统的故事记忆印象中，一步步被说服进入作者的叙事结构。本来一直预想编导如何诠释“剔骨还肉”，随着情节的铺陈，这种等待更为迫切，即至敖丙出现后，形象被再次颠覆（旧版他几乎都是纨绔子弟）。哪吒旧作隐藏的叛逆性格所带动的批判父权，虽然隐而不彰（新版其实有更深层对所谓天道的质疑，后叙），但取而代之的是第一主角哪吒的网罗乾坤做自己、我命由我不由天的气魄，第二主角敖丙反向衬托的悲剧（就主题而言，敖丙其实比哪吒不幸得多），使新版主题成形。中段以后，作为成人观影的笔者，已浑然忘掉了还“应该”有“剔骨割肉”的大戏，这不能不说是电影叙事的成功。其余副戏，李靖望之俨然，虽然“一方吾儿，一方百姓，公平即是正义”，形象却也即之也温。殷十娘的传统母亲形象，眼看无力改变时，反而超脱的“不如带着吒儿看尽人间繁华”。虽然桥段设计正经八百，倒也自然烘托新版叙事。严格说来，剧中没有传统的正邪对立，申公豹虽然是小人的造型，但除了一开始的魔丸换灵珠略显邪恶外，最后恫吓本来只死四人，却要灭口全体陈塘镇民时，也没有呈现嗜杀的形象。老态龙钟的东海龙王淡淡地看待天庭对其妖族出身的不信任，又无力反抗，积蓄此深层的龙族宿命，将之寄托于偶获灵珠附体的敖丙，希望能掌握此契机，使龙族能改变其出身背景的宿命。我们看到的不是工于心计、不择手段的反派形象，而是卑微宿命的乞怜。申公豹又何尝不是因为其身份，而不是能力，无法获得元始天尊的信任，无法成为十二金仙，对比他的师兄太乙真人，“我就只喝一口”的误事，观众也因而对于他们有深深的同情。这些桥段丰富了新版哪吒的叙事内容，也使得最后以爱化解纷争的阖家团圆，不会让人觉得流于传统八股式的说教。

人之性善性恶，孟荀颇有争议，但不变的是天生善端，不能保证后天不为恶，而即使人性本恶，也可靠后天礼仪教化。孟子虽然把重点放在善端的证成，“富岁子弟多赖，凶岁子弟多暴，非天之降才尔殊也”(《孟子·告子上》)，是因为他们的心受环境之陷溺。又如“牛山之木尝美矣，以其郊于大国也，斧斤伐之，可以为美乎?”(《孟子·告子上》)人见童山濯濯，又岂是山的本性？但环境对于人的影响，不可谓不大，《三字经》里孟母本身也择邻而处（孟母三迁择邻处及断机杼见《列女传·母仪传》之“邹孟轲母”)。哪吒本身是魔丸附身，人们先认定其为恶胎转世，反让他小时候自我应验——我就坏给你看。父母不惜以白谎骗之，希能将其导入正途。哪吒就在先天自我的暴冲与后天师长期许中浮沉。间或母亲的伴踢毽子、邻家小女天真无邪的信赖、师傅的苦口婆心与敖丙的惺惺相惜，都可能让他摆脱天性恶念，但这些都不敌乡民的刻板印象与“人言可畏”(张爱玲、阮玲玉语)。申公豹临门一脚告知魔丸真相，乃使哪吒彻底崩溃，自我应验。最后因为父亲的舍身及对乾坤圈的掌握，“若命运不公，就和他斗到底”“从不拘泥任何世俗凡人的目光，我要奔向前方那光芒。是非黑白不需要你讲，我要燃烧所有生命赐予的力量”。他终于靠自己（也得力敖丙的协力与师父的七色宝莲加持)，克服天劫，虽然失去肉身，终得灵魂自由。

我相信编导翻转哪吒形象时，也同步在构思如何用新的敖丙形象来衬托哪吒“是魔是仙，我说了才算”的主题。表面上，敖丙获得灵珠护体，身形俊俏，却得承担龙族荣耀的使命。相较于李靖、殷十娘对哪吒的疼爱有加，片中没有描述敖丙的母亲之爱，他的面容几乎没有微笑，眉头深锁，少年老成。相较于哪吒可以直接以情绪好恶来摆脱规范及父母期许，敖丙可能连卸下龙族使命的想法都不敢有。相较于哪吒觉得备受村民误解不满时，可以直接发泄，敖丙要承担的是另一种更可怕的孤单与压抑。灵魔之间相遇，竟然都觉得对方是此生的唯一朋友。想来他也是珍惜（或是羡慕）哪吒的友情与自由，那段相互间海边踢毽子的寓意（对照于与母亲殷十娘的踢毽之乐)，或许让敖丙也暂时享受了童年之乐（他连短暂与母亲嬉乐的机会都没有)，柔情催泪的音乐伴随着敖丙展不开的一抹笑意。即使如此，当哪吒解救他于海夜叉的化石大法时，他的反应是“今日之恩，他日必定全力以报”。责任、责任、责任，永远是一个无形的心理牢笼，不断加诸敖丙身上。无论是否有灵珠先天的善念加持，编导赋予敖丙一个正直善良的内心。值海夜叉肆虐，他在海边，忠实履行龙族为天庭镇压海下群妖的责任。他的善念救孩，也让自己一时不查，致海夜叉的涎液石化困身。获救后，他也不对海夜叉报复。在不得不伤害哪吒以获取龙族命运契机的最后关头，他也不忍李靖夫妇及太乙真人的无端牺牲，恳求师父归还乾坤圈。对照于李靖在出手相救的恩人面前不忘质疑其妖族身份，狠心揭其面罩，或许这也是新版敖丙性格上的懦弱，不符合商场上的狼性（我相信会有部分观影者持此看法）。但在最后的大战中，哪吒摆脱自我魔性，我命由我不由天，敖丙终必勉力执行龙族命运而大开杀戒。当温婉心善的敖丙攥紧了拳头，决定水淹陈塘关时，也令人不舍。二雄对决，哪吒的火尖枪直刺龙眼时，两难困境的抉择从敖丙转到了哪吒身上。哪吒此时也必须承担一念之慈的后果。但是与敖丙不同的是，哪吒当下珍惜友情的痛快决定，他在回应敖丙提问时，没有太大的包袱。哪吒畅快地点醒敖丙："你到底是不是灵珠？我一个魔丸，都活得比你像个人样""是魔是仙，我说了才算，这是爹教我的道理"。或许，这点醒了敖丙，他也可以做自己。就在哪吒魔丸大限之日，敖丙再次实现他全力以报的诺言，以载负龙族全体命运的万龙甲协助哪吒。灵魔结合对抗天劫的过程，他们都共同丢开了这个包袱，不管是灵珠魔丸的先天本性，还是家族国族的后天责任等，彻底解放了自己。哪吒的魔丸人形，敖丙的灵珠妖形，龙角是要忘却、隐匿的身份，这些桥段都丰富了片中人物摆脱先天后天的桎梏、激荡出自我火花的寓意。

或许敖丙没有达成复兴龙族命运的使命，是一种失败。我不知道接下来的续集，编导是否有新的诠释，但如果根据片末彩蛋，龙王是要为子复仇的。至少在这集里，编导已经很巧妙地讽刺了执掌游戏规则的天庭。申公豹的直白："人心中的成见，是一座大山。"他要控诉的不是人，而是天。整个天庭并没有履行众生平等的游戏规则。也许正邪不两立，天庭必须扬善惩恶。但龙族或申公豹之流，也曾经摆脱了妖性，往正道发展。他们没有根正苗红，即使后天努力，也永远无法获得主流青睐。新版哪吒中的龙王或申公豹并不是坏人，他们只是有感于自身的卑微身份，希望掌握机会在主流社会中征得一席之地而已。国家、学校、家庭等各式的集体，都可能让其子民承受生命不可承受之重。我们身为父母师长者，岂能不自省？当我们指责乡民无知时，可能必须承认，我们中的大多数人在大多数的场合，都扮演着乡民的角色。

影视作品中的兵器，这是小朋友们最津津乐道的话题。编导也衬出与主题相关的意念。乾坤圈、混天绫都有"约束"暴冲性格的意义，最具灵活性的风火轮是由猪的形象呈现，这些都有编导暗喻的意义，也是风火轮指引了哪吒发现父亲早已决定牺牲自己的真相。本来旧戏高潮的"剔骨割肉"，转成了哪吒以混天绫捆住双亲后的自我牺牲。另一场混天绫的角色，是哪吒解决海夜叉后，遭乡民误解后的乱性，太乙真人以混天绫束之。当然，最具关键的是乾坤圈，先是遭申公豹蛊惑，以咒语破解乾坤圈对其的限制。已经决定对抗魔性的哪吒，既要用其先天魔力，又得靠乾坤圈适度约束，否则会陷入无意识，仍然不能自已。乾坤圈在此也象征着个人自主的必要限制。这些攻击的兵器，在新版哪吒中反而都有着适度约束的寓意，令人回味无穷。在连场动作戏中，笔者唯一意犹未尽的是六臂哪吒的造型，这是我们小时候最最期待的影像高潮。获 2009 年香港电影终身成就奖、以童星起家的萧芳芳在20世纪60年代也曾反串过哪吒，《哪吒三战红孩儿》(1965)、《哪吒收七妖》(1966)，都是香港粤语片时代香港影人服务儿童的作品。后者在笔者小学时，还曾以《哪吒大战七妖精》在台湾重映。我依稀记得当时因家贫无法进入电影院时望着电影海报的期待心情，那时的海报就是哪吒的多臂造型。邵氏兄弟公司也曾网罗日本导演与技术摄制以哪吒三太子联袂除魔的《梅山收七怪》(山内铁也执导，1973)，最后除龙（该龙是不是敖丙，忘了）时，也是八臂造型。哪吒是六臂还是八臂？各有说法，端视其佛道取材。《水浒传》里的地飞星项充，号称“八臂哪吒”。想不出哪吒有跟红孩儿交过手，不知取材何册？想是影人自行从《西游记》里哪吒、红孩儿与孙行者互为交手，投我们孩子好奇心的创意之作。《西游记》如此描述红孩儿：“形比哪吒更富胎、双手绰枪威凛冽”，大家当然要他们打成一片啰，且让笔者在此借哪吒之威，再为红孩儿打打歌。新版哪吒最后高潮戏的多臂造型，惊鸿一瞥，实意犹未尽，希望在未来封神平魔大战中，三头六臂（八臂）的哪吒造型能有更好的发挥。

近年来中国大陆摄制的一些大片如《湄公河行动》(2016)、《战狼2》(2017)等都有大国荣耀的主题［同为描写我中华爱国意识，中法战争镇南关之捷的《龙之战》(2017)，饰演提督冯子材的刘佩琦，感动我的程度还胜于吴京］。不过，若是以此角度来看，《流浪地球》(2019)或《哪吒之魔童降世》只停留在代表华人电影科幻、动画电影的里程碑，对比于好莱坞，有为者亦若是的期许，我认为并没有真正彰显后两部作品的全球文化意义。以改写刘慈欣同名小说的《流浪地球》为例，其对于“家”的隐喻就很独特。家是温暖的象征，但家庭也会伤人。许多人很想从家的束缚中出走，但大灾难降临时，无分中外，大多数人的第一个念头就是回家。《流浪地球》很巧妙地把传统中国“安土重迁”的概念翻转而置于全球的脉络。同样地，新版哪吒在保留传统哪吒叙事的背景之余，大胆地翻转哪吒等众人物形象，不说教地体现现代生活中每个人做自己的气魄。善恶之间的泯除，也不至于纵容犯罪，反而厚实了我们对是非的看法，让制定游戏规则的成年人也能适时自我反思。当年迪士尼摄制的花木兰忠孝双全、代父从军等传统、集体主义式的桥段，以女性主义、自主性等意念来翻转，毕竟是西方人本有的文化。此番的哪吒则是国人的原汁原味（先不论可能的技术或画风受日本影响），这也说明了个人努力向上、摆脱先天背景的自主性，已经成为创作者的自发意念，成为大众雅俗共赏的素材，更说明了大众已能接纳西方自主性落实于生活实践之中。西方文化表现出的叙事文本，常常凸显个人英雄主义，抗拒体制的不公。可能是取材木兰最后赢得了京城百姓对其救国义举的由衷跪礼，哪吒最后也赢得了陈塘关居民的跪礼。个人自主与社群责任的整合，对东方文化而言，当然比西方更为容易。对照社群主义对于自由主义的修正，个人自主整合于社群意识中，也当具有普世的价值。

四、无止境的探索：代结语

本文希望能影响更多的基层老师，故行文不循严谨论文格式体例，但希望不会降低笔者内心关怀华人生活世界的严肃之情。儿童哲学领域当然会有学术上的不同关注。有的学者较为重视思考程序之培养，有的学者则期待不要用严谨的程序限制了思考的方向；有的学者会去厘清哲学思考与一般思考的差异，有的学者认为不必画地自限；有的学者不证自明地预设儿童是天生的哲学家，有的学者也提醒不必美化儿童的图像。本文无意于采取特定立场。这些观点虽歧异，但可互通，可以拓展我们对于文本的多元解读与应用。文化研究鼓励我们从各种文本中——神话、小说、戏剧、音乐、广播、广告、电影、街景广告牌——寻求或解构自身的认同。本文尝试以花木兰及哪吒等民间文学与神话故事为题材所摄制的中外动画电影作为探索之对象，学者们可以从自身的成长经验及相关学理做东西文化的深层解读，基层中小学教师们则可以在儿童哲学的教学实践中强化自己的文化觉察，鼓励学生进行多元思考。透过不断地书写与诠释，让古典叙事与现代生活能共伴而生，从而丰富并扩展我们的心灵世界。其实何止儿童哲学，各种教育、各式素材的教学也都适用。师资培训虽不一定能培养本文所强调的文化识别，但笔者相信儿童可能是天生的哲学家，教师也都应以天生的故事家自许。且让我们共同虚心循着儿童哲学的精神，以期能够在日后不断推陈出新的影音文本中，活化教学、肯认儿童，与其他文化共享，共构人类文明。

谢词：感谢东北师范大学于伟教授邀请笔者参加 2019 年 9 月 7—9 日于长春举办的第四届全国儿童哲学与率性教育高峰论坛，也感谢娄雨博士及北京师范大学博士生李春影、上海师范大学硕士生高嘉玲等对文中大陆影视背景资料的协助。

儿童哲学开启思考儿童的一扇门

——专访台湾政治大学幼儿教育研究所倪鸣香所长*

◎ 孙丽丽[①]

摘　要：儿童哲学在台湾地区的发展始自1975年，结合本土教育理念及西方教育思潮，却未受既有理论框架局限，在台湾地区社会文化及教育环境中持续发展。倪鸣香教授是台湾地区儿童哲学的重要推广与实践者之一，该访谈为我们描绘了儿童哲学在台湾教育中所呈现的“开放性”面貌，透过诠释成长儿童学园的实验教育行动，我们得以窥见儿童哲学的内涵及其实践发展的轨迹。最后，对当前台湾地区儿童哲学发展的进一步思考及困境反思亦对我们有所启示。

关键词：儿童哲学　开放教育　思考历程　教师素养

儿童哲学（Philosophy for Children）为美国哲学教授李普曼（Matthew Lipman）创立，是美国批判教育思潮下的教育实验方案之一。在长达四十多年的推广中，呈现出“以儿童哲学批判思考引起社会回应，再以实践建构理论”的特殊历程。

一、台湾儿童哲学实践推动的教育生态

问：倪老师好！您是台湾地区知名的幼教专家，但我也了解到您是台湾毛毛虫儿童哲学基金会常务监事，是台湾地区儿童哲学早期实践的重要推广者之一。请谈谈您是如何跟儿童哲学结缘的。

答：这要从“成长儿童学园”（以下简称“成长”）的创建说起。20世纪80年代，台湾经济起飞成长，民间力量开始涌现，在社会大量需求下，私立幼儿园的设置似雨后春笋快速增加。多数私立幼儿园或托儿所的空间狭小但幼儿众多，就当时相关文献的报道，最大的班级竟有八十人之多。在教室内不要说让幼儿自由活动是不可能的，就连呼吸新鲜空气也难办到。另外，幼儿园为了迎合家长望子成龙的期待，注重写字、智力测验，以便应付考试。“填鸭式”的教授法，偏重知能的单向灌输，抹杀了幼儿天赋的兴趣与潜力，也抑制了幼儿主动学习和创造的欲望。因此，幼儿教育在这一时期急速扩充且多样化发展，尤其基于对传统教育的批判，一些园所开始寻求另类的教育方式，有关“开放教育”的主张也于此时开始萌发深耕，试图将教育回归到对学习主体的关注上。许多不同的教学法也纷纷进入幼教

---

* 倪鸣香：台湾政治大学幼儿教育研究所所长，德国汉堡大学哲学博士。

① 孙丽丽，现任职于杭州师范大学教育学院。

界，幼教专业工作者努力创造属于自己园所的特色，这代表着社会生态中幼儿教育机构发展的契机。

成长即于1983年在这缤纷的繁盛期创立。它是由文化界的十位名人一起创办，聘请我作为园主任（园长）。“成长”这个名称带有指标性的意涵。其指向要让孩子在环境中“自然地成长”，远离揠苗助长，强调只要提供孩子符合教育理念的环境，孩子就会在这个环境中自然地学习与成长。这个命名乃是承袭幼儿教育学者福禄培尔（Froebel）的思想传统。其本身就隐含着机构对自我的期许，希望能做个大家都很喜欢去的花园，让孩子们能够在其中自然快乐地学习。该园的开放性教育方案具有很多突破性措施，它不只见证了台湾幼儿教育的发展，其自身还拥有引领风潮的特色，如儿童剧场、户外教学、艺术活动等，也包括后来的儿童哲学，皆属于台湾幼儿教育发展史中值得记载的内容。2001年开放教育论述盛行教育界，余安邦在其《哪株红杏不出墙？开放教育的诱惑与陷阱》一文中提到成长的开放角落学习可作为台湾各中、小学推动开放教育及九年一贯课程的重要参考，并提到成长儿童学园所标榜的教育目标及其背后的教育哲学有其特色，是一所强调儿童的自主性、独特性及向上发展的潜能，主张教学活动能“顺情适性”协助儿童成长的学校。在台湾幼儿教育的脉络中，其主张与践行的具体教育目标是很有引领作用的。

（一）实施周休二日

成长在台湾是最早实施周休二日的学校。当时台湾地区的其他学校是在星期一到星期六上课，周日不上课。成长实施周休二日是为了每个星期六能提供给老师进修的时间，他们可以选择请外面的老师给他们上课，也就是校外培训，也可以选择校内培训。对于我而言，我认为老师要进行现场教学的话就必须自己去体验，比如说，你要让孩子用什么来画画，如果老师要求孩子们用沙子来画画的话，那么就需要老师自己尝试过用沙子画画。如果老师要给孩子玩黏土的话，老师自己也要亲自体验过才行。所以在星期六的时候，我经常带着他们做这些事情，完成之后再一起坐下来进行探讨，这样的学习氛围在成长创立之初就开始形成了。

（二）星期五剧场

成长的讨论氛围很好。为了建构全园教学运作的共识，成长教师群每天下课后会聚集讨论当天的教学状况或孩子个案，讨论形式自由，由教师们互相提出意见及看法，有时若针对细节抽丝剥茧就需要较长的讨论时间。后来我就把“星期五剧场”这个元素放进去了，在星期五放学后学生完全离校了，老师们会和我讨论教学以及孩子的状况。这种讨论的模式并不是正式的，不像坐在桌子上的开会那种。正式的开会是一个学期一次或两次，包括全体成员（包括阿姨）的教学会议。星期五剧场其实就是老师们和我很自然地聊天，先到的先聊，晚来的就后聊，大家在地毯上围一个圈交谈跟讨论。

再后来，星期五剧场被规划在课程内，每次我带着老师们即兴演出。剧场的演出主要分为两个部分：第一部分为行为剧，透过戏剧演出孩子们的偏差行为，以让孩子能够自发反省调整自身的行为；第二部分为故事剧，由老师们自编或改编既有的故事。剧场演出不仅吸引了孩子的目光，同时也引发了老师们对戏剧的兴趣，并陆续开展了儿童戏剧研习活动，也顺理成章地成为园内老师最期待的一项活动。

（三）建构式课程

成长课程强调的是以“人”为出发点，即以“幼儿”为课程设计思考的核心，以全人发展为目标。然而课程如何落实，对成长的教师是一大挑战。在成长各个年龄段各有四个班，每个班的教材都不统一，这也意味着各班的教材是教师自己设计的。但是老师们是有统一的课程表格的，通常挂在每一个教室里，这表明了各班的课程是随时可以改变的，但是课程结束的时候表格的内容是定格的。比如说，下一周老师自己可以设计一个计划，这个计划是可以随时更改的，但改完之后填入表格的课程计划就定格了。所以成长的课程是建构式的，有计划、有结束、有推进，它的课程计划是不统一的，各班可以有独立的计划，不需要全园都做。

另外，个别自由学习活动可以说是成长课程的重心，老师们要依据幼儿发展与学习需求做全园性的统整规划，打散以班级为单位的结构，而以一间教室为一个角落（区域）进行活动安排，以能够引发幼儿自发性的游戏行为与兴趣。对于老师们而言，作为一旁的协助者，要能“放任”幼儿自由发挥，不干扰幼儿，同时又要让幼儿遵守学习环境的规则，这是未有前人案例可循的。

在1994年成长出版的《课程的诞生》一书中，就有提到这两种角色的转换是老师们需要重新不断学习的地方。

（四）户外教学实验

我们还有固定的户外教学，从1983年开始，这个学校就已经是这样子了。有感于都市化的孩子们生活空间的限制，平日生活空间多从这栋高楼大厦移至另外一栋大厦，交通工具也多以车子代步。为了替都市公寓式幼儿园寻找新的教学模式，成长成立了“旅行教育—户外教学实验班”，让孩子走到哪学到哪，把学习的空间延伸到户外，使整个大环境成为孩子学习的场域。户外教学实验班有一辆专属的娃娃车，这部娃娃车可以说是一间活动教室，每星期去户外三天以上，不只让幼儿能够有充分的体能活动，更能拓展视野，使课程与生活紧密结合。如谈到铅笔时，就去雄狮铅笔厂参观铅笔制造的过程；讨论衣服时，则安排到成衣厂参观布匹印染等活动。

通过户外教学，借由自我、他人与环境三方面来看，可以窥见最明显的改变是在社会能力方面。不仅孩子在自主技巧能力上有明显进步，同时，前往不同的地方，须遵守不同的规则，孩子们从中也就慢慢体察到社会拥有多元的秩序，如在音乐厅、画展、海洋馆与公园等不同环境中，幼儿们学会了表现适当的参与环境对话。

台湾儿童哲学的创始人杨茂秀，早在1975年就开始在台湾的哲学研究期刊中发表自己对教育的理念，他以批判的观点提出台湾社会及教育文化中不开放、不理性之处，其所强调的开放性，与成长所追求的是一致的。他透过国语日报社社长薇薇夫人（成长的创办人之一）了解到我，了解到我们学校的老师讨论氛围很好，没想到他主动找到我。1984年，成长的第二个幼儿园——安和路园建成，这是一个比较小的院子公寓。当时我记得有一天杨茂秀老师就站在门口来看我，我把他邀请进来，杨老师大致描述了他在从事的儿童哲学工作，谈到他在小学并不是非常顺利并且没有一个实验的地方，所以希望能够在这里做师资培育这件事情，我觉得这很好，可以促进老师们去思考一些问题，所以双方就不谋而合了。

二、儿童哲学在成长的实践探索方式

问：请倪老师再具体谈谈，作为台湾幼教实施开放教育的先锋，成长引入儿童哲学之后有哪些尝试或改变？

答：儿童哲学的引入对于成长推动实施开放教育有着推波助澜的作用。在学校安排好星期五剧场和星期六的教师实训这种情况之下，当时我就邀请杨茂秀老师来做我们学校的幼师培训工作。与此同时，我也隐约地感觉到儿童哲学本身是可以从幼儿园开始的，只是杨老师没有涉猎幼儿园这个领域。杨老师当时是做小学的教师培训，但进小学的状况不太理想。他进小学主要是实验，实验做完了就结束了，这不太容易成为具有考试和升学性质的学校教育的一部分。而在我这里可以更好地实践。

（一）教师培训及指导手册翻译

教师的培训课程在成长共进行了两个梯次，每梯次大约有一个学期之久，每周进行一次说故事、讨论故事，透过阅读《哲学教室》和《灵灵》、探索团体或情境扮演、演戏等方式，杨茂秀与教师们共同讨论书中故事内容或是常规教学上的问题。杨茂秀透过抛问题，让每位教师提出不同的观点和想法，进行讨论或论证，于是形成所有事情都没有答案、所有事情都可以被解构的学习氛围。此外，其讨论深度也让教师们感受深刻，教师们反映他（杨茂秀）就是一直要讨论，讨论到后来什么事都要讨论，提出诸如“那不然你觉得呢”“如果你不是这样认为，那你的想法是什么呢”“那你就接受这样的想法吗”等问题。他的存在一直挑战教师们固有的思考模式，打破原有的观念。教师们有机会摆脱以往以灌输方式获得知识的方式，借由探索团体的相互讨论，教师们得以重新检视自我思考的局限，也学会开始“回看自身”“自我检视”，看到自己及他人的不足而彼此互补，同时也重视产生新的想法及意义，看到更大的可能性。这样的培训课程让教师自己在教学上重新对“规则”再思考，同时也较能看到幼儿提问的意涵与思考历程，并且学会“听取”他人的想法，注意别人的思考及环境，体会到不同风格下的差异，也帮助自己在搭班教学上能够体谅他人。长久以来，台湾幼教的课程及理论不断沿用国外的课程模式，很难发展出属于自身的幼教论述。成长希望通过儿童哲学思考训练，帮助教师们将自身的实践探索经验作为理论发展的基础，提供一个能让教师开展理论与实务的场域。

同时，杨老师给我们做师训工作是将《灵灵》作为教材，但当时并没有指导手册，也没有完全翻译出来。《灵灵》的指导手册就是在实训工作中，为了满足教师们的实训需要，一边翻译一边使用的。

（二）非正式课程——儿童哲学

在这一年之中，我和学校的老师们很想知道杨老师是否已经在幼儿园实施儿童哲学这门课程，于是我便询问他，但他并没有直接回应我，我知道当时杨老师还没有去做。在我的思想观念里面，知行合一是很重要的，这个观念在我小时候就根深蒂固了。我从小受母亲的影响，母亲的教育观念是说得多是无意义的，还不如真正去做。后来我就自己去实施这件事情了，在成长开设了一个叫儿童哲学的课，这是一门非正式的课程。在这门非正式的课程中老师需要接受两个挑战：一个是我实施的这件事情是否能真正地落实到孩子身上；另一个是儿童哲学中的故事是否可以在星期五剧场让儿童表演出来并进行讨论。事实上，我认为我们学校的老师是有能力提出并能够去做好这件事情的。我也希望杨老师能够去带班做这件事情。带班这个概念在早期的儿童哲学书里面提到过，正因为杨老师带孩子这件事情，他才走上了学前这条路，之后他也花了很多时间一直带孩子。

杨老师当时没有幼儿教学经验，他尝试使用《灵灵》，用念的方式读给幼儿园的孩子听，然后跟孩子讨论，同时穿插各式不同的活动。我觉得当时杨老师进入教室的情景是有些尴尬，但是很有勇气。杨茂秀在《谁说没有人用筷子喝汤》中，记录过他在成长说故事的情形：有小孩听到一半就倒立了起来，或者不断有人插嘴，不断有交换意见的声音。杨老师指出，这种把叙事与现场听众的反应、大家的讨论和交换意见结合起来，其实是在营造一个鲜活的生活故事。老师应允许孩子在听故事和讨论过程中或躺或站，孩子没有直直坐在位子上不动，不代表他就没有在参与听故事和讨论。而允许孩子在故事进行中打断原先的故事发言，是基于尊重孩子的想法、鼓励孩子发表的态度。故事进行中让孩子插嘴问问题，原来在直线进行的故事因而可以有不同层次、不同的旁枝生长出来，让故事思考和生活经验串联起来，形成团体思考的习惯。这样的说故事方式后来被杨老师称为“插嘴法”，是用来建立讨论的工具。他虽然教学经验不足，但他的教学方式让教室活动呈现出不同的风景，给老师们带来了许多不同的刺激。杨老师和老师们常一同透过讨论澄清开放教育的内涵，共同寻找修正、再尝试的方法。这样的儿童哲学实践，以“插嘴法”说故事方式带领团体讨论的做法，也让台湾的儿童哲学有了与众不同的特色。

后来《灵灵》台湾版被编辑出版，封面是红色和白色的路，这些是我们的孩子画的。我们会和孩子讨论“你觉得灵灵长什么样子”，孩子们会自己去画，《灵灵》的封面就是从孩子的画里面挑出来并印刷的。杨老师也表示，正是因为带孩子，他开始把哲学跟文学结合在一起来推广儿童故事的说演与创作，以故事、图画书作为讨论的材料，让孩子在听故事的过程中交换意见。在1996年将《灵灵》及其教师手册出版的序中，他回忆起这段实验教学时提到，孩童的思考多样、敏锐，深度也不输大人，稍加提点，便容易反省思想本身，进入哲学的领域。走进幼儿园，杨老师发现儿童哲学不只适用小学的孩子，这是原先美国儿童哲学没有预想的部分。

（三）父母儿童哲学读书会成立

在一年之后，我们的父母开始好奇儿童哲学是什么，恰好台湾当时正在推行读书会、组织读书会、主妇联盟等类似团体这样的组织。我们的父母社群有着较高的社会经济地位，换句话说，他们是有这个条件来做这些事情的。之后他们成立了父母团体，也就是儿童哲学的父母团体，父母也开始学习《灵灵》《哲学教室》这些教材。绘本的广泛使用是从父母团体开始的，因为母亲会给孩子讲绘本。通过绘本做儿童哲学就是从我们的父母，再加上一般民间的父母读书会发酵起来的。而这群参与思考哲学课程的成长家长们，日后成为“毛毛虫儿童哲学基金会”的主要协助者之一。毛毛虫儿童哲学基金会成立伊始是为了讨论当时台湾为数不多的绘本。我记得我去毛毛虫的时候看见满地的绘本，他们就在讨论怎么用绘本来做儿童哲学。

杨茂秀认为，图画书不只有文字，图画更占据重要的位置，阅读纯文字书籍时，读者顺着文字阅读，可以一直往前推进故事的情节，而阅读图画书时，则必须停下目光，进入图画的世界，感受作者想透过图像表达的情节。这种阅读中的互动对话能跨越语言的限制，映照读者内心的想法，用图画书作为探索团体的素材，也就更能激发讨论和思考。他说，以文学的观点来看，图画书是一种多重的语言，可以同时提供图像和口说的语言，图画书里有很多部分是可以拿来谈儿童哲学的。而以哲学的观点看，哲学有很多不同的表达方式，例如散文、诗歌、对话录等，故事只是其中一种形式，哲学的作品若没有文学，读起来会很干。

后来，我们学校的部分家长甚至希望孩子从成长毕业后仍能延续儿童哲学的课程，便开始邀请杨老师到家里为孩子上课。这些妈妈团体在初期都是轮流借出自己家中的场地作为聚会活动地点，带领家长们讨论教养观念、和小孩说故事等。父母成长团体并不是一个偶然，因为台湾那个时候读书会在形成，然后“故事妈妈”等也逐渐形成。“故事妈妈”就是一直在推动讲故事，妈妈一直在讲绘本，一直在讲故事。毛毛虫儿童哲学基金会后来便在陈兆明的协助之下，在他们的基地中对父母开放一些家长课程。

（四）儿童哲学剧的制作与演出

成长有儿童剧场，我认为“戏剧”是一种综合性艺术，具有统整学习的功效。且戏剧是可以让孩子们学习生活的重要视窗。当年成长的一位叫黄美满的老师，她很擅长剧场并去英国学习了专业剧场。我们就创办了自己园的鞋子（取意湖南湖北方言，同音于“孩子”）儿童剧团，鞋子儿童剧团现在已经是专业的剧团了。我鼓励黄美满做一个儿童哲学剧并建议她去找杨老师，请她提供故事，之后她就去做了这件事。这部戏叫《蜘蛛人安拿生》，讲述了一个非洲的故事。这部剧是属于鞋子的，黄美满是以导演的身份挂在鞋子名下出名的。黄美满强调，在儿童哲学剧场里，强调过程重于演出的技术与成效，在观众、演员与演出文本之间形成探索团体。儿童哲学进入成长，结合成长的教学实验，使儿童哲学有了“儿童哲学剧”的跨领域发展。戏剧不是要让孩子上台表演，而是要将“上台演戏”视为一种学习历程。孩子们在其中学习艺术的创作与鉴赏，也包含音乐的元素，同时也从中体认一件事的成功需要共同的参与合作。表演后，孩子们与教师必然会互相分享演出的感想，孩子们有机会进行后设思考，评论演出的品质，并提出下次可以如何的再进步，进行反思的学习活动。但是这部剧是历年来鞋子票房最低的一部剧，所以她被骂得很惨。她有回来找我讨论，我们一起开了一个讨论会分析原因。

鞋子儿童剧团还参与了当时非常受欢迎的儿童电视节目《爆米花》（1985—1990）的制作。《爆米花》于1985年开始播出，主要讨论孩子应该学什么，并穿插着各种不同的学习主题。讨论时，刚好有班级正在进行爆米花的活动，因而“爆米花”脱颖而出，主题曲中的“有一颗玉米不开花，问一问他，为什么你呀不开花”这段歌词，就是叙述幼儿观察到为什么有些玉米没有爆开来的景象；同时也强调“没有开花”的部分，孩子们要能够去问为什么，去观察生活周遭中的奇特不同之处，了解背后的意义。《爆米花》的单元内容包括成长延续而来的儿童剧场“爆米花剧场”以及“想一想”的单元。“想一想”是由“想想”和“看看”两个布偶主持，透过他们的互动和提问，挖掘幼儿身旁发生的事物，激发幼儿去思考。虽然节目中不一定有解答，但是希望能够引发孩子的敏感度。“想一想”的部分就是延伸自成长推动的儿童哲学。《爆米花》里的“想一想”，带领孩子们一起挖掘生活中看似理所当然的事物，让“为什么”成为幼儿学习与思考的重要工具。

成长并非是以赚钱为主要目的，而是以实验性质作为优先考量，在这个理想实现的过程中，很重要的就是教师们的不断探索与找寻。教学已不再是一种感性的即兴行为，在不断探究教学行为的挑战中，教师学会多角度的思考，是一种有条理的理性后的实践行动。

三、儿童哲学实践开启思考儿童的一扇门

问：所以，倪老师一直特别强调的是“做儿童哲学”这样一个概念，并不是学理，是在实践中推动各种各样的活动。那么，能从您的实践体会谈谈您认为的儿童哲学是什么吗？

答：首先，我对自身的专业定位就是一个教育实践者，对我来讲，我还是幼儿教育本位的，幼儿教育是我的专业。所以我通常不是以儿童哲学专家出现，基本上我不会做这种事。我关注的是解决教育中的问题，所以，在实践中我运用儿童哲学，并逐渐厘清儿童哲学。

（一）儿童哲学不是故事

儿童哲学使用故事绘本是在成长的父母团体读书会开始的，后来毛毛虫儿童哲学基金会通过“推动阅读”（故事妈妈培训）来推广儿童哲学理念。甚至在一段时间内，在台湾儿童哲学有第二个名称，也就是故事。讨论故事这个东西，幼儿园老师也在做。当时对我来讲，这都是幼儿园老师正在做的活动。所以他们开始做这件事情，而且正经做的时候，我心里其实觉得这就是幼儿园正在做的，那为什么要很刻意地说这个是儿童哲学？这个事一直在我心中萦绕。我一直没有把绘本拿来当儿童哲学，没有把它夸张强调。如果回头去看李普曼写的故事，你要知道它是哲学家把哲学命题放到里面去的故事。当然，一般的故事可以有个哲学命题，但是并不是所有的故事都是好的适合的儿童哲学故事。这两件事情我觉得是应该要分开的。

当幼儿教育要涉猎儿童哲学这块领域的内容，要知道并不是只有故事。在毛毛虫，我还做了一件事情，就是在卢本文担任毛毛虫执行长的时候，我让他去成立剧团，我建议他们到各个大专院校去贴条宣布要成立剧团。因为大专院校的学生很喜欢参加社会活动，有哲学系，也有教育系的学生来参加。黄美满就跟卢本文设计了一系列的训练课程。我当时带的是第二团第二梯次的活动，我带的学生里有一个是哲学系的学生。我跟黄美满其实有找到

一个哲学的表演形式，就是坐针毯的训练（邀请扮演者坐在孩子前面的椅子上，对与故事相关的问题进行回答和评论），坐针毯的训练是非常适合用儿童哲学来处理的。那年是在四维堂演出“愚公移山”，附近的小孩都来看，那是非常成功的一次。

（二）儿童哲学不是讨论行为本身

儿童哲学等于讨论行为吗？大家往往从儿童哲学师资培训过程中截取其外在行为，叫作讨论行为，然后，一堆人统统在做讨论教学，教学的方式包括海报法或其他方法等。

举个例子，我可以每天下午的 3 点到 4 点一个小时时间让大家围坐起来，然后开始讨论故事。我们说我们在做儿童哲学，可是你自己觉得你是在做儿童哲学，还是在跟孩子讨论问题，关键是要看老师的素养。作为一个儿童哲学的引导人，他会依据他对孩子的理解，用非常适当的方法，再把这个问题丢回给孩子，这其实是一个很大的撞击，能引起孩子进一步的思考。所以，一般来讲，在儿童哲学的培训里，老师们会有这样一种感受：我以前的思考真的不够精致，我从来没有仔细思考我的问题，就是没有思考我怎么会提出这种问题。

（三）儿童哲学是一种生活态度

我认为儿童哲学最重要的是能否内化成为一种生活的态度，这也是在成长儿童学园初期师资培育的目标和期待。也就是说儿童哲学它有方法，例如故事、讨论等，但关键是你能否把它真正内化成为一种对生命的态度，对人存在的态度，对人道德感的体验。当你真正把它内化后，那么幼儿教育跟哲学之间就存在一个桥梁，在我看来这件事情是很重要的。

哲学从幼儿开始，哲学是一种知识的内容还是一种态度是不一样的。如果它是一种知识的内容，就应该是在专业的时候去发展；如果说它是一种态度，或者是一种学习的方法，它就有可能并不只出现在学前阶段，而是从儿童到 18 岁之前都可能出现。在欧美，从小学一年级开始就有宗教课，到了高年级往上的时候就有哲学课，这些都是在培养哲学观点、哲学态度的一条往上走的课程。儿童哲学，在哲学体系里是儿童这个时期的哲学观，这些也跟认知心理学里讲的思维等直接相关，所以它不是一个独立的个体，而是孩童看待这个世界的一种观点和态度。

（四）儿童哲学是教师的一个素养

于我而言，作为一个教育者，儿童哲学不是一个工具，而是一种素养。在德国，你可以看到几乎每一堂课的老师所具备的素养里面都有儿童哲学的影子。如果每一位教师都能够做到在他自身的素养里有儿童哲学的影子，那么他们就会知道如何去教儿童。当然，我们并不是要去教教师怎么去教儿童哲学课，而是要让他们知道怎么更好地了解孩子，与孩子互动。其实，问问题是人之本质，是孩子的天性。长久以来，不是孩子被教养得不够好，而是我们弄坏了孩子的学习环境。教师要认识到，自己作为一名教师，是环境中一个很重要的部分。如果你没有这个素养，只是在那里一味教是教不好的。

其实，实践中有些教师做得很好，但他们并不知道那个叫作儿童哲学。如果说一个幼儿教师通过学习唤回了他的自主性，相对的在幼儿园实践行动中提供给孩子适宜的学习环境，提供给孩子一个自主的学习，他就可以说是具备儿童哲学的素养，我觉得自我定位很重要。

（五）儿童哲学是对儿童这一对象的认识

儿童是科学家，儿童是艺术家，儿童是哲学家，并不是说什么都要从儿童开始，你给他很多内涵，然后不断地给孩子在这个阶段加码，开设各类课程。儿童是哲学家，在我看来，是对儿童这一对象的更好的认识与理解。

我举一个简单的例子。我有一个学生，他很爱儿童哲学，他给初中的孩子上儿童哲学课，并用传统的诗词作为材料。有一天，他把孩子们讨论当中很多的对话和问题整理出来，拿到毛毛虫去讨论。我就问他："你能不能看得懂？"我不是说的文字，而是孩子们说些什么。我跟他说你把孩子们的对话拆分开，同一个孩子的对话拆分开，然后分类孩子的对话，明白这一类孩子问的是什么，哪些孩子专门问了同一类问题。他去做了，对一类孩子问同一个问题感到很吃惊。老师们在做儿童哲学的时候，更多关注的是整体的孩子怎么说，并没有真正回归到孩子自身。你是否敏感于孩子们都在问什么样的问题？在对话当中，当孩子参与进来谈话时，每一个孩子其实都有他们对于问题的关注角度。当我把这些问题给我的学生指出来的时候，他的教学就改变了。

我的另一个学生，她在实验幼儿园也有做儿童哲学故事的讨论，并做了记录，做完记录后便和我一起讨论。我想看到的是，她从中看到了什么。这点是大家都很难做到的。比如说幼儿园里面为什么那批孩子想要去给独居老人做一点事？这个想法并不是来自老师，而是来自孩子。孩子告诉老师他们可不可以替这些老人家做一点事情，然后他们就会说出自己的想法，老师帮他们整理了这些问题，也就是他们的思考方向。接着就是付诸行动，在行动中再去思考这个问题。这些都是孩子的想法，我认为孩子是没有界限的。我们试着回到很实践的层面，其实不一定提儿童哲学，其实它就在我们的教育当中，关键是教师怎么去看待孩子。在成长我们做了那么久，我都觉得没界限，因为我们对孩子的认识还太少。我的意思是说，在教育中，孩子的成长是在我们的局限下。就我来看，孩子是无限的，只是我们上不去。所以，儿童哲学可以启发老师们去观察孩子的行为，是思考儿童的一扇门。

我们研究儿童哲学，就不能不研究马修斯他们。在早期的儿童哲学的书里面，比如《童年哲学》，谈的是孩童怎么看待这个世界的观点，怎么看待友谊，怎么看待存在等问题。当儿童哲学落实到理解儿童的层面上，它已经不再只是儿童哲学了，这根本上也是对儿童的理解和认识。

四、台湾儿童哲学进程中存在的问题

问：最后，请倪老师说一说台湾的儿童哲学在实践推进的过程当中存在什么问题。

答：儿童哲学在台湾的发展，从整体的发展上看，最大的一个问题是它没有进入到师范院校当中去。如果儿童哲学有它的社会任务，就是教师素养的提高。如果儿童哲学最初被认为是所有师资培育里面重要的素养之一，那么它应该加入到师范院校当中去。因为我们所有的师资培育全部在师范院校，所以我们应该要把它放进师资培育的体系中，而不应该是坊间培训中的内容。但是台湾儿童哲学从一开始便走进了父母团体中，后来的很长时间都在做“故事妈妈”。它的定位是偏离的，没有把力量放在师资培育的结构中去。事实上有几个人都跟我观点类似，比如说赵镜中，他因为儿童哲学研究进了教育研究院做研究员，所以他会把这些东西放到研究院里面，吴敏而老师也会把这个东西放进教材的编写里。但因为这不是师资培育系统，所以他们只能放到教材里或是研究院里，这就不会成为一种长期的师资素养。

当然杨茂秀老师有通过师资培训培养一些小学老师，他们有的回到学校去做儿童哲学，这是很棒的。但是我只是觉得毛毛虫就是一个独立的社群单位，它是没有办法取代师资培育系统的。为什么？因为在师资培育系统中最重要的是要能够开设课程。

我从德国回到中国台湾后，曾在政治大学开设了儿童哲学的课程，那时候有 90 个学生，简直是爆满。令我非常震惊的是，离开台湾很久的我没想到在这里讨论行为是不盛行的。很多大学生会说话，但却不会讨论，我认为讨论跟说话是不一样的。我觉得在台湾教育中开设儿童哲学课，要让学生学会讨论是一件不容易的事情。这门课程后来是我和杨茂秀老师一起教的，算是又一次很有趣的相遇。后来，我在研究所也开了这门课程，把它合并在“幼教思潮与儿童哲学”这门课里面了，是博士生和硕士生一起上的。只是，现在这门课在研究所也没有了，主要因为每个老师开课的范畴以及上课的人数不多所限。但这是一件很快乐的事情，这种感觉非常棒。让我印象最深刻的是当我们讨论《艾儿飞》的时候，我们有讨论为什么要翻译成外国人的名字，大家一起研究一起讨论。

现在台北教育大学有开设相关课程，所以徐永康就可以去教书，通过这样来影响那批学生，但是具体能影响多少还是需要去调查。再比如徐永康也在东森幼幼台协助大众媒介做儿童哲学的动画片，名字叫《熊星人与地球人》，这个相对来说也是比较有影响力的。但是父母团体、毛毛虫这种就比较分散了，不太被大众所看见。

儿童哲学在台湾依旧站在“十字路口”，但只要我们本着以儿童为教育主体的教育观点，在实践中不断探索、不断反思，就可能走出不同的路来。这里所说，有我做的部分，也有杨茂秀老师做的部分。我自己这么多年只是有所坚持，有些行动而已。

真理、理性与隐喻：理解儿童哲学对话活动的三条进路

◎ 郑敏希①

摘　要： 儿童哲学提供了一种以对话的方式促进儿童思维发展的教学模式，为了充分发挥儿童哲学的这一作用，我们需要在当代哲学的理论指导下重新梳理与对话相关的若干概念，以更好地理解开展对话活动的目的与意义。其中，当代哲学对于真理、理性与隐喻等概念的解读，有助于我们建立起对对话的过程性、团结性、创新性等特征的理解，从而能够更好地促进儿童哲学活动的开展。

关键词： 儿童哲学　对话　真理　理性　隐喻

儿童哲学是以对话为主要形式的教学活动，李普曼认为是对话引发了人们的思考，“没有交谈的状态，就不可能产生这些内心的思维活动”②。但并非所有的对话都能激发出儿童的思维活动，我们对于对话存在着许多惯常的理解，这些理解阻碍了对话的开展与思维活动的生成。儿童哲学对于对话的理解基于当代哲学的背景，与惯常的理解存在着较大的差异。我们将借助当代哲学对真理、理性、隐喻这三个概念的相关阐释进一步深化对儿童哲学所开展的对话活动的认识，使对话活动更好地服务于促进儿童思维发展的目标。

一、对话与真理

美国华盛顿大学的大卫·A. 夏皮洛博士正在他的哲学课上尝试以讨论的方式来打破课堂宁静的状态，他为学生准备了罗素的文章，并希望学生们可以和他探讨文中的观点以及论证，然而他的尝试却一而再再而三地失败了。当他希望和学生探讨问题时，他遇到了死寂一般的课堂。他为学生们准备好了讨论提纲，但“学生们看完提纲之后唯一的问题却是，‘这些内容会在考试中出现吗？’”③即便他为学生重新编写了提纲，试图以更为精练的九个问题来唤起学生对内容的关注时，结果却依旧不理想。“大家都没有出声，我只好自己先站出来给出了自己的回答，指出了罗素在文中提出观点的段落。学生们之前可能没有对此产生深刻的印象，但他们十分精明地意识到，我想要的答案早就已经在

---

① 郑敏希，现任职于福建师范大学教育学部。

② （美）李普曼：《教室里的哲学》，张爱琳、张爱维译，太原：山西教育出版社，1997 年，第 26 页。

③ Sara Goering，Nicholes J. Shudak，Thomas E. Wattenberg. *Philosophy in the School*. New York：Routledge，2013，p.169.

我的头脑中了。所以当我们想要进行下一个问题时，他们只是在等待，直到我再次含蓄地说出我想要得到的答案。”①

在他的描述中，我们看到了许多教育工作者的无奈处境，但因此指责学生不积极地参与讨论也是不公正的。对于学生来说，一旦意识到课堂上所讲授的内容会成为试卷中的答案以及老师的心中已经有了答案，就已经宣判了对话活动的死刑。这种以确定答案为目标的对话，我们称其为指向“真相”（Eidos）的对话，而儿童哲学则致力于指向“真理”（Truth）的对话。

（一）真理有别于真相

在西方哲学的传统中，真相意味着流变之后的不变者，它存在并影响着一切事物的生成变化，但同时却不受任何事物的影响，比如数、理念、逻各斯、上帝等，都曾经被视作“真相”。围绕着“真相”的对话表现为，结论在对话之前已经形成，是某个确定的答案，它不受对话的影响，任何提问都不意味着开启了一个需要被探索的领域，因此也就难以激发学生对此进行探讨的兴趣。在夏皮洛的例子中，我们看到的是较为普遍的课堂状态。当教师在提问时，由于答案并不受到讨论的影响，学生并不热衷于参与获得答案的讨论，尽管学生并不了解这些问题的答案，但他们也不认为亲身参与解答的过程会给答案带来任何的变化，因此就以沉默的方式回应教师发起讨论的要求。

在传统的课堂对话中，提问通常是教师用以推进教学过程、检验教学成果的工具，但这样的问题是无法激发起学生的兴趣，更难以形成对话活动的。伽达默尔（Hans-Georg Gadamer）在其解释学中就指出了问题在认识活动中的优先性，“如果没有问题被提出，我们是不能有经验的……问题的出现好像开启了被问东西的存在”。但他同时指出，“对于那些在谈话中只是想证明自身正确而不是想得到有关事情的见解的人来说，提出问题当然比回复问题更容易……那个认为自己更好地知道一切的人根本不能提出正确的问题”②。传统的解释活动往往关注文本中的原意，将理解看作是还原，但伽达默尔指出，“诠释学必然要不断地超越单纯的重构。我们根本不能不去思考那些对于作者来说是毫无疑问的因而作者未曾思考过的东西，并且把它们带入到问题的开放性中。这不是打开任意解释的大门，而只是揭示一直在发生的事情”③。对话活动与解释活动一样，需要通过“历史的概念”与“我们的概念”的视界融合（fusion of horizons）来进行理解的活动，我们不能因为本文的权威来取消视界融合的价值，同样也不能因为答案的权威来取消对话的价值。

我们之所以不愿在现成答案面前展开对话，是因为即便我们展开了讨论，对话活动的积极作用也没有得以体现。现成的答案是人们想要追求的是那种“自我持存的事实”（self-subsistent facts），即“真

---

① Sara Goering，Nicholes J. Shudak，Thomas E. Wattenberg. *Philosophy in the School*. New York：Routledge，2013，p.172.

②（德）汉斯–格奥尔格·伽达默尔：《真理与方法：哲学诠释学的基本特征》，洪汉鼎译，上海：上海译文出版社，2004 年，第 470—471 页。

③ 同上，第 485 页。

相”，但这实际上是“把‘真理’一语扩大，并把它和上帝，或作为上帝之设计的世界，等同起来”①。罗蒂（Richard Rorty）的实用主义“真理”观指出，传统认识论的二分法造成了这样的幻象，我们由于相信有一个“世界存在那里”（the world is out there），则进一步主张“真理存在那里”（truth is out there），但真理不是以一种“在那里”的方式存在的，真理是我们对世界的描述，它不能独立于人的心灵而存在。

“世界存在那里，但对世界的描述则不是。只有对世界的描述才可能有真或假，世界独自来看——不助以人类的描述活动——不可能有真或假。世界不说话，只有我们说话。唯有当我们用一个程式语言设计自己之后，世界才能引发或促使我们持有信念。”②可见，在罗蒂的实用主义真理观中，真理来自人对世界的描述，只有通过对话与交流我们才能对论述的真假进行判断，而独立于人的活动之外的世界本身并没有真假之别。罗蒂认为，“真理是被制造出来的，而不是被发现到的”（the truth was made rather than found）③。这意味着真理并非是静止地等待着被发现的存在，制造真理的活动需要人的参与，人的提问活动、创造活动、想象活动的进行始终对真理产生着重要的影响。

（二）对话与真理相伴而生

“倘若没有思考者，世界上的事物（无论是对象还是事件）之真假便无从谈起。”④这意味着并不存在与思考者无关的真理。真理作为人的活动，尤其体现在人的语言活动中。戴维森（Donald Davidson）指出，“语言是产生思想的充分条件（sufficient condition）”，而语言的产生则来自我们对真理（即客观性）的追求，“我们必须拥有‘真理’或‘客观性’的概念，才能拥有语言”。这一客观性表现为一个三角互动关系，“一个生物唯有在与至少另一个生物，以及外在世界中的东西构成的三个角的互动中，他才能习得这些概念”⑤。我们在认识的过程中，基于互动形成客观性，而这一客观性进而引发了语言的形成与思想的发展。

米德（George Herbert Mead）也指出语言不是一个人面对世界时在脑海中生成的符号，“我们的符号全部都是普遍的。你所说的任何话都不会是绝对特殊的；你说的任何有意义的话全都是普遍的……思维始终暗含着一种符号，它将在另一个人那里引出它在思想者身上引出的同一反应”⑥。在米德看来，普遍性来自相互理解的活动。真理的客观性意味着成功唤起另一个人与思想者同一的反应，即理解。

伽达默尔同样认为，“每一种理解和每一种相互理解都想到了一个置于面前的事物。正如一个人与他的谈话伙伴于某事物取得相互理解一样，解释者也理解本文对他所说的事物……对事物的理解必然

① （美）理查德·罗蒂：《偶然、反讽与团结》，徐文瑞译，北京：商务印书馆，2003 年，第 14 页。
② 同上，第 15 页。
③ 同上，第 11 页。
④ （美）唐纳德·戴维森：《真理、意义与方法》，牟博译，北京：商务印书馆，2008 年，第 56 页。
⑤ 同上，第 327 页。
⑥ （美）乔治·H. 米德：《心灵、自我与社会》，赵月瑟译，上海：上海世纪出版集团，2005 年，第 115—116 页。

通过语言产生，但这不是说理解是事后被嵌入语言之中的，而是说理解的实现方式……就是事物本身得以语言表达”①。在理解的活动中，语言是我们能够采取的唯一方式，我们想要形成思想，就需要先有语言，而如果我们要问语言从哪里来的，则是从人们对真理的追求而来。真理、语言与思维的密切联系，与其看作是线性的，不如说呈现出三面一体的状态，我们在对客观性的追求中形成了语言，同时促进了思维活动的发展。

可见，获得真理即是对话（人与人之间的理解活动）的过程。正是因为真理属于人而不属于世界（上帝），人的语言活动才变得尤为重要。人们以往认为的真理实则是操着一种“非人的语言”的“真相”，它被看作“世界自动自发地将自己分裂为许多具有语句形式的碎块”②。但世界的真假来自我们与同伴的协商而非世界本身，当我们将获得真理的活动看作人对世界的理解时，天平的一端总是会向世界那头沉下去。但如果我们将获得真理的活动看作“人—世界—人”的三角互动关系时，天平则能始终维持住平衡，不仅对话能得以展开，思维活动也随之生成。对话之于真相的世界既无必要也无可能，但对于获得真理的活动来说，对话则是唯一有效的方式。

回观以对话活动来开展的儿童哲学活动，我们就可以理解它为何如此重视哲学探究活动中的圈谈方式。这不仅是因为圈谈体现了民主，削弱了教师的主导性，更是因为它有助于“说话者”的演说语言、手势语言、面部表情语言向“解释者”的呈现。我们之所以称之为“解释者”而非听众，是因为他们表面上在倾听，但他们同时也在寻求对问题的理解并形成认识（建构意义）。他们在倾听时尽管不出声，但倾听时的反应（手势语言、面部表情语言）以及倾听后的诘问与思考都形成了对“说话者”的反应。正如米德所说，“一个有机体的姿态的意义是在另一有机体的反应中发现的……抒情诗人具有美的经验以及对美的情绪激动。作为一名运用语词的艺术家，他寻觅与他的情绪态度相应、会在其他人那里引起他自己所具态度的语词。检验其成效的办法只能是看这些语词是否在他身上激起他想在其他人身上激起的反应”③。

真理不再是某种具有“神性”的东西，作为人的活动，它与时间和机缘密切相关，想要获得真理就必须使对话这种活动得以充分的开展，使得人与人之间得以充分的交流。对真理的追求必然导致语言，而除却对话我们也别无他法来追求真理。儿童哲学通过对话活动来追求真理，是因为“最后注定被所有探究者同意的观点就是我们所谓的真理，这个观点所代表的对象就是真实的”④。我们需要注意的是，在实用主义中经常提及的“探究”一词意味着这种来自探究者的“同意”，并不是指观念和实在的符合“一下子就达到

① （德）汉斯-格奥尔格·伽达默尔：《真理与方法：哲学诠释学的基本特征》，第490—491页。
② （美）理查德·罗蒂：《偶然、反讽与团结》，第14页。
③ （美）乔治·H. 米德：《心灵、自我与社会》，第115页。
④ 马荣：《真理论层面下的杜威实用主义》，上海：复旦大学出版社，2018年，第171页。

了，也不是一达到就终止了，它是一个连续的动态的过程”①。“真理”一词消解了“真相”的永恒性，也使得对话在真理活动中的重要性得以凸显。儿童哲学探究将对话视作对真理的追求，因为“无论是自我理解，人与人之间的理解，还是我们与文本、传统及历史传承物之间的理解都表明，这种理解乃是一场无休止的对话”②。

二、对话与理性

在马修斯（Gareth B. Matthews）的“儿童哲学三部曲”中，《与儿童对话》这本书记录了许多他与孩子们的对话。作为儿童哲学研究的重要素材，其中的一个例子谈到了成年人与儿童在分别探讨“植物是否有想法或欲望”的问题时所呈现出的区别。马修斯指出，“成人经常要求区别什么是真实的，什么是比喻的或拟人的……乐于区分真实与假设，可以视作智力进步的一项标记，但在许多情况下（包括这次讨论），我担心这种表面上的进步只是一种错觉……成人可以接受艺术或文学的价值在于想象力的运用，却无法发挥自己的想象力，他们往往坚持一项想法，认为自己已经明确区分了哪些是事实，哪些是虚构”③。儿童也同样探讨了这一问题，但是效果显然要好得多，在马修斯看来，“小孩子却能比成人更自由地运用想象力”。成人如果没有真正地了解“欲望”的概念，则“对于植物是否拥有欲望的问题，我们就不能够做合理的判断，也无法正确地评估事实。我们可能只是会说这些词，却无法了解其意义”④。他将这一理解概念意义的过程称作“对可能性的自由探究”。

在惯常的看法中，成年人的做法显然是更为理性的，这种理性表现为他们指出欲望只属于人类，因此植物有欲望的说法无疑是荒诞的、毫无意义的。他们延续了以往对于欲望的看法和使用规则，并由此进行判断，显得颇有根据。但正如马修斯所说，这种成年人的理性或许只是一种表面上的进步，而这种对于理性的服从将束缚人们对问题进行探究的可能性。由于服从理性所带来的现成理解，成年人对于“欲望”的概念在最普遍的意义上得到统一，但这也同时也宣告了对话活动的终止，有条理的对话表现出刻板和无趣，任何问题都因遵循前见而失去了讨论的必要。

（一）苏格拉底对话所追求的“较弱的理性”

罗蒂指出，为我们所熟知的理性是一种“有条理”的强理性。它表现为，我们像一个唯理论哲学家一样遵从天赋的观念（清楚明白的前提），使用逻辑的推理，期待得到真理（四海皆准的知识）。但在这个过程中，一般消解了个别，普遍消解了偶然。他指出，“我们总是把追求‘客观真理’与运用理性相等同，因而把自然科

① 马荣：《真理论层面下的杜威实用主义》，第170页。

② 洪汉鼎：《实践哲学、修辞学、想象力：当代哲学诠释学研究》，北京：中国人民大学出版社，2014年，第101页。

③（美）加雷斯·B. 马修斯：《与儿童对话》，北京：三联书店，2016年，第19—20页。

④ 同上，第20页。

学看作‘合理性’的典范”[①]。这种思维的方式使我们认为“合理就是有条理，就是说，拥有事先制定的成功标准……我们似乎有一个清楚的科学理论成功的标准，即其预见并因而使我们能够控制某部分世界的能力”[②]。但如果我们只容许这种理性的形式存在，手段永远只能服务于目的，结论永远也超不出前提。

我们通常所认为的能够代表理性的自然科学知识、科学技术，在伽达默尔看来也同样不足以使我们变得更加理性，他更悲观地认为，这些将把我们引向理性的对立面，“信息化程度的增加并不必然意味着社会理性的加强。相反，我认为问题的真正症结就在于此：今天的人们害怕失去认同感……在一种技术化的文明中，个人的适应能力要比他的创造性能力更多地受到奖赏……他必须保证自己是自己所是的东西：一个为了机器平稳运行而被安在某个位置上的东西”[③]。科学技术的发展催生了专业化的人才，但这也使得人们对专业的关注超过了对人的本身的关注。

伽达默尔对实践哲学的思考，能够进一步深化我们对理性的理解。他认为，“实践堕落为技术，导致一切堕落为社会非理性”[④]。制作的活动是对原有观念的实施，如同技术就是科学理论的现实化一样，它不会变更理论给予的观念。但实践的活动则不同，“实践智慧的应用模式，先有的理论绝不是完整而正确的，它只是一种一般的筹划、设想或观念，或康德的图示（Schemata），它需要通过实践加以修正和完善”[⑤]。换句话说，理论与技术活动的关系是决定与被决定的关系，但实践则表现为思想活动者的“自由选择”。钱理群教授所说的“精致的利己主义者”们不仅充分了解自己的专业，也充分利用自己的专业谋求利益，但他们不追问更为根本的关乎人性的问题，他们学习理论，也使用理论，但他们成为服从于理论的技术工人，将人的实践活动等同于制作的活动。

伽达默尔在《科学时代的理性》中写道：“书名中，理性这个概念所表示的，是知识和真理的整个为科学的方法意识所不能把握的半圆状态……真正说来，理性的德行并非知识要实现人类生活的一个半圆，而是应当能支配给人类打开整个生活空间，也应当能支配我们的一切科学能力和我们一切的行动。”[⑥]我们可以看到，在关于理性的问题上，两位哲学家均认为，科学不是我们思考这个世界的唯一方式，因此理性也不应只由科学活动中的有序性、条理性来表征。

正如在成人看来儿童的对话中缺少理性的成分一样，在与科学相比较时，人文学科也常常无法被视作理性的。但是，正是在这样的活动中，儿童和艺术家们一样，通过自由选择，实现对可能性的自由探索。罗蒂建议人们重新审视“理性”，用“清醒的”“合情理的”来取代“有条

---

① （美）理查德·罗蒂：《后哲学文化》，黄勇译，上海：上海译文出版社，2016 年，第 73 页。

② （美）理查德·罗蒂：《后哲学文化》，第 75 页。

③ （德）伽达默尔：《科学时代的理性》，薛华等译，北京：国际文化出版公司，1988 年，第 64—65 页。

④ 同上，第 65 页。

⑤ 洪汉鼎：《实践哲学、修辞学、想象力：当代哲学诠释学研究》，第 3 页。

⑥ （德）伽达默尔：《科学时代的理性》，序言第 3 页。

理的”理性。[①] 用理性的德性来取代理性的条理性，用较弱的理性来取代较强的理性，弱化科学与非科学、理性与非理性之间的区别。罗蒂指出，较弱的理性是苏格拉底想通过对话的方式来实现的理性，它表现为一种“愿意谈话、倾听别人意见和衡量我们的行为对别人的后果”[②] 的德性。在苏格拉底的对话中，对话是一种以自己为目的的活动，前见与一致性可以在对话的过程中被打破，同时人们通过相互倾听与理解的活动来实现对问题的探究。

在儿童哲学的对话活动中，我们通过较弱的理性来实现对问题持续探究的可能性，并通过对理性进行创造性而非认同感的解读，将理性看作实践活动中的自由选择，它表现出在人类的实践活动中那些不是纯粹自然的选择，正是这些选择表现出人们对“善”（good），亦是对共同体的考量。

（二）对话是以团结为基础的理性活动

在以理性为基础、以正确观念为目的的对话中，我们“服从”而非“理解”，最终使我们获得知识，而非德性。罗蒂通过提出一种“把理性看作礼仪（rationality as civility）的实用主义观点”[③]，对科学理性进行批判并重建对理性的理解。当我们通过理性的德性来理解对话时，并不代表我们的对话无法像科学那样形成一致性与客观性。罗蒂认为，真理的“客观性”是由主体间性来保证的，这是指“离开了对一个给定的社会，即我们的社会，在某一个领域中运用的熟悉的证明程序的描述，无论是对真理还是对合理性，都不能说明任何东西……没有任何其他见解可以作为我们工作的依据。检验由其他个人或文化提出的信念的办法是，看其是否能与我们已有的信念交织在一起”[④]。罗蒂指出在真理的研究中没有任何形而上学的或认识论的基础，而只有团结（solidarity）的基础，即伦理的基础。

伽达默尔也指出，理性是“合意的东西在一种对全体人有说服力的方式中对全体展示得越多，有关的那些人越能发现他们处在此种共同的现实中；并且在这个范围内，人类在积极意义上具有自由，他们也就在那个共同的现实中有了真实的认同”[⑤]。理性与善共同的地方就在于，它们都不因分享而变得少，因此不需要为之争斗来获得；相反，它们需要通过参与才能获得。对话活动正是如此，人们越参与，语言就越丰富，思维就越活跃。“人应该对某种人类的团结有一种重新觉醒的意识，慢慢地把自己作为整个人类来认识，因为这意味着人要认识到，无论是好是坏，人属于一个整体，他要解决他在这个行星上生活的问题。”[⑥] 对话活动有助于人们认清团结之于人类发展的重要作用，因为在对话的过程中，没有一个问题的思考不生成于民主的活动之中。

成年人的对话之所以索然无味，无法

① （美）理查德·罗蒂：《后哲学文化》，第 76 页。
② 同上，第 247 页。
③ 同上，第 80 页。
④ 同上，第 78—79 页。
⑤ （德）伽达默尔：《科学时代的理性》，第 68 页。
⑥ 同上，第 75—76 页。

进行，是因为他们将强理性作为对话的基础，以条理性限制了对话活动的开展，但对话无疑是形成理性的重要情境。伽达默尔认为对话的情境是一种可以产生丰硕成果的模式，它不仅表现为形成一致的结论，更促进了人们在相互交流中反思前见，做出修正，形成理解。“当使用一种共同的语言时，我们也就是在不断地塑造着共同的视界，并且因此也是在积极地投身于我们的世界经验的集体性之中……讨论的参加者彼此都是一些富于变化的存在物。人们带着各自的视界开始了讨论，这些视界在发生着改变，而讨论者也因此改变着自身。这同样也是一种进步……即在我们的生活努力中不断获得更新。”①

我们往往认为理性构成了对话的基础，由于成人的叙述方式更合乎条理，则成年人的对话就更有价值，但对话活动不同于技术制造的活动，它不是在服从条理与原则，而是在创生思考与意义。当我们将理性理解为一种苏格拉底对话中所体现的德性时，我们就无法将对话活动仅仅局限于成人间的交谈。在儿童的对话中，我们同样看到他们通过相互之间的交流形成见解，关怀他者，革新观念。因此，与其说理性是对话的基础，不如说是对话促进了理性的思考。对话活动给予理性以道德的形式，更好地呈现出人们为了追求善而进行自由选择的实践智慧。

三、对话与隐喻

如果说真理、理性因与对话活动总是相伴而生所以长期备受人们关注的话，那隐喻则因其较少出现在对话中而未能引起人们的充分重视与思考。在我们的对话中只是偶尔会出现隐喻，它们典型的特征是不对词语采用惯常的用法，因此我们时常将隐喻视作晦涩的、混乱的，但尼采却将“真理”称作“隐喻的机动部队”（a mobile army of metaphors），这打破了以往我们将真理看作清楚明白，而将隐喻看作混乱不堪的认识。同时，越来越多的哲学家都不遗余力地为隐喻正名，隐喻不再如德尔菲神庙的女祭司口中的神谕一般是梦幻的、神秘的、含混不清的，它亦是真理，代表了人们追求真理过程中的一股创新的力量。

（一）对话中的本义与隐喻

在对话中，我们通常采用的是本义，一段对话如果都基于词语的本义往往让人们更容易理解，听上去更像是“真”的事情，而隐喻则不同，它乍听之下表现出荒唐、不知所云的“假”态。罗蒂对本义（the literal）与隐喻（the metaphorical）的区分能帮助我们更好地理解隐喻的作用。他指出，“这不是两种意义的区分，也不是两种诠释的分别，而是对杂音和记号之惯常使用与不惯常使用（familiar and unfamiliar uses）的区别。杂音和记号的本义使用，就是我们可以用我们关于人们在不同情况下会说什么的旧理论来加以处理的使用；隐喻的使用则使我们忙于发展出新的理论”②。

隐喻也许最经常被人们用来体现复杂、难以说明的东西。比如关于“哲学是什么”，就有包括“哲学是爱智慧”“哲学

① （德）伽达默尔：《科学时代的理性》，第98页。

② （美）理查德·罗蒂：《偶然、反讽与团结》，第30页。

是密涅瓦的猫头鹰”“哲学是哲学史”“哲学是庙里的神”等隐喻的说法。不仅是诗人和哲学家们擅长使用隐喻来揭示意义，我们在日常生活中也常常以隐喻的方式来表达对某一事物的不同看法，比如“儿童是成人之父”“儿童是天生的哲学家”“儿童是初升的太阳”等。隐喻与本义之间与其说相对立，倒不如说相依附。我们在本义中建构隐喻，同时隐喻又会因为长期被人们所广泛接受而成为本义，比如“山腰”“河口”“发火”这些词语，它们原本是隐喻，但由于得到了广泛的使用，就成了死隐喻（dead metaphor）。从隐喻的来源与发展来看，它都有助于我们加深对意义的理解，一旦我们对隐喻的理解日益深入，它就能够把我们从对意义（meaning）的研究带向富有意义（meaningful）的研究上去。

隐喻是“说话者”对以往我们所熟知的词语做新的使用，它之所以让“理解者”感到困惑，乃是因为并没有依照以往熟知的方式、惯常的用法来使用这些词语。但同时也正因为如此，隐喻也带来了新的力量与理解，当我们要使用隐喻时，代表着惯常的使用方式已经不能表达我们对某一事物的看法。在“说话者”看来，有一种新的观点、新的理论与态度，必须通过一种新的联结来得以实现，在强调对事物的某种特性的关注上，隐喻发挥了积极的作用。“隐喻的确使我们注意到在其他场合下可能会注意不到的事情”①，它一旦得到“理解者”的注目，则新的问题就被提出，人们对某一对象的理解则变得更加丰富。

（二）隐喻为对话活动带来创新力

罗蒂十分重视隐喻所带来的创新力，他将尼采的思想与之相联系，揭示出隐喻所传递出的振奋人心的力量。罗蒂指出，隐喻在尼采的哲学中表现为“一个成功极致的个人生命”，“依照西方哲学传统的看法，个人生命的极致，就在于它突破了时间、现象、个人意见的世界，进入了另一个世界——永恒真理的世界。相对地，在尼采看来，极致生命所必须越过的重要关卡，不是时间与超时间真理的分界，而是旧与新的界线。他认为一个成功极致的个人生命，就在于它避免对其存在偶然做传统的描述，而必须发现新的描述”②。

戴维森在其语言哲学的研究中指出，“一个隐喻使我们注意到在两个或更多的事物之间的某种相似性（通常是新奇的或令人惊奇的相似性）……多种多样的类似性与在我们看来通常的多种多样的意义是一致的……在隐喻中，某些语词呈现出新的（或人们常说的‘扩展出的’）意义”③。以“基督是一座天文钟（chronometer）”这一隐喻为例，戴维森认为这可以使我们“首先按照通常含义来理解‘chronometer’，然后又按某种异乎寻常的或隐喻的含义来理解它”④。这使得词语既具有它原本的含义，又具有新的意义，在新旧含义之间的不确定性，被他称作“隐喻的力量”，这表现为隐喻的产生虽然来自先前已有的概念，但通过“是”

---

① （美）唐纳德·戴维森：《真理、意义与方法》，第163页。
② （美）理查德·罗蒂：《偶然、反讽与团结》，第45页。
③ （美）唐纳德·戴维森：《真理、意义与方法》，第148—150页。
④ 同上，第151页。

的联结，它却创造出新的意义来。

儿童哲学与诗歌一样蕴含着丰富的隐喻，在上文马修斯的例子中，“植物是否有想法或欲望”的问题可以看作是一个关于“植物是有欲望的”的隐喻，正是这一隐喻，发挥出戴维森所说的迫使人们去思考的作用。成人面对这一隐喻而生畏，陷入对真假的分辨，却放弃了对意义的探究，使得马修斯感叹：“成人无法说明有机体在什么条件下能够拥有真正意义的‘欲望’，同样，他们也不能说明植物如何在‘比喻’的情况下拥有欲望。所以他们的解释并没有多大帮助。”① 让人庆幸的是，面对隐喻，儿童所展现出的探究热情要远远胜于成人。他们不仅试着去理解隐喻，也会尝试着发展出新的隐喻，比如孩子们分析说：“如果你‘砰’的一声撞到它们，它们不会哭，也许会有些伤痕，然后慢慢死掉。”“在花里面，有些东西像眼睛。”“植物也许可以彼此交谈，例如用无线电波什么的，或者用飘来飘去的尘土。”②

事实上，儿童哲学的对话活动中经常会出现各式各样的隐喻，这一方面是促进者们想像马修斯一样通过一些隐喻来挑战本义所带来的前见，引起儿童的思考；另一方面，儿童也在对话的过程中通过隐喻来表达自己对事物的不同见解。例如，在一次儿童哲学课上，浙江大学杨妍璐博士让小学生们为“垃圾”下个定义，在场的一位学生的回答是：“老师，我是垃圾！”这个答案让在场的人们都感到十分惊讶，因为“我”与“垃圾”之间在日常的本义中不具有相似性，但也正是如此，这一说法引发人们开始进行思考。隐喻借助人们对这两个词惯常的理解，走向了“说话者”用这两个词所要表达的创新意义的解读。“隐喻不是两个现成事物的现成属性之间的相似，而是未成形的借以成形的结构成形。”③ 正是因为隐喻中所使用的连接词“是”而非“像”，才让“解释者”对这个新的表达所生成的意义产生疑问，从而也促成了理解活动的生成。在接下来的课堂中，这个隐喻果真成了讨论的对象，有学生通过“他对我们是有用的，我们不认为他是垃圾”来回应这一看法。我们看到在这个过程中，隐喻成为儿童探索问题、加深理解的契机，唤起了“理解者”对字面之意与蕴含之意的思考。在新的联结的基础上，事物的丰富性得以彰显，思考的深刻性得以呈现。

陈嘉映教授指出，隐喻是典型的蕴含，“蕴含的东西不仅藏着，而且有所纠葛”④。隐喻发生时，会让人感到陌生，但却摆脱了说本义，即照字面意思说话时的苍白，它为对话活动提供了问题，提供了深入理解的窗口。因此，在儿童哲学的对话活动中，我们不仅要善用隐喻，更要珍惜隐喻，正如杨博士所说，这是“一份来之不易的礼物”：“他的述说代表着他所希望被采集的呼声……他的言说需要被回应。”⑤

---

① （美）加雷斯·B. 马修斯：《与儿童对话》，第 19 页。

② 同上。

③ 陈嘉映：《说隐喻》，见《华东师范大学学报》（哲学社会科学版），2002 年第 11 期，第 10 页。

④ 同上，第 15 页。

⑤ 杨妍璐：《儿童哲学：为不确定性辩护的教育》，见《苏州大学学报》（教育科学版），2019 年第 9 期，第 71 页。

儿童哲学产生于我们这个时代绝不是偶然的，如果没有关注“真理”的哲学取代了关注“真相”的哲学，没有关注“较弱的理性”的哲学取代了关注“较强的理性”的哲学，没有关注“隐喻”的哲学取代了关注“本义”的哲学，儿童哲学这种以对话为主要形式的教学活动就不会出现在我们的视野之中。正如罗蒂所说，形而上学与其说是哲学，不如说是理论，因为它们与其说关注的是智慧，不如说关注的是定论（the last word），但是定论之后，我们就无法言说，更无须对话了。因此相比起理论，儿童哲学更关注理解；相比起发现真相，儿童哲学更想让儿童自由地走在创造真理的路上。

作为“人生之道”的儿童哲学：一个现象学的视角

◎ 杨妍璐[①]

摘　要：“儿童哲学之父”马修·李普曼曾经将儿童哲学视为重新设计教育的良方，其目的在于对儿童在教育中无法发现意义的处境实施拯救。无独有偶，作为德国现象学家的欧根·芬克（Eugen Fink）在教育问题的思考上与李普曼有着不谋而合的地方，即他们都希望重建富于意义的教育。面对20世纪的人类精神危机与生活意味的消散，欧根·芬克将教育视为对于人类存在之意义的理解，主张人们在团体咨询的教育共同体中共创世界的整体意义。在芬克“人生之道”的启示下，我们试图重新理解儿童哲学的本质内涵及其在当代教育变革中的真正使命。

关键词：儿童哲学　人生之道　意义　现象学

德国教育研究者盖特胡德·瑞兹-弗洛里希（Getrud Ritz-Fröhlich）曾在20世纪90年代收集了小学生的1000个问题。这些问题中大约15%属于“意义问题”，例如：“为什么我在世界上？”“死后会怎么样？”“为什么会有人类？”“上帝存在吗？”“为什么人不应该说谎？”[②]为什么孩子会问这些关涉意义的问题？马修·李普曼（Matthew Lipman）是这样解释的：“同所有人一样，儿童也渴望自己的一生充满丰富多彩、意义重大的经历。他们不仅仅希望能拥有和分享，还希望有意义地拥有和分享；他们不仅仅渴望去喜欢和爱，还渴望喜欢和爱得有意义；他们想学习，但要学得有意义。”[③]然而，并不是在成年以后，孩子在幼儿期就已经开始了对于世界意义的追问，德国教育家福禄培尔在儿童对世界的探索中发现，儿童不仅通过事物的外表去认识其内在本质及事物与自己的关系，还想借此知道他之所以喜爱它、向往它、迷恋它的原因。[④]

儿童渴望知道生活的意义，但遗憾的是儿童的许多问题在课堂上都无法得到关注，久而久之这些问题变得不再重要，以至于当我们长大成人后也失去了追问的勇气，同样失去的还有我们的思考能力。华德福教育的创始人鲁道夫·斯坦纳（Rudolf Steiner）曾这样描绘过教育的困

① 杨妍璐，浙江师范大学杭州幼儿师范学院博士后。

② Kerstin Michalik、杨妍璐：《作为课程原则的儿童哲学——教育理论的根据与经验基础》，见《陕西学前师范学院学报》，2018年第10期。

③（美）李普曼：《教室里的哲学》，张爱琳、张爱维译，太原：山西教育出版社，1997年，第7页。

④（德）福禄培尔：《人的教育》，孙祖复译，北京：人民教育出版社，2018年，第51页。

境："学生不知道如何思考，也不知道自己的一生该做些什么。"① 其实，这样的困境并不单单缘起于教育内部的问题，从更大的范围来看，教育所展现的"分崩离析的世界"② 可以归咎于现代性的危机中人类意义的沦丧，即自然科学和技术的发展是以简化甚至取消意义作为代价的。持极端自然主义的科学家就认为人的存在无非就是大脑的存在（再加上一些肌肉、营养等辅助的系统），所谓的意义感可以归结为个体大脑中前额叶的一个生理机能，人类不需要意义也可以继续生活。③ 这就好比，当一个学生问他的英语老师他为什么要学英语，老师回答他说："在你不知道你为什么要学英语的情况下，你依旧可以继续学英语。"对于儿童哲学的拥护者来说，这样的回答是荒诞的，在李普曼看来，"缺乏意义的事情比费解的事情更令人头痛百倍"④，如果一个孩子连学英语的意义都无法发现，那他怎么可能学好英语？把那种"为知识而喜爱知识"的要求强加在孩子身上，尤其是那些学习自觉性不太强的孩子身上是不合理的，我们必须重新帮助孩子发现学习的意义。

从某种程度上来说，儿童哲学的兴起是为了唤醒教育者对于儿童渴望了解事物意义问题的重视，这与始于20世纪初的现象学运动的目标是一致的。现象学哲学是以维护人生存的意义世界为己任，有别于自然科学对于意义弃之如敝屣的态度，它旨在构建一个普全的意义赋予结构。⑤ 对此，本文试图借助德国现象学家欧根·芬克的教育理论对李普曼提出的儿童哲学教育计划进行诠释，在现象学的维度上就儿童哲学兴起的原因、儿童哲学的本质内涵及其在当代教育变革中的使命进行新的演绎，借此获得理解儿童哲学的新视角。

一、意义的空泛与儿童哲学的兴起

"何谓虚无主义？"德国哲学家尼采问道，并且回答道："至高的价值遭到贬值。毫无目标。对于为什么的问题，得不到回答。"⑥ 虚无主义的危险在教育领域也同样存在："孩子们经常抱怨学校课程索然无味、缺乏意义、与己无关。"⑦ 这是儿童哲学教育项目的发起人、美国哥伦比亚大学的逻辑学教授马修·李普曼在《教室里的哲学》中对于当时儿童学习状态的描述。与当时社会各界对于教育问题表现出来的抱怨情绪而非建设性意见不同，李普曼在发起儿童哲学项目时所怀揣的是重新

① （奥地利）鲁道夫·斯坦纳：《童年的王国》，霍力岩、李冰伊译，北京：中国轻工业出版社，2017年，第53页。

② 刘晓东教授认为，儿童哲学教育乃是要保留儿童世界的完整性，他说："人们觉得智育重要就搞智育，觉得德育重要就搞德育，人为地在儿童的世界里争地盘，让本来具有生态联系的、相互依存、相互促进、相互转化、相互生成的各种心理要素彼此斗争，壮大自己，削弱对方，这完全是错误的。"（刘晓东：《论儿童的哲学与儿童哲学课》，见《苏州大学学报》（教育科学版），2019年第3期。）

③ 王俊：《重建世界形而上学：从胡塞尔到罗姆巴赫》，杭州：浙江大学出版社，2015年，第205页。

④ （美）李普曼：《教室里的哲学》，第12页。

⑤ 王俊：《重建世界形而上学：从胡塞尔到罗姆巴赫》，第205页。

⑥ （德）芬克：《教育学与人生之道》，简水源译，台北：桂冠出版社，1999年，第156页。

⑦ （美）李普曼：《教室里的哲学》，第4页。

设计教育的决心，这一决心实际上并不是源自我们现在大部分教育工作者所认为的发展批判性思维、关怀性思维等思考能力，其决心在本质上来看是希望帮助孩子获得发现意义的能力："如果儿童渴望事物的意义，又有权希望从教育的过程中获得意义，那我们就可以利用那些能够激发其学习动机的合理刺激。他们的自我兴趣要求获得'利益'（Interest）——事物的意义。"① 不仅如此，李普曼还将是否有助于学生发现生活的意义视为学校教育的标准："应该说并非只有学校才能提供教育，相反，任何东西，只要有助于我们发现生活的意义，就具有教育性，而学校之所以具有教育性，也恰恰是因为它们能够促进对于意义的发现。"②

事实上，儿童世界意义的缺乏并不仅仅是教育的问题，它直接指向的是一场尚未得到拯救的人类危机。在现代性理性主义的困局中，成人同样缺乏生活的意义，因为我们所有人，无论是儿童还是成人都处在一个"生活意味（Lebensbedeutsamkeit）丧失以及意义空泛（Sinnentleerung）"③ 的时代。这场危机始于现代自然科学对于我们能够体验到的生活世界的强势主导，现象学的创始人胡塞尔（Edmund Husserl）曾尖锐地指出："以用数学方式奠基的理念东西的世界暗中代替唯一现实的世界，现实地由感性给予的世界，总是被体验到的和可以体验到的世界——我们的日常生活世界。"④ 这场危机在我们每日的教育生活中表现为"孩子坐在课桌旁，被许多杂乱无章、与他们的生活经验没有关联的呆板信息所淹没，他们立刻感觉到这种活动毫无意义"⑤。这种感觉或许就像欧根·芬克在《作为世界表象的游戏》中提出的"世界问题"："人们每日居于世界，却不与世界发生关联。"⑥

与生活世界脱节的教育画面也同样出现在瑞士儿童哲学研究者伊娃·佐勒（Eva Zoller）所写的《小哲学家的大问题》中：在幼儿园里，当孩子问起"为什么会下雪"的时候，热心的幼儿园老师开始谈论水和温度，试图从科学的角度解释雪的形成，但是孩子对此并不感兴趣，依旧不断地问老师"为什么会下雪"。对此，伊娃·佐勒的分析则是：孩子关心的并不是雪的形成，而是它的意义：下雪有什么好处。如果你把这个问题去问其他孩子，那么许多孩子可能会说，下雪是为了让我们可以堆雪人，这就是下雪的意义。⑦ 在此，我们要说的不是以科学的方式解释"为什么会下雪"是错误的，而是这样的解释方式不应该成为唯一的意义。为什么这种解释方式会成为老师第一时间所做出的反应，因为"自然科学和技术深入现代生活世界的根基之处，逐步把人类的日常生活世界改造成一个封闭的、单维度的统

① （美）李普曼：《教室里的哲学》，第 5 页。
② 同上，第 6 页。
③ 王俊：《重建世界形而上学：从胡塞尔到罗姆巴赫》，第 46 页。
④ （德）胡塞尔：《欧洲科学的危机与超越论的现象学》，王炳文译，北京：商务印书馆，2016 年，第 63 页。
⑤ （美）李普曼：《教室里的哲学》，第 12 页。
⑥ Eugen Fink，*Spiel als Weltsymbol*，Kohlhammer，1960，S.139.
⑦ （瑞士）伊娃·佐勒：《小哲学家的大问题——和孩子一起做哲学》，杨妍璐译，北京：中国轻工业出版社，2019 年，第 14 页。

一体”①，接受过科学洗礼的成人从科学的单一维度对儿童的提问做出回应是很正常的。然而，这种科学至上的观点却是儿童哲学教育极力想要避免的，不仅仅是这种不经思考就回答孩子问题的策略，更是将世界意义单一化的倾向。正如德国汉堡大学儿童哲学研究者凯斯汀（Kerstin Michalik）所认为的：“从课程的多角度和跨学科层面来看，科学之所在，乃是让它自己与其他不同的世界意义形式共同发展。”②同样，现象学并不是要排斥科学，认为科学一无是处，而只是要“抵制科学真理世界的绝对化倾向”，“保留主体实践方面的相对性和当下生活的具体鲜活性”。③如果我们设想那个问“为什么会下雪”的孩子所面对的真实和鲜活的世界，试着感受他所面对白雪皑皑的场景，体会他此刻就想走出教室玩雪的激动心情，这样的丰富意蕴是科学的解释能够完全给予的吗？

正是因为看到了儿童世界意义的丰富性，看到了当下科学主导的教育遮蔽了儿童发现意义的主体能力，李普曼希望教育给予儿童的是意义的整体性，而不是“一些支离破碎的、令人费解的片段”④。于是，他开启了一项致力于意义重建的儿童哲学教育运动。不过，这绝不仅仅是一项为了培养孩子逻辑思考能力的教育运动，更重要的是它还在后现代的哲学话语中扮演着重要的反思角色，正如国内儿童哲学研究者郑敏希教授所言：“作为20世纪诞生的一种哲学活动，儿童哲学绝不仅仅是在沿袭传统的哲学思考与对话，而是主动地应对我们这个时代所经历与提出的问题，并以儿童的教育实践活动回应着、激发着更多的人去思考这些哲学问题。”⑤意义从何而来？如何得以被儿童所发现？我们又应该如何在教育中搭建人与世界的桥梁？作为“人生之道”的儿童哲学将在教育的变革中如何重建意义的家园？

二、“人生之道”与儿童哲学的本质内涵

在欧根·芬克对于教育的诠释中有一个核心的概念，那就是“人生之道”（Lebenslehre）：“教育绝不是课程，其本质上乃是人生之道，也就是对于人类存在之意义的理解。”⑥需要澄清的是，“人生之道”的翻译可能容易引起读者的误解，因为它的德文原意是“人生学”“关于人生的学问”（德文“Leben”的意思是生活，“Lehre”的意思是学问），会让人以为这是一门通过“人生导师”传授的学问。但是，就像芬克自己解释的那样，“人生之道”实际上是一个矛盾的概念：“人生既无法教导，也无法学习，却始终由人来教

---

① 王俊：《重建世界形而上学：从胡塞尔到罗姆巴赫》，第20页。

② Kerstin Michalik、杨妍璐：《作为课程原则的儿童哲学——教育理论的根据与经验基础》，见《陕西学前师范学院学报》，2018年第10期。

③ 王俊：《重建世界形而上学：从胡塞尔到罗姆巴赫》，第46页。

④ 李普曼指出，孩子之所以着迷于电视，那是因为就算电视的意义肤浅，也比毫无意义要强（《教室里的哲学》，第7页）。

⑤ 郑敏希：《诗意人世中栖居的儿童哲学》，见《苏州大学学报》（教育科学版），2019年第3期。

⑥ Eugen Fink，*Grundfragen der Systematischen Pädagogik*，Rombach Hochschul Paperback，1978，S.200.

导和学习。”①这里实际上包含了芬克希望阐述的两层意思：其一，“人生之道”不是习俗性的规定或被给予，而是我们必须通过主体的自我创造来赢得的：“教育的行为在使人明了这个意义世界，并继续努力建造。”②其二，由于人类从出生开始就处于一个深受意义解说的世界，他不得不接受在社会、民族、部落等团体中早已形成的意义框架，它实际上构建了一个闭锁的社会。芬克认为教育应该帮助我们从这样的闭锁社会中走出来，从而构建意义开放的社会。从这两层含义出发，我们将试图理解为什么儿童哲学可以被视为“人生之道”。

教育在其最原始的意义上当然不存在“课程”这样的具有科学性的说法，早期的人类社会不存在“课程”这样复杂的教育系统。作为人类社会原始现象的教育，它关系到的仅仅是人类如何传承对世界的意义之解说，“传承方式甚多：有成年仪式，引介巫师与医生的秘密知识，有《圣经》的口头传说，魔术咒语、歌曲与合唱”③。那么，在一代又一代的传承中就势必会留下各种“人生解说”，这些意义封闭的解说方式实际上是闭锁社会的象征，就像李普曼对于当时病态的社会大众心理的描述：“我们的社会鼓励父母从子女‘成功’中获得不断的自豪，而子女的‘失败’则会使父母的自豪感逐渐降低。”④这背后隐藏着的人生解说乃是“只有成功的人才能带上皇冠，失败是耻辱的”。“教条式的人生解说”（Dogmatische Lebensdeutung）其最典型的标志乃是将教育理解为“通过科学的学习为未来职业做准备”，这是芬克要批判的，他甚至用尼采的诗意话语来告诫读者与这种人生训导保持距离：“人必须从那自身有的混沌中，生产跳跃的星星。”⑤

诚然，传承下来的“人生解说”对儿童的成长不是完全没有意义的：“人的宇宙居留，一直就受整体意义的阐明与照明”⑥，儿童哲学并不是要去对抗传统的价值观念，只是要拒绝那种不加询问与思考就接受既定意义的态度，类似于现象学中所说的自然态度（Natürliche Einstellung）：“我们直观地和思维地朝向实事（Sachen），这些实事被给予我们，并且是自明地被给予。”⑦例如，大家都知道我们都去上学，但“为什么要去上学”这个问题却依旧需要我们来反思。曾经有学生在笔者的课堂上这样回答这个问题，他说：“这个问题很蠢，上学就像我们的牙齿到了一定时候要脱落一样，是自然的科学规律，没有必要去问。”这样的回答不禁让我们匪夷所思：为什么孩子不再追问意义，而宁愿将其生活视为自然科学规律的一部分？他是否已将自己视为一个学习的机器，还是他的老师和父母早已经告

---

① （德）芬克：《教育学与人生之道》，第50页。
② 同上。
③ 同上，第10页。
④ （美）李普曼：《教室里的哲学》，第10页。
⑤ （德）芬克：《教育学与人生之道》，第12页。
⑥ 同上，第10页。
⑦ （德）胡塞尔：《现象学的观念》，倪梁康译，北京：人民出版社，2007年，第16页。

诉过他来上学的目的？为什么他不想知道他为什么要来上学？

从这种对于自然态度的否定上来看，儿童哲学始终秉承着现象学的态度。正如海德格尔曾将这种遵循预定轨道和确定习惯的日常决断视为“常人”来进行批判：“人类的生活日益被一种固定的认知和行动架构所占领，而割断了与包含无数可能性之源的生活世界的关联。”① 就像回答“为什么要去上学”问题的学生，他将此问题还原到自然科学的规律之中，这其实恰恰丢失了上学本身对于孩子的内在意义。李普曼就意义的产生问题曾区分过两类意义：内在意义与外在意义。前者与对关系的感知相伴而行，也就是如果我们不与周围发生联系则没有意义；后者则是一种就手段与目的而言的意义，是一种外部的因果关系，例如在失火现场发现了汽油、工人与工资的关系等。② 如果上学仅仅是像自然规律一般，也即处于因果关系链条之中，那么它其实只是一种外部的意义，因为上学这件事情根本没有与学生本人发生任何内在的联系。然而，我们试着想想：上学这件事情真的是自然规律吗？日本哲学家土屋贤二这样回答小孩子关于为什么要上学的提问，他说：“不学习也没关系，人不会立刻死去。”③ 这表明，我们在是否要去上学这件事情上是自由的，假如我们决定要去上学，那同样也是自由选择的结果。当孩子讲上学的问题归于自然规律时，很有可能是因为他无法找到上学的内在意义，如同李普曼所言：“单纯讲授知识的教科书只能被认为具有外在意义。”④ 如果说外在意义对应的是课程，那么内在意义对应的则是“人生之道”：儿童哲学试图发现的同样是内在意义，是儿童自己去寻找外部世界与内部世界的联系，并最终形成一个统一体。

在发现意义的旅程中，实际上并不存在所谓的“人生导师”：“信息可以传递，理论可以灌输，情感可以分享——但事物的意义只能被发现。一个人不能把意义‘给予’另一个人。一个作者可以写一本书让他人阅读，但读者最终获得的意义来自这本书，而并不一定恰好是作者的意图。”⑤ 对李普曼而言，意义是通过每个人自己的发现，而非教导或灌输，这与现象学对意义生成过程的理解是一致的：“意义是从自我、躯体——身体和世界的相互激发中产生出来的，而不是一个单向度机械流程的客观性产品。”⑥ 李普曼同样认为，“儿童所渴望的意义并非能如儿童节发礼物那样，按人分配，而必须通过讨论和探索自己去寻找”⑦。意义为什么不能均匀分配，乃是因为意义不是客观的，我们不能以像自然科学那样的还原论方式去理解意义，这种方式只是试图将“与主体的所有

---

① 王俊：《重建世界形而上学：从胡塞尔到罗姆巴赫》，第 60 页。
② （美）李普曼：《教室里的哲学》，第 9 页。
③ （日）野矢茂树等：《哲学家，请回答！——小孩子的哲学大问题》，傅玉娟译，北京：中信出版集团，2018 年，第 18 页。
④ （美）李普曼：《教室里的哲学》，第 9 页。
⑤ 同上，第 6 页。
⑥ 王俊：《重建世界形而上学：从胡塞尔到罗姆巴赫》，第 212 页。
⑦ （美）李普曼：《教室里的哲学》，第 6 页。

联系痕迹以及主体的世界经验的视角消除”[1]。“人生导师”这样的存在势必会造成意义的客观化，而遮蔽人在主体层面的鲜活内在体验。说到底，意义是每个人必须自行给予的，它是一种自我对于存在的诠释。

当然，不可否认的是，“人类社会团体大部分存在于早已建立的意义世界”[2]，我们逃脱不了对于意义的接受，并且成人对青年传递意义也往往是教育的事业。但是，在芬克看来，教育恰恰是要打破“闭锁社会固定而充分划分的客观意义”[3]，解放人之自我诠释（Selbstauslegung）的能力，促使人自己去主动地去创造意义，而非在一种不加反思的机械教导中继续传承古老的意义说明。正如现象学的目标乃是“重塑对人的可能性的自我理解”[4]，儿童哲学也同样力求照亮童年的更多可能性，而非给予童年一个既定的框架。所以，儿童哲学绝不是要教给孩子任何“大道理”，也不可能是将任何哲学教条灌入孩子的小脑袋，这些东西都无法培养孩子健全与独立的理性。相反，儿童哲学的本质内涵乃在于，它要为童年的家园提供意义生长的土壤，支持儿童在探寻人生奥秘的过程中理解这个富有意义的、丰富多彩的生活世界。正如海德格尔在临终前对他自己的作品所做出的论述：“是道路，而非（已经完成的）作品。”[5]同样，儿童哲学是“人生之道”，而不是“人生的教条”，接受作品比开创道路更为容易。我们不得不承认，“人不愿过着一种先前已熟悉的人生，而是属于自己的人生，人要亲自去解说，去尝试存在的滋味，是辛酸和艰苦的”[6]。因此，作为“人生之道”的儿童哲学，其实质也是“努力的哲学”（Strebung Philosophie），它是对于儿童精神生活要求的满足，正如费希特（Fichte）在《人的使命》开篇所言：“我想我现在一直在力求认识我自己周围的绝大部分的世界。为了获得这种认识，我的确费了不少心血，下了很多功夫，而且马不停蹄。”[7]教师要把教科书照本宣科地走完程序是容易的，但要如何鼓励学生提问和思考，引导学生发现事物的意义，如同李普曼所谓的“探奇的旅程”[8]，与呆板的程序截然相反，这远没有想象的那么简单。为此，儿童哲学通过打造思考者的探究团体来帮助教师和学生实现探奇的愿望，其本质乃是教育共同体中的“意义共创”活动。

三、探究团体与“意义共创”

“人生之道”不仅建立在自我对于存在的诠释中，也体现在人与人、人与世界的共存关系中。“人是被意义流所承担着的，意义流在生活共同体中流动，而人

---

① （德）胡塞尔：《生活世界现象学》，倪梁康、张廷国译，上海：上海译文出版社，2002 年，第 39 页。

② （德）芬克：《教育学与人生之道》，第 86 页。

③ 同上，第 97 页。

④ （德）胡塞尔：《欧洲科学的危机与超越论的现象学》，第 20 页。

⑤ Martin Heidegger. Frühe Schriften, Bd.1, hrsg.von FriedrichßWilhelm von Herrmann, Frankfurt A. M.1978, S.4.

⑥ （德）芬克：《教育学与人生之道》，第 96 页。

⑦ （德）费希特：《人的使命》，张珍麟译，北京：光明日报出版社，2010 年，第 3 页。

⑧ （美）李普曼：《教室里的哲学》，第 6 页。

属于这个共同体。”① “人生之道”鼓励我们去自行创造意义，但这不意味着我们要将意义私人化和主观化，因为意义不是客观，但也绝非主观。胡塞尔现象学认为，意义生成既非内在的又非外在的，意义存在于意义结构之内，它不是单一的决断，而是作为整体性的结构存在。② 李普曼同样认为意义不是主观的，他曾举过一个例子，就像我们在开会的最后要陈述自己的一些感想一样，我们在此刻说的一些话其实就是我们自己从当时会议中所得出的意义，这些意义并不是完全“主观的”，这些意义不仅仅来自我们自己，也来自整个讨论。③ 如果意义不是客观的，也不是主观的，那么它来自哪里？“人生之道”又是从哪里诞生的？芬克对此的回答则是意义的共创：“教育是一个获得意义（Sinngewinnung）的生动过程，其通过团体的咨询（gemeinschftliche Beratung）来进行。”④ 芬克认为，人类教育不但可以，而且必须当作团体咨询来加以实施，因为就“人生之道”而言，“无人可完完全全懂得人生”。芬克将团体咨询的特征定位于三点：“一、包围的困境，咨询存于其内；二、自由人之间的彼此往来；三、以格言的陈述方式，昭示一种有意义的存在解说的精神成分。”⑤ 芬克所谓的“团体咨询”与李普曼所希望构建的“探究团体”有着某种程度上的相似性，我们可以更为具体地来考察。

意义的共创是以平等的伦理交往态度为前提的，这种平等性来源于我们对教育的有别于传统的认识。芬克指出，在“人生之道”中，“教育者在儿童之前，不能再透过教育活动，将绝对通行的人生观点传递给他们，如同绝对知者之于无知者”⑥。因此，教育中的团体咨询必须坚决地与知识权威的咨询划分界限。芬克意义上的团体咨询乃是在伦理上无等级的平等对话，尽管在实际上儿童的智力发展水平与成人存在着差异，但这不表明成人就有资格替代儿童来对人生做出解说。值得一提的是，在芬克的教育思想中，实际上蕴含着对于儿童作为哲学家的尊重，他说：“由于我们已经习惯于把‘学习’作为成人学习与宇宙交往的解说，我们太易忽略在教学法上对儿童的经验；我们忽略了儿童是以取的方式来给予的。儿童是如何给予的呢？没有一位哲学家的深沉省思，曾穷究过儿童的惊叹之情。”⑦ 我们总觉得教育是教师在启蒙儿童，但却忘记了我们自身也将通过儿童得以启蒙，在教的过程中，我们要向儿童学习如何被教。儿童哲学中所营造的探究团体同样以伦理上的平等性作为其活动基础。在儿童哲学活动中，教师被视为“无知的有知者”，他们仅仅扮演着如苏格拉底那样的对话促进者角色，而不再诉诸传统教育中的权威形象把

① （德）海因里希·罗姆巴赫：《作为生活结构的世界》，王俊译，上海：上海书店出版社，2009年，第30页。
② 王俊：《重建世界形而上学：从胡塞尔到罗姆巴赫》，第214页。
③ （美）李普曼：《教室里的哲学》，第6页。
④ （德）芬克：《教育学与人生之道》，第183页。
⑤ 同上，第175页。
⑥ 同上，第177页。
⑦ 同上，第186页。

放诸四海皆准的真理给予无知的学生。因为教育的目的不再关乎标准答案，而关乎“人生之道”。正如儿童哲学研究者罗伯特·费舍尔（Robert Fisher）曾把哲学教育的目的视为获得有意义的生活之环节：“通过对话弄懂我们个人的理解以及知识是什么，然后才能追寻到什么是‘真’。这个人的理解，通过试图更清楚地确定我们在日常言语中所使用的概念而获得，并能帮助他们更好地理解这一世界，更多地了解我们自己，使得我们可以过上一个更好的有意义的生活。”①当教师不再背负着传递真理的包袱，而是本着帮助学生自我发现真理的态度去与学生相处时，他们便成了共同面对包围着他们的困境的同盟军，正如芬克谈及我们当下的困境：“无人能置身事外，所有人皆为同等窘困所渗透贯穿，所有人皆寻觅出路。”②

“在教育者与儿童的处境上，原则上的平等，共同面临一个无法了解的宇宙，在没有阿里阿德涅（Ariadne）引路的迷宫中。这种危机处境，乃是我们时代教育的基本情况。”③意义共创的目的源于我们共同面对困境的需要，而不是源于对知识权威的崇拜。费舍尔曾指出探究团体的双重内涵：“其一是一个达到有效思考最大化的理性结构，其二是一个相互尊重和相互分享价值的道德结构。”④就后者而言，意义共创的过程乃是一个伦理的探究团体形成的过程，正如李普曼所言：“他人的意见需要被尊重，但不需要被模仿。在一个健康的探究团体中，学生试图学习如何在他人的想法上建构自己的观点。”⑤例如，在以下探讨“让机器人代替学校老师是否是个好主意”的过程中，我们能够看到意义共创是如何帮助个体更新自己的意义世界：

A 同学：我觉得挺好的，机器人老师看起来很搞笑、很好玩。

B 同学：我觉得不是好主意，因为我们的老师会失业！他们就没办法生活了！

老师：A 同学，你觉得 B 同学的担忧有道理吗？

A 同学：有道理是有道理，但是那个时候或许我们人类就真的不需要工作了，而且还能不工作就有饭吃。

B 同学：我认为这不是最重要的问题，关键在于机器人老师能教好我们吗？如果有同学特别调皮把它的电源切断了怎么办？

……

A 同学一开始并没有意识到机器人代替老师意味着老师的失业，B 同学的想法使得他去思考人工智能时代人类的工作处境，进而激发 B 同学去思考人类老师存在本身的意义。事实上，这样的对话其实就是我们人类未来在面对世界的不确定性困境时所做的意义共创活动的雏形。而在儿童哲学的课堂，这样的活动得以提前加以练习，其目的乃是为了下一代的和谐共处。用李普曼的话来说则是：“如果人们曾经在生活中学到过使用改良的方式来处

---

① （英）罗伯特·费舍尔：《教儿童学会思考》，蒋立珠译，北京：北京师范大学出版社，2012 年，第 119 页。

② （德）芬克：《教育学与人生之道》，第 166 页。

③ 同上，第 161 页。

④ （英）罗伯特·费舍尔：《教儿童学会思考》，第 48 页。

⑤ Mattew Lipman, *Thinking in Education*. Cambridge：Cambridge University Press, 2003, p.97.

理冲突，他们首先学会的是一同提出问题、一同推理以及最终一起得出判断。”① 这表明，意义的共创最终意味着多元的世界，倡导多级对话的世界，以此代替“意义空泛”的一元世界：无论它是由科学主义主导的世界，还是以霸权主义主导的世界。因此，不管是人类的精神危机还是教育危机，不管是现象学家还是教育哲学家，他们的志业是一样的，即通过理性反思回溯主体的意义领地，以对世界的关怀与好奇重建多元的意义世界。

四、结语：重建富于意义的教育

为什么李普曼如此关注儿童是否在教育过程中发现了意义？那是因为他担心缺乏意义会导致悲剧：“有一些儿童，因为不知道自己的生活经历有何意义，总感到面前的世界陌生、破碎、令人困惑，便很可能去寻找获得全部人生经验的‘捷径’，最终可能尝试着胡来或产生精神变态。”② 这与我们当今时代所暴露的教育问题是一样的。据新闻报道，国内知名大学有部分学生得了“空心病”，即他们不知道自己要什么，不知道自己为什么活，缺乏内在价值感。这表明，儿童缺乏发现意义的能力不仅关涉到他们的学习，更关系到他们的心理健康和生命安危，而后者显然比前者更为重要。失去方向的生活是痛苦的，这是教育必须首先面对的残酷事实：“为了计划我们的人生道路，我们要熟知自己，我们要有所‘取向’，寻找我们的境况了解，在可怕的宇宙中，给我们存在之所定位。”③ 在“空心病”与时代的焦虑中，儿童哲学要面对的不仅是帮助学生提高他们的思维能力以适应人工智能时代的挑战，更关键的是要在促进他们发现意义的过程中重塑童年本应有的美好生活愿景，在生活意味消散的世界中还给孩子创造意义的权利。

芬克曾说：“人不是为教育而教育，而是为教育的成功而教育。”④ 李普曼并未定义过什么是教育的成功，但是他说过什么是注定失败的教育：“我们的教育如果不能教会孩子思考，那么这种教育从根本上说是失败的。”⑤ 这种失败不在于孩子的学业成绩，不在于孩子的道德品质，究其根本而言乃在于孩子无法从教育中自行获得人生的意义。在此意义上，作为“人生之道”的儿童哲学，其真正的使命在于帮助儿童把握生活世界的意义结构，承认每个生命的独特意义以及发展意义的可能性，并在生活共同体的意义之流中共同构建意义，最终重建富于意义的教育。

---

① Mattew Lipman, *Thinking in Education*, p.113.

② （美）李普曼：《教室里的哲学》，第 7 页。

③ （德）芬克：《教育学与人生之道》，第 41 页。

④ 同上，第 152 页。

⑤ Mattew Lipman, *Thinking in Education*, p.20.

思维教育的一生：儿童哲学课程（P4C）之父李普曼生平述评*

◎ 韦彩云[①]

摘　要： 儿童哲学课程（Philosophy for Children，简称 P4C）之父李普曼在其而立之年，完成了从哥伦比亚大学哲学教授向儿童哲学课程开创者的角色转变。本文试图在把握李普曼人生历程的基础上，于其童年与青少年的经历中找出如此变化的可能端倪，试着厘清李普曼提出 P4C 的社会背景、个人动因，并简述李普曼为了 P4C 事业的发展壮大所付出的艰辛。对李普曼的生平、初心与贡献的了解，有助于我们更好地了解 P4C 的历史起源，从而批判性地汲取其精华；并通过李普曼所创立的 P4C，完成儿童观、教育观、哲学观的更新，实现儿童哲学（Children's Philosophy）、童年哲学（Philosophy of Childhood）以及教育哲学（Philosophy of Education）领域的更新，甚至实现超出李普曼所想象的更理想的世界。

关键词： 马修・李普曼　儿童哲学课程　思维　教育　生平

儿童哲学课程（Philosophy for Children，简称 P4C）之父马修・李普曼（Matthew Lipman），1923 年 8 月 24 日在美国新泽西州凡茵兰市（Vineland）出生，2010 年 12 月 26 日在新泽西州的西橙市（West Orange）去世，享年 87 岁。无论中外，在简介李普曼时，都离不开这样两个标签：创立了现已在全球范围内被广泛践行的儿童哲学课程，辞去哥伦比亚大学教职前往名不见经传的蒙特克莱尔州立学院（Montclair State College，简称 MSC）工作。那么，究竟是什么促使李普曼创立了 P4C？又是什么促使他甘心离开哥大这一举世闻名的学府？而当他在生命末期回望人生时，又如何评价当初的选择？这些并不是用一两句话就能简单回答的问题，我们必须真实地走进李普曼的人生之旅，了解他的个人经历，了解其生活的时代背景，了解他做出这些选择的因缘际会与执着坚定。

幸运的是，李普曼本人和他的同行者们都为我们走近他提供了丰富的资料。李普曼于他去世前两年出版了自传《思维教育的一生：自传》（*A Life Teaching*

* 本文系国家社会科学基金"十三五"规划 2019 年度教育学类一般课题"儿童哲学研究及其教育学意义"（项目批准号：BAA190234）；教育部卓越幼儿园教师培养计划资助项目"鹤琴之旅——研究型幼儿园教师培养"。

① 韦彩云，江苏丹阳人，南京师范大学教育科学学院博士生，蒙特克莱尔州立大学（Montclair State University）访问学生，主要研究方向为儿童哲学、童年哲学、教育哲学。

Thinking：*An Autobiography*，以下简称《自传》)，虽然正如李普曼在儿童哲学促进中心（The Institute for the Advancement of Philosophy for Children，IAPC）的同事大卫·肯尼迪（David Kennedy）所说："李普曼的自传写迟了，对于一个正在与疾病——一种逐渐蚕食他记忆和曾经强大的论述能力的疾病——做斗争的人来说，甚至可以说是太迟了。"[①]1995年，72岁的李普曼被查出患有帕金森病，虽然这种病症在他身上发展相对较慢，却依然缓慢而坚定地蚕食着他的记忆与各项能力。但从另一方面来看也许是一件好事："这一记忆减退过程也揭示出记忆中对李普曼来说更重要、更深刻的部分，同时帕金森病也会让病人对生命早期的记忆更清晰，好像这些事就发生在昨天一样。"[②]而且早在自传出版之前，李普曼也在其他文章或采访中多次提到自己的生平，亦可作为重要参考。同时，本文还参考了多位与他有过亲密接触的学者在著述中对他的描述与评价，以期走近真实的李普曼。

一、朝花夕拾，方觉人生基调初定

杨适在《哲学的童年》中说："那最初的思想本身却有原始的丰富性，往往在单纯中蕴含着后来发展的各种萌芽和因素，有它的特别的机制和有机的结构。"[③]这话适用于人类种系的发展历程，也适用于个人的人生经历：李普曼之所以会在45岁时放下哥大教授的头衔转而去开创一个前途未卜的新事业，不仅与时代背景、当下遭遇有关，也一定与其先前经历相关——生命若是一幅画作，人生基调或许在生命早期已初现端倪。

李普曼生于一个俄罗斯犹太裔移民家庭，他的童年时代大多在新泽西州南部、以移民家庭为主的伍德宾（Woodbine）度过，父亲在那里经营着一家机器店。童年时，李普曼很喜欢在做完作业和家务后去父亲的机器店待着，享受观察机器运转的乐趣，这也影响着他从童年起便更偏爱实践而非理论。[④]

李普曼一生以哲学为业，而他认为这种与哲学的相遇从童年便开始了："我意识到，在童年时代我已屡次从哲学讨论中获益良多。尽管我从未上过一节正式的哲学课，但我依然在生活的哲学问题中成长。"[⑤]李普曼讲述了他印象中最早的一次哲学经历：7岁的他在妈妈的提问下开始思考什么是"真的相信"、什么是"并不真的相信"、什么是"怀疑"、什么是"完全不相信"，并觉得自己的世界被动摇了根基，开始了与"不确定性"的斗争。[⑥]虽然李普曼没有像加雷斯·马修斯（Garath Matthew）那样用整本书的篇幅来论述"儿童是天生的哲学家"这一命题，但他对于这一命题的笃信也是有经验基础

① David Kennedy, "From Outer Space and Across the Street: Matthew Lipman's Double Vision", *Childhood & Philosophy*, 2011, 7 (13), p.52.

② Ibid.

③ 杨适：《哲学的童年》，北京：中国社会科学出版社，1987年，第30页。

④ Matthew Lipman. *A Life Teaching Thinking*: *An Autobiography*. Montclair, Institute for the Advancement of Philosophy for Children, 2008, p.11.

⑤ Ibid., p.12.

⑥ Ibid., p.13.

的。童年时的哲学思考已然在李普曼心中埋下了可贵的种子。

李普曼高三以前的学习经历比较顺遂，但也很无聊："在我看来，没有什么是比上学更无聊的了。虽然直到多年以后，我才开始反思学校是否能有所改变；但即使是在如此年幼之时，我在某种程度上已经感觉到，我的学校教育缺失了一些东西。"① 李普曼个人的受教育经验，也是他批判和改革教育的原因之一。

学校生活虽然无聊，但李普曼依然觉得自己度过了幸福的童年：父亲风趣幽默，母亲严格有爱。如果说有困扰，那可能便是自己的视力了：童年时的李普曼就戴上了眼镜，且度数越来越深。但这依然无法阻止他在精神食粮匮乏的家中如饥似渴地阅读：他甚至将十卷本的《马克·吐温全集》反复读了好多遍。②

幸福是李普曼的主观感受，对于实际历经了变故的他来说，这样的感受尤为可贵。1929—1933 年间，美国的经济危机也危及了他父亲的机器店，经营日益惨淡，家境也每况愈下。而年近四十的父亲后来又患上了心脏病，家庭突然丧失了经济来源，最后甚至失去了住房。幸得伯父救助，他们一家搬到伯父家农场的小房子里勉强度日，留下要完成高中学业的李普曼暂住姨妈家。但完成高中学业的过程也并不顺利：平日里调皮捣蛋的李普曼在毕业前三个礼拜被学校开除，因为"我有点太过嚣张了，而高中校长将我不合作的言行解读为违抗"③。虽然最后在姨妈的斡旋下，李普曼还是拿到了毕业证，但成绩单算不上出色，所以未被他申请的罗格斯大学（Rutgers University）录取，而申请上的密歇根州立大学（Michigan State University）也因无力支付学费而无法入学。

之后三年，李普曼都住在伯父家的农场中帮父母工作，也有机会与自己的堂哥乔伊（Joe）相处，并因此受益良多。从事童装生意的乔伊因为需要了解儿童，进而对儿童艺术很感兴趣。李普曼将自己对儿童、儿童艺术和教育最初的兴趣归因于乔伊，认为乔伊对儿童的深刻洞察力是自己日后从儿童角度写作故事的最主要力量，且激发了自己创建 P4C 的很多灵感。④ 同时，乔伊丰沛的好奇心、理性的思维方式也影响着李普曼。"儿童""教育""理性"，这些 P4C 中的关键词，我们都能在乔伊这里找到影响李普曼的源头。

也正是受乔伊的影响，高中毕业后未能如愿读大学的李普曼头脑中有了一个越来越清晰的念头：未来一定要在纽约生活！⑤ 后来李普曼的确做到了，不过那是五年之后的事了。1943 年，20 岁的李普曼因第二次世界大战应征入伍。

朝花夕拾，当耄耋之年的李普曼再回首童年、少年时光，被岁月筛选、过滤后的记忆，似乎都指向了李普曼最终的归宿：P4C——与哲学的初遇，对实践的偏爱，

① Matthew Lipman. *A Life Teaching Thinking*: *An Autobiography*. Montclair, Institute for the Advancement of Philosophy for Children, 2008, p.2.

② Ibid., p.12.

③ Ibid., p.14.

④ Ibid., p.17.

⑤ Ibid., p.19.

对教育的不满，对儿童艺术、儿童教育以及儿童本身的兴趣……“人在童年中能够寻得生命最深层最根本的力量”[①]，外人看来宛如急转弯的人生走向，似乎都可以从童年、少年时代找到若隐若现的根源。

二、二战风云，学术与道义的坚守同在

参加“二战”、在战场上抛头颅洒热血着实算不上幸运。但“祸兮福之所伏”，若未参加“二战”，李普曼也无法去斯坦福大学和哥伦比亚大学读书，无从与杜威相识，更无法成为后来的李普曼。

应征入伍后，李普曼成了一名步兵。但颇讽刺的是，美国在“二战”期间推出的“军方特种语言训练计划”（the Army Specialized Training Program），却给了李普曼在平民时无法获得的上大学的机会，成了斯坦福大学的学生。在那里，对他影响最深远的，便是卡尔·托马斯（Carl Thomas）教授，可以说托马斯很大程度上影响了李普曼人生志向的选择。学年结束之际，欧洲战场战事吃紧，李普曼选择去前线参战。托马斯在临别之际特意邀约李普曼畅谈未来志向。本因受父亲影响喜欢工程学的创造和想象而希望致力于此的李普曼，在老师的分析下认识到工程学能发挥的想象力和审美非常有限，因此放弃了这一志向。托马斯教授还送了李普曼两本小书——《哲学家的假期》（*Philosopher's Holiday*）和《哲学家的追求》（*Philosopher's Quest*），作者皆为哥大教授欧文·埃德曼（Irwin Edman），主要论述了作为哲学家的约翰·杜威（John Dewey）。读完书后，李普曼重新确立了自己的人生方向：“‘去哥大！去杜威曾任教的哥大！’这个念头击中了我，并让我兴奋不已。从那时起，哥大成了我的理想，而哲学成了指引我通向哥大的陌生路径。”[②]就这样，尽管对哲学到底要学什么都并不清楚，李普曼却果决地将哲学、哥大、纽约设立为自己坚定不移的奋斗目标。但在此之前，他首先要去的是“二战”战场。

奔赴前线前，士兵们在加利福尼亚州训练。训练间隙，他经常搭车去洛杉矶的书店兴致勃勃地寻找杜威的书籍。杜威选集《现代世界的智慧》（*Intelligence in the Modern World*）便是多次寻觅之后的偶得，他在回营地的车上便迫不及待地读完了一章多。之后，李普曼以一名步兵信息收发员的身份奔赴了欧洲战场。行军途中，李普曼都会在休息期间将这本杜威选集拿出来阅读。也正是从这本书开始，李普曼从关注杜威到开始关注哲学这一学科。他意识到哲学的包罗万象，从而更欣赏杜威在哲学上的实用主义立场：“因为我能从中感受到教育的创造力以及生活的想象力。”[③]而且他认为，在如此战争年代、劳苦奔波中通过阅读所获得的观点，“特别会对一个人以后的思考起到奠基性的作用”[④]。

李普曼对志向的坚守从以下细节便可

① 刘晓东：《童年研究：“根”的探寻》，见《中国儿童文化》，2005 年第 00 期，第 2 页。

② Matthew Lipman. *A Life Teaching Thinking: An Autobiography*. Montclair, Institute for the Advancement of Philosophy for Children, 2008, p.23.

③ Ibid., p.27.

④ Matthew Lipman, “On Writing a Philosophical Novel”, Sharp A. M., Reed R. F., Lipman M., *Studies in Philosophy for Children: Harry Stottlemeier's Discovery*. Philadelphia: Temple University Press, 2010, p.5.

见一斑：军队在登陆法国时，需要走过一段非常泥泞的道路。而他因满负重物所以最后摔倒在了泥淖中，在战友的帮助下才得救。这个20岁出头的年轻人的背包里究竟有什么呢？除了作为步兵必备的衣服和装备之外，还有一台打字机以及很多书籍：杜威选集、毛姆选集等共10本书。这些书一直跟着李普曼回到美国，他说："我不能没有这些书。"① 正是靠着这些书，靠着在哲学、文学、音乐、诗歌的世界里漫游所获得的点滴快乐，李普曼才能在军营生活的无聊与污秽、在战争的残忍与悲惨中熬过去。

作为一名"二战"士兵，李普曼无疑是特别的，特别在他即使身处战火纷飞的战场，却依然保持着对精神世界的高度追求，保持着对杜威、对哲学的热爱，并一直坚守着自己的"道义"：他在明知违规的情况下依然将物资扔给集中营中的难民；作为士兵，他总是尽可能地待在一个没有子弹飞过的地方，而非冲锋陷阵；他不愿杀人，他甚至不愿给自己的来复枪装上子弹——战争期间，他没有向任何人开过枪，幸运的是，也没有人向他开枪……

李普曼称自己为"二战"中的"无名小卒"，从大众的眼光来看，李普曼的行为的确算不上英雄，甚至显得有些怯懦与稚嫩。但这个戴着眼镜的少年却依靠着自己赤忱而又笨拙的纯真善良，在充满杀戮与血腥的战场上，战胜危险和不幸，坚守正义与初心。他一直有着自己的坚守，从学术到精神再到正义，也正是靠着这种坚守，他从一名世俗眼中的"无名小卒"，成为一个名副其实的"英雄"，一个开创了新学科的英雄。

三、哲学之于李普曼，疗愈、工具与支持

《自传》开篇，李普曼首先回忆了不到两岁的自己探索飞行的可能性却又失败的经历：

> 我依然记得自己站在楼梯的最高一级台阶上，盯着下方的地面。楼梯上有地毯，在下面的楼梯平台上有一个带玻璃门的书柜。我的脚站在最高一级楼梯台阶的边缘。我的一只脚稍微滑出一些。现在我的另一只脚也向前滑动。我把一只手放在楼梯扶手上，又向前走了一步。我试着保持平衡，但突然间我就向前跌倒了，摔下台阶，沮丧地号啕大哭。我的试验没用！我没有飞……很多个夜晚，我都反复做着同样的梦——我骑着我的三轮脚踏车在空中飞行。梦里，每个人都抬头仰望着我，赞叹不已。②

李普曼将"飞行事件"放在整本自传的开头是有其深意的。对飞行的渴望似乎是李普曼与生俱来的天性，而年幼的他便通过亲身试验得知仅依靠自己的力量是无法飞行的。但这种对飞行的渴望一直萦绕着李普曼，而如影随形的还有对高处的恐惧。事实上，他在整本自传中至少五次

---

① Matthew Lipman. *A Life Teaching Thinking*：*An Autobiography*. Montclair，Institute for the Advancement of Philosophy for Children，2008，p.30.

② Ibid.，p.1.

提到了对飞行、对高处的爱与惧。例如，“二战”期间，李普曼有次在北加州进行训练，他和其他士兵一起排成一排沿着狭窄的悬崖边突出的岩石向上攀登，而李普曼因为身体不适突然有了想要跳下悬崖的冲动，但最终这种冲动被他克服了。①

“如果每个人的生命都像一支长篇交响乐的话，那么对李普曼来说，飞行便是其中的一个音乐主题，每一次的尝试都是主题的变奏，都表现出李普曼对于高处的爱与惧。”②在李普曼的早期生命历程中，对飞行、对高处的渴望与恐惧一直是一个神秘又不断回旋的主题，体现了李普曼内心的矛盾冲突：对飞的渴望召唤着他去飞行，而对死的恐惧又在对抗这种渴望，而这种矛盾状态的释放，则要归功于哲学。

“二战”结束后，22岁的李普曼在美国政府于英国谢里夫汉姆（Shrivenham）设立的大学就读。闲暇时，李普曼经常去博物馆、剧院、书店等。在一家伦敦的小书店里，李普曼读到了斯宾诺莎的《伦理学》，李普曼如此形容阅读的过程：“当我终于艰难地啃完这本书，就像是艰难地登上了一座高山之巅并向下俯视，看到乡间小路向四面八方延伸。这是我第一次感受到哲学作为纯粹智慧的力量——在这里，是理解的力量。”③李普曼将阅读斯宾诺莎的体验与登顶的经历联系起来：阅读的过程好似攀登高山——过程艰难，但都在“登顶”后看到了壮丽的风景。④而阅读哲学所带来的登顶体验，逆转了现实中登顶后所带来的恐惧，因为哲学对李普曼来说便是一种登顶之后的飞行，而这种飞行再没有了恐惧的情绪相伴随：“李普曼发现，哲学就是让人身处高处，你可以从更远处看风景。做哲学是一种飞行——不是坠落，而是飞行……哲学将李普曼从错综复杂的死亡冲动中解救出来。”⑤

哲学对于李普曼的价值绝非仅止于此。受益于美国的《退伍军人权利法案》（*Servicemen's Readjustment Act of 1944*，或称 *G. I. Bill*，为退伍军人提供免费的大学或技校教育及一年的失业补助），李普曼得以于1946年进入哥大的通识学院（the School of General Studies）学习，并选择了艺术哲学作为自己的研究领域。他是这么描述哲学对于自己的意义的：“哲学让我在某种程度上有了对世界更加客观的理解……哲学打开了我的视野，就像是一台能拍出前所未有的漂亮、清晰照片的照相机。发现哲学就像是学着用另一种语言阅读与写作。事实上，哲学不仅仅是一种语言，更是语言之语言。哲学包含了诸多能够融会于语言中的逻辑的形式，让我们可

① Matthew Lipman. *A Life Teaching Thinking: An Autobiography*. Montclair, Institute for the Advancement of Philosophy for Children, 2008, p.25.

② David Kennedy, "From Outer Space and Across the Street: Matthew Lipman's Double Vision", *Childhood & Philosophy*, 2011, 7 (13), p.52.

③ Matthew Lipman. *A Life Teaching Thinking: An Autobiography*. Montclair, Institute for the Advancement of Philosophy for Children, 2008, p.43.

④ Ibid., p.48.

⑤ David Kennedy, "From Outer Space and Across the Street: Matthew Lipman's Double Vision", *Childhood & Philosophy*, 2011, 7 (13), p.54.

以更加明智、更加富有怀疑精神，且能更加熟练地使用概念。”[①] 哲学为李普曼提供了一种新的认识、新的理解世界的工具，这个工具让李普曼能更深刻、理性，更具有批判精神地看待世界。除此之外，哲学还给了李普曼诸多情感上的支持：“哲学似乎满足了我的野心。哲学的复杂性吸引着我去掌握它……我发现哲学可以让一切都很激动人心，而我很希望参与其中。”“我热爱哲学，还因为哲学对‘思考’的重视，而‘思考’对教育问题的解决是至关重要的，虽然这一点在世界范围内，特别是在美国经常被忽视。”[②]

童年时，李普曼便从哲学讨论中获益良多；在斯坦福学习时，他最终决定以哲学为业；在英国的谢里夫汉姆大学就读时，在哲学中释放了自己对飞行的爱与惧的复杂情感；再到于哥大接触正统哲学时，感受到哲学对于自己的价值以及自己对哲学的爱。虽然正如自传书名所表明的那样，致力于儿童思维教育的李普曼虽然更多地将哲学作为一种进行思维教育的工具，但哲学是李普曼自己的热爱与目的，也是李普曼渴望能在孩子们心中扎根的智慧的种子。

四、哥大和巴黎，求学路上难忘与更难忘的

当 23 岁的李普曼终于来到了梦寐以求的纽约和哥大，开始了哲学的专业学习之路时，他便如沙漠遇到甘霖，疯狂地汲取各领域的知识。也正是这样求索的过程，为李普曼日后提出 P4C 奠定了哲学、心理学和教育学基础，虽然当时的他并不自知。[③]

在哥大读书时，李普曼的兴趣、偏好便已然在为未来的走向铺路了。在心理学方面，他对心理学理论充满兴趣，并在广泛阅读心理学书籍时发现了维果茨基：“我发现维果茨基的工作非常具有吸引力，因为他将哲学、心理学、语言、社会研究等诸多领域的学习融合在了一起。”[④] 后来，李普曼多次明确提出，维果茨基的思想是他重要的理论来源。

李普曼思想最重要的理论来源是杜威——他甚至称自己为“杜威主义者”[⑤]。如果说当年在斯坦福读书时，托马斯教授送给他的两本关于杜威的小书是他受杜威影响的开端；那在“二战”时所阅读的杜威的选集，则是他开始在杜威的引领下向哲学世界投下的惊鸿一瞥；而在哥大期间，对杜威作品的广泛阅读则让李普曼对心理学充满热情，同时也为日后的思维教育点亮了一团可能会成为灯塔的火焰：“我印象最深的是他非常有影响力的《我们如何思维》一书……正是通过杜威，我认识到，对思维的教育至少是涉及哲学和心理学的。这对我意义重大，也是我被他所吸引的原因之一。如果教育真的是杜威所理解的那样——是为思维而教——那么

① Matthew Lipman. *A Life Teaching Thinking*：*An Autobiography*. Montclair，Institute for the Advancement of Philosophy for Children，2008，pp.59—60.

② Ibid.，p.59.

③ Ibid.，pp.53—54.

④ Ibid.，p.53.

⑤ Ibid.，p.91.

对哲学和心理学的重新理解对于现代理论和实践便是不可或缺的。”①

诚然，对杜威的阅读和理解带给李普曼诸多思想上的给养与引领，但相比之下，与杜威的私交对李普曼的影响可能更大、更重要。②当李普曼实现了自己初次接触杜威时便立下的志向：在哥大研读杜威时，他意识到这位教授就住在纽约城里。于是，他将在杜威的“第三性质”（Tertiary Qualities）观点的基础上写成的文章寄给了杜威，并很快得到了杜威的回信与赞赏。之后他们保持着通信联络，甚至发展出了友谊，这对李普曼来说“就像是打开了新世界的大门”③。更令人惊喜的是，李普曼随后应邀登门拜访了业已九十高龄的杜威。此次会面长达数小时，给李普曼留下了非常深刻的印象，即使在生命的末期，他也清晰地记得其中的细节。④之后，二人一直保持通信。杜威在寄给李普曼的最后一封信中，还劝慰李普曼释怀并不顺利的博士论文答辩，也为李普曼能通过富布莱特奖学金到巴黎留学而欣喜。显然，李普曼已不仅仅是认同杜威的理论了，更是从心底里钦佩、折服于他的为人。

李普曼于1948年春获得了哥大学士学位，并选择继续攻读博士学位，最终完成了《在艺术中发生了什么》(*What Happens in Art*）这一博士毕业论文，而这一研究实质上还是体现了他对于“关于思考的思考”这一问题的关注。且随着时间的推移，李普曼也开始质疑自己对艺术哲学的“忠诚度”：艺术哲学的实用价值何在？自己作为一位艺术哲学家的未来又何在？⑤但暂时的怀疑并没有击退李普曼当下对艺术哲学的热爱，他跟随梅耶·夏皮罗（Meyer Schapiro）教授做博士论文，而夏皮罗教授在专业、人格魅力上都对李普曼有很大影响。1950年，李普曼在哥大求学的最后一年，他坎坷地通过了博士论文答辩，被要求重写论文引言部分的他却坚持要在巴黎留学时重写整篇博士论文。当然，最后这篇博士论文获得了成功且出版了，但在此过程中他的坚忍与倔强却由此可见一斑。

哥大的求学岁月，至此告一段落。这段时光说不上完美，却让李普曼深感满意。而且他在哥大接触到的人，所获得的知识与历练，都在引领着他走向一条未知的，但他却笃信是正确的道路。1950年，27岁的李普曼前往法国巴黎开始留学生涯。在去巴黎的船上，他遇到了哥大博士生怀诺娜·摩尔（Wynona Moore），这位美国非裔女子的研究方向与李普曼的兴趣有诸多共同之处，他们相谈甚欢并此后命运相连。事实上，二人于1952年1月在巴黎市政厅结婚；直到1971年，二人因各自的事业追求而选择离婚。⑥而李普曼

① Matthew Lipman. *A Life Teaching Thinking*: *An Autobiography*. Montclair, Institute for the Advancement of Philosophy for Children, 2008, p.53.

② Ibid., p.54.

③ Ibid., p.55.

④ Ibid., p.46.

⑤ Ibid., p.57.

⑥ Ibid., p.92.

对于婚姻的态度，也体现出他远大的志向与抱负，毕竟作为白人的李普曼和黑人女性的结合会被美国的16个州认定为非法[①]："我认为我们都觉得有责任为其他人树立一个跨种族和谐婚姻的榜样……我莫名地觉得，迟早有一天，我将会首先采取行动，而不是等待别人来告诉我们需要做什么。"[②]

但当时有着无限热情和巨大潜力的李普曼虽然踌躇满志，却依然非常怯赧与羞涩，这从他与人交往的细节可以明显地看出来。例如，他与画家马克·夏加尔（Mac Chagall）的夫人经历过初次愉快的见面后，尽管再受邀请却再没去过夏加尔夫人家中，也因此失去了与这位杰出画家见面的机会。经朋友推荐，时任《现代杂志》(*Les Temps Modernes*）这一法国当代最权威的哲学期刊主编的梅洛·庞蒂注意到了李普曼的一篇论文，并邀请他参加聚会。聚会上，梅洛·庞蒂赞赏了他的论文并表示若能翻译成法文可以在《现代杂志》上发表。李普曼还被介绍给了一位漂亮的法国姑娘，但因为他羞赧于自己糟糕的法语、肮脏且皱巴的衣服，因此不顾女士的挽留而逃走。[③]而那篇被梅洛·庞蒂看中的论文也因没有经济实力只能自己翻译，而他有限的法语能力最终造成了论文发表的搁浅。

因为自身性格的怯赧，李普曼丧失了许多可贵的机会。但李普曼并没有错失所有的良机。例如，他选修了梅洛·庞蒂的哲学课程，同时注意到梅洛·庞蒂这位大哲学家有着儿童心理学和教育学背景，这让李普曼感到非同寻常："这极大地促进了我对童年经历的哲学内涵的兴趣。"[④]他与法国著名哲学家加斯东·巴什拉（Gaston Bachelard）相交甚好，且非常熟悉巴什拉对土、气、火、水等元素的精神分析式或现象学式的处理，他意识到这对于儿童的科学教育与文学分析都大有裨益。[⑤]他认识了志同道合的贝拉瓦尔（Belaval），而贝拉瓦尔曾说过一句让李普曼终生难忘的话："判断值得致力于哲学事业的年轻人来深入研究。"[⑥]而后面李普曼所做的，不正是教会儿童思考并做出更好的判断吗？

与这些人的相识，或多或少给了李普曼某种启发。此外，巴黎时期的阅读和日常生活经历也给予了李普曼后来提出P4C的灵感来源：当观察到父母与孩子之间互相分享文学作品，祖辈与孙辈一起讨论文学，他意识到成人是儿童非常好的智力伙伴，而且美国文化中很缺乏这种儿童会认同并学习的私人对话模式[⑦]：如果成人能与儿童进行深入对话，那对话本身便可以成为儿童模仿的典范。这些在当时看来不寻

---

① 资料来源：https://en.wikipedia.org/wiki/Wynona_Lipman。

② Matthew Lipman. *A Life Teaching Thinking*：*An Autobiography*. Montclair，Institute for the Advancement of Philosophy for Children，2008，p.80.

③ Ibid.，pp.76—77.

④ Ibid.，p.75.

⑤ Ibid.，pp.78—79.

⑥ Ibid.，p.80.

⑦ Matthew Lipman，"On Writing a Philosophical Novel"，Sharp A. M.，Reed R. F.，Lipman M.，*Studies in Philosophy for Children*：*Harry Stottlemeier's Discovery*. Philadelphia：Temple University Press，2010，pp.5—6.

常的经历，后来被李普曼认定为之所以撰写儿童哲学小说的重要起因之一。

对于初出茅庐的李普曼来说，巴黎给了他太多的欢乐与滋养，但现在，李普曼不得不离开了。纽约，他梦寐以求的纽约，正等待着他。

五、理想与现实之间，李普曼的选择、妥协与坚守

1952 年夏，29 岁的李普曼回到纽约，开始努力实现自己一直以来的梦想：在纽约，当然最好是在哥大找到哲学教职。但是这一过程进展得并不顺利：他曾先后在纽约的好几所大学承担一段时间的教职，但都没有稳定下来。他也收到过非纽约地区的工作邀请，但因担心跨种族婚姻在纽约以外的地方难以健康地维持下去，所以都放弃了。①

李普曼在哥大的正式全职教师之旅开始于 1954 年：他先在哥大药学院的通识教育部任助教，后任该部门主席；之后还在哥大的哥伦比亚学院（Columbia College，也称为“通识教育学院”）教授“当代文明”课程。出于经济的考虑，他也在其他高校兼职授课。他曾离成为一名哥大哲学系教师的梦想非常近，但出于经济的考量他依然放弃了该职位的申请。李普曼坦言，若当时申请了哲学系教职，在事业上的发展可能会完全不同。在回首时，他并没有遗憾于当时自己的妥协与放弃，而是坚信自己做了正确的决定。②但当下李普曼做的决定，除了受迫于经济因素外，应该也有自己主动的选择：在博士期间，李普曼便开始质疑自己对艺术哲学的忠诚度③；更重要的是，有着为世界做出贡献这一伟大抱负的李普曼，已经意识到通过艺术哲学来实现抱负的可能性小之又小：“我知道我想为世界做出有意义的贡献，但是我并不知道做出贡献的最好方式是什么。但是我敢肯定的是，我不应该从事一项影响范围有限、即使成功也无法引起人们兴趣或激动心情的事业……我不禁思考，与我有同样想法的人会怎么回答这个问题：究竟什么领域可以激发一个人的兴趣和想象力？而对于我来说，答案存在于社会科学以及哲学之中。”④

艺术哲学作为李普曼的一种非理想选择，无论是主观还是客观上都失去了李普曼继续“青睐”它的机会。李普曼已经明确，要想为世界做出有意义的贡献，需要走社会科学和哲学的道路。而且，20 世纪 50 年代的李普曼，已经开始将注意力转向了教育。⑤而这种对教育的关注、思考与批判，甚至于最后缔造出 P4C，李普曼认为，最主要的原因还是来自自己在 50 年代的阅读与思考，以及在应对与思考周遭世界时所形成的理论。⑥事实上，我们可以从李普曼在《自传》中的诸多陈述中，

① Matthew Lipman. *A Life Teaching Thinking: An Autobiography*. Montclair, Institute for the Advancement of Philosophy for Children, 2008, p.84.

② Ibid., p.86.

③ Ibid., p.57.

④ Ibid., p.91.

⑤ Ibid., p.92.

⑥ Ibid.

感受到他在应对周遭世界和阅读时，对教育的密切关注与思考。

李普曼在布鲁克林学院任教期间，因为对教授的一些课程并不熟悉，所以有些课程开展得并不顺利。但是一位名为维克多（Victor）的学生给过李普曼很多的建议："事实上，可以说我们是团队授课。一名大学生能够给他的老师这样的帮助，对于我来说是难以置信的，同时他也在关怀性思维方面给了我很多的启发。"①

李普曼在哥大求职期间认识了贾斯特斯·布克勒（Justus Buchler）。随着两人交往的日益密切，二人经常进行思想上的交流与碰撞，讨论他们从杜威处所吸收观点的相似与不同。②李普曼曾多次坦言布克勒是自己 P4C 思想的重要来源之一。③而且，布克勒作为皮尔士的跟随者，出版过好几本著作以致力于皮尔士思想的再发现。④而探究共同体（Community of Inquiry）这一 P4C 中的核心方法便是李普曼在 1959 年左右从布克勒的书中首次得知的。⑤

李普曼在哥大教授的"当代文明"课程，也让他在内容和方法层面收获颇丰。当他带领着一群聪明活泼的学生去大量阅读对社会有着深刻解读的权威文章时，这种授课已不是简单的教与学，而是一种深入探究。而且教授此门课程的教授们也会定期举行午餐会，围绕一名教授的陈述或论文展开激烈的讨论。李普曼表示："教这门课和参加教员午宴，可能是我最激动人心的教育经历。"⑥诚然，这样的探究形式也为他日后提出、发展探究共同体提供了重要的经验基础。

李普曼还在哥大结识了乔治·赫伯特·米德（George Herbert Mead）的研究者赖特·米尔斯（Wright Mills），米德也是李普曼非常重要的理论来源之一。⑦与米尔斯讨论对米德的理解，是李普曼的日常工作⑧，而这毫无疑问会加深李普曼对米德理论的理解与吸收。

李普曼通过阅读而产生的对教育的思考，可以从他阅读汉娜·阿伦特（Hannah Arendt）的文章中窥见一斑，并且李普曼

---

① Matthew Lipman. *A Life Teaching Thinking*: *An Autobiography*. Montclair, Institute for the Advancement of Philosophy for Children, 2008, p.85.

② Ibid., p.86.

③ Matthew Lipman, "The Institute for the Advancement of Philosophy for Children（IAPC）Program", Naji, Saeed & Rosnani Hashim, *History*, *Theory and Practice of Philosophy for Children*: *International Perspectives*. New York: Routledge, 2017, p.7.

④ Matthew Lipman. *A Life Teaching Thinking*: *An Autobiography*. Montclair, Institute for the Advancement of Philosophy for Children, 2008, pp.83—84.

⑤ David Kennedy, "Ann Sharp's Contribution: A Conversation with Matthew Lipman", *Childhood & Philosophy*, 2010（11）, p.15.

⑥ Matthew Lipman. *A Life Teaching Thinking*: *An Autobiography*. Montclair, Institute for the Advancement of Philosophy for Children, 2008, p.87.

⑦ Matthew Lipman, "The Institute for the Advancement of Philosophy for Children（IAPC）Program", Naji, Saeed & Rosnani Hashim, *History*, *Theory and Practice of Philosophy for Children*: *International Perspectives*. New York: Routledge, 2017, p.7.

⑧ Matthew Lipman. *A Life Teaching Thinking*: *An Autobiography*. Montclair, Institute for the Advancement of Philosophy for Children, 2008, p.91.

也认为“（开始认真思考教育的）小火苗就起源于读了阿伦特1959年发表于《异议》（Dissent）杂志的文章”①。虽然李普曼不同意阿伦特此文的观点，但阿伦特对于教育问题的关注，还是对李普曼非常有启发，他意识到“孩子从家庭到由国家管理的、非个人场域的学校，这一艰难的过程并不是无缝对接的。很多孩子会在这一衔接的过程中感受到痛苦，所以我开始思考如何把痛苦减到最小”②。20世纪50年代末，踌躇满志的李普曼对于开创一番能够为世界做出贡献的新事业充满了热情。也正是在阿伦特这篇文章的触动下，他开始着力于思考如何提高儿童的教育质量。③

20世纪50年代的李普曼，确立了要通过社会科学和哲学这一路径来实现自己为世界做出有意义贡献的伟大抱负，而生活的历练、阅读的滋养让他愈加关注教育。但是，李普曼真正开始思考重建教育的途径，则要到20世纪60年代了。

六、为思维而教——李普曼创立P4C的背景与初心

P4C诞生的标志是《聪聪的发现》一书于1969年的正式出版，当时正值美国社会的重大转型时期④，也是李普曼个人积极寻求改变与突破的重大转型时期。从一名传统的大学哲学教授到一名儿童哲学教育的研究者和推广者，这一转变的原因或许正如菲利普·卡姆（Philip Cam）所说：可能李普曼本人也未必清楚。⑤但对创立P4C原因的厘清，有助于我们更好地理解李普曼的初心，理解P4C发生发展的历史，从而更好地批判吸收。因此，本文试图从纷繁复杂中理出可能的缘由。

（一）“我必须要改变自己的生活”——李普曼个人的选择与突破

因为妻子的工作原因，原居于纽约的李普曼搬到了新泽西州的蒙特克莱尔，自此，他开始了开车往返两地的通勤生活。虽然这是一个既接近纽约文化又没有城市生活缺点的理想居住地⑥，但他也坦言：“每天从蒙特克莱尔赶往纽约城的压力渐渐使我精疲力竭。”⑦

1963年冬，李普曼不慎滑倒导致左脚骨折，之后在练习使用拐杖时又把腰给扭伤了。这次事故虽不幸，却让李普曼终于有时间从终日奔波中好好喘口气了。其间，李普曼阅读了司汤达的《红与黑》，读这本书的决定被李普曼赋予了重要的意义：“我感觉，当人们处于高度紧张的环境中时，他们所做出的每一个哪怕非常微不足道的选择，都可能在某种程度上预示

① Matthew Lipman. *A Life Teaching Thinking: An Autobiography*. Montclair, Institute for the Advancement of Philosophy for Children, 2008, p.92.

② Ibid., p.94.

③ Ibid.

④ 高振宇：《儿童哲学论》，济南：山东教育出版社，2011年，第4页。

⑤ Phili Cam, “Matthew Lipman (1923—2010)”, *Diogenes*, 2011, 58 (4), p.116.

⑥ Matthew Lipman. *A Life Teaching Thinking: An Autobiography*. Montclair, Institute for the Advancement of Philosophy for Children, 2008, p.89.

⑦ Ibid., p.97.

着或启示着他们的余生。”① 正是在阅读这本书的过程中，李普曼受主人公于连充满浪漫主义色彩行为的启发，产生了这样强烈的念头：

> 我必须改变我的生活——不是一点点改变，而是整个改变……我不可思议地想到：不能继续这样下去了。我必须要改变自己的生活……生活不能再像以前一样了。要么就承认之前我认为的人生意义是错误的从而做出改变，而若不改变，我的整个人生将没有意义……我神经质地说：我必须要重新开始！②

“我必须改变我的生活”的坚定信念看似骤然袭来，其实是一种蓄谋已久之后的爆发：早在此之前，李普曼便在言行中透露出希望能够以一个先锋者的角色为世界做出有意义的贡献——他在 50 年代与怀诺娜结婚时便说：“迟早有一天，我将会首先采取行动，而不是等待别人来告诉我需要做什么。”③ 在哥大任教期间，他在思考自己未来的发展方向时说：“我知道我想为世界做出有意义的贡献。”④ 但当他发现自己现在的人生轨迹并未朝向自己的目标时，“我必须改变我的生活”这句话似乎成了他冲锋的号角。

此外，卡姆也认为，“当其第一任美国妻子投身政治活动时，他似乎急需实现一种社会改变”⑤。怀诺娜在搬到蒙特克莱尔几年后便开始走上政途，于 1968 年成为埃塞克斯郡（Essex County）立法委员会的一员，并于 1971 年成为该委员会主席，且在当年成为首位当选参议员的非裔女性。虽然妻子政治上的成功发生在李普曼做出改变之后，但也许诚如卡姆所说，妻子在政治活动中的蒸蒸日上，也在无形中给予李普曼“我必须改变我的生活”的压力与动力。

李普曼首先想到的改变方式，是办一场大型的艺术展且最终获得了成功。他希望以此来展示自己的特别：“在十年不到的时间里，我提议通过将哲学纳入基础教育以改革基础教育时，我所要展示的也正是这种异乎寻常之处。”⑥ 通过这件事，他向自己证明了可以改变自己的生活。⑦

在“我必须改变我的生活”这一声号角的鼓舞下，李普曼开始探索改变的可能路径。

（二）大学再开展思维教育为时已晚——作为直接动因的 1968 年哥大学生抗议

“当我们试图勾勒出 P4C 诞生时的社会和政治背景时，我们很容易想到的就是美国 20 世纪 60 年代末至 70 年代初的社会动乱：反越战运动、学生权利运动、民

---

① Matthew Lipman. *A Life Teaching Thinking*: *An Autobiography*. Montclair, Institute for the Advancement of Philosophy for Children, 2008, p.97.

② Ibid., p.98.

③ Ibid., p.80.

④ Ibid., p.91.

⑤ Phili Cam, “Matthew Lipman（1923—2010）”, *Diogenes*, 2011, 58（4）, p.117.

⑥ Matthew Lipman. *A Life Teaching Thinking*: *An Autobiography*. Montclair, Institute for the Advancement of Philosophy for Children, 2008, p.98.

⑦ Ibid., p.102.

权运动、黑人民权运动、女权运动。”① 特别是当反越战运动、黑人权利运动、学生权利运动的浪潮在哥大校园里不断积聚，进而爆发出了轰轰烈烈的1968年哥大春季抗议这一60年代美国学生运动的高潮时，身处风暴中心的、同时担任教职和行政职务的李普曼，是无法不被卷入其中的，而且正如他所说：“这些动乱对我所造成的影响，远远超出我当时所意识到的。”②

20世纪60年代的美国，经济发展迅速，人民生活水平普遍提高，但种族主义、帝国主义等社会痼疾犹在，且随着激进“左倾”思想的广泛传播与越战的爆发，更成为社会运动直指的矛头。而大学作为数量庞大的青年人的聚集地，也为新潮左派思想以及民主、平等和自由价值观的流行提供了丰沃的土壤。哥大学子也和美国的其他大学生一样，要求参与学校管理，希望结束种族歧视、反对越战以及因越战升级而导致的大学军事研究和校园征兵……但是，在学生看来应该采取自由主义立场的大学，却在面对种族歧视、越战等问题上采取保守姿态。青年学生对于自由、民主、平等的强烈渴望，和大学、政府以及社会的保守之间的矛盾成为20世纪60年代校园抗议的重要原因，而1968年哥大春季抗议又因其声势之浩大、问题之复杂、矛盾之尖锐、社会影响之广泛，成为学生运动的高潮。作为学生抗议的对象，哥大行政领导曾多次希望使用警力结束校园抗议，但警力的介入则会让抗议学生无可避免地暴露于武力和伤害之下。中途几次警力介入危机的化解都依赖于哥伦比亚学院教师组成的特别教师委员会的斡旋，但抗议的终结还是依靠了警力。在警方清除占领了学校五幢楼的学生的过程中，共有148人伤亡，712人被捕，且参与抗议的学生大多数都被学校当局处分。③

那么，李普曼同时作为哲学教授和哥大药学院通识教育部门的主席——也就是说他身兼教职和行政职务，他的立场又是如何呢?

“作为二战一代，而不是越战一代，我并不认为自己是一个反叛者。”④ 李普曼直白地表明了他的立场：作为一名二战老兵、哥大教授和部门领导，他的经历、政治立场、现任职务都决定了他并不是60年代学生运动的支持者，同时也不是抗议学生所喜欢的对象。但李普曼也并不是一个与激进左派完全对立的保守右派，因为他在应学生要求举行的座谈会上，提议让学生代表进入药学院理事会，而这一提议让学院的行政人员颇为不安。⑤ 就这样，“李普曼将自己置于一个行政人员和教学人员之间的一个有争议的中间位置，一个被60年代激进的左派和右派都拒绝的位置”⑥。

① Reed Ronald & Johnson Tony, *Friendship and Moral Education*：*Twin Pillars of Philosophy for Children*, New York：Peter Lang Publishing, 1999, p.49.

② Matthew Lipman. *A Life Teaching Thinking*：*An Autobiography*. Montclair, Institute for the Advancement of Philosophy for Children, 2008, p.104.

③ 资料来源：http://beatl.barnard.columbia.edu/columbia68。

④ Matthew Lipman. *A Life Teaching Thinking*：*An Autobiography*. Montclair, Institute for the Advancement of Philosophy for Children, 2008, p.104.

⑤ Ibid.

⑥ Reed Ronald & Johnson Tony, *Friendship and Moral Education*：*Twin Pillars of Philosophy for Children*, New York：Peter Lang Publishing, 1999, pp.51—52.

李普曼被两派都拒绝，但他也不想参与其中任何一派，事实上，他认为："大部分与哥大抗议有密切关联的人，都没有什么好果子吃。当这场暴乱逐渐平息，我越来越怀疑这场动乱是否有任何好处。无论如何，很少有人能从暴乱、座谈会、抗议中发现直接的或者积极的教育上的好处。"① 在李普曼看来，无论是学生、教师还是行政人员，都本可以采用一种更理性的方式："药学院院长本可以采用更理性的方式，但是显然院长并没有这样做。"② 而且"观点对立的双方，也就是学生和管理者……应该要坐下来一起理性地讨论，就手头的问题形成一个可行的解决方案"③。

李普曼开始进一步地分析为何理性没有能够发挥作用。作为一名已经教了几年"逻辑学导论"的大学教授，李普曼早就对逻辑学这门课产生了严重的担忧，"我在想，我的学生从研究使用三段论的有效规则、学习如何构造逆命题中，获得了什么可能的好处。他们有因为学习了逻辑学之后进行更好的推理判断吗？"④ 但是，对意义问题的思考得到的答案并不乐观，而这些都已经从哥大抗议中得到了最直观的诠释："毫无疑问，1968 年的学生暴乱，引发了我对自己作为一名教授逻辑学的哲学教授所做的事的不安。"⑤ 在抗议中，不仅学生的言行缺乏理性，一些教授、行政人员也没有采用理性的方式来应对。李普曼认为，这并不是逻辑本身没有价值，而是因为逻辑、理性在人的生命中出现得太晚了，之前的思维方式等都已根深蒂固，即使在大学接受了逻辑思维训练，也积重难返：

> 当我看到哥大所做出的笨拙的努力时，我不禁想到，哥大的问题是无法在哥大自己的机构框架内得到解决的。教师和学生们一样，都是来自同样的小学和中学教育体系。如果我们在早期就被错误地教育了，那我们会有许多共同的错误想法，而这些错误想法会让之后教育的成果付之东流。⑥

正是因为双方都接受了失败的基础教育和中等教育，所以也就无法期待他们到了大学或大学毕业之后就能进行理性思考。

因此，作为大学逻辑和哲学教授的李普曼，在经历了"如世界末日般的 60 年代"，看到当时"整个社会都弥漫着绝望"、人们都在对此反思并努力寻求出路的时候，他为了自己的孩子，也为了千千万万的孩子开始反思：孩子们是否受到了不充分教育，是否可以做些什么来改善他们的教育，是否有机会进行全面的教育变革而非仅仅采用一些修补的举措，来造就未来更好的大学生以及更好的教

① Matthew Lipman. *A Life Teaching Thinking*: *An Autobiography*. Montclair, Institute for the Advancement of Philosophy for Children, 2008, p.104.

② Ibid.

③ Reed Ronald & Johnson Tony, *Friendship and Moral Education*: *Twin Pillars of Philosophy for Children*, New York: Peter Lang Publishing, 1999, p.52.

④ Matthew Lipman, "On Writing a Philosophical Novel", Sharp A. M., Reed R. F., Lipman M., *Studies in Philosophy for Children*: *Harry Stottlemeier's Discovery*. Philadelphia: Temple University Press, 2010, p.3.

⑤ Ibid.

⑥ Ibid.

授？① 李普曼所想到的是："我们需要一种能让孩子们变得更理性和能做出良好判断的教育。"② 具体来说，就是让大学生们在进入大学之前就接受良好的思维训练，以培养他们良好的思维能力。

当然，这样的解决措施并不是突然出现在李普曼脑中的。李普曼在一篇专门讲述自己写作哲学小说初衷的文章《关于写哲学小说》("On Writing a Philosophical Novel")中，写到自己碰巧观察到一位导师③ 在帮助有神经障碍的儿童提升阅读能力。这位导师在李普曼的建议下带着儿童做逻辑推理练习，结果证明很有帮助。李普曼证实了自己的预感：孩子们如果在发展早期就在推理方面受到指导的话，很可能会从中受益。④ 当李普曼发现自己的提议在实践中被证明有效后，李普曼开始思考如何让孩子在基础和中等教育阶段就接受良好的思维教育，从而更好地、更有效地思考。

自此，我们可以总结出李普曼推行思维教育的最直接动因：看到 1968 年哥大抗议中学生、教师和行政人员都未曾理性应对，意识到在大学时进行思维教育已为时已晚，所以需要在上大学之前便让孩子们接受良好的思维训练，以培养良好的思维能力。也正是从这一事件之后，李普曼抛却了以往在教育改革上持有的乐观的渐进主义的态度，转而希冀通过一场彻底的革命以实现对教育的补救，而他将这一深重的责任赋予了自己。⑤

（三）帮助儿童独立思考——对儿童思维力量的惊叹和对儿童处境的同情

李普曼已敏锐地意识到对儿童进行思维教育的重要意义，但在皮亚杰的思维发展阶段论在美国教育领域大行其道的当时，李普曼又如何看待儿童接受思维教育的可能性与必要性呢？事实上，李普曼已感受到儿童的力量，特别是思维力量的伟大，而儿童被蒙蔽与压制的现象，也让他意识到提升儿童思维非常必要。

李普曼曾在友人的建议下，参观了夏山学校（Summerhill School）的学生在纽约现代艺术博物馆内的艺术作品展。当他置身其间、听着艺术教师对孩子们作品的介绍时，他生发出的是对儿童思维的惊叹与赞美：

> 这些画向我展示了一种我从未想过孩子们能达到的深度，我将他们的创作过程理解为一种思维方式……会不会在有些方面儿童的思维接近或者甚至超过了成年人的思维？杜威所说的"定性思维"——例如对于声音和色彩的思维，而不仅仅是对文化、概念或逻辑关系的思维在儿童那儿存在吗？⑥

---

① Matthew Lipman. *A Life Teaching Thinking*: *An Autobiography*. Montclair, Institute for the Advancement of Philosophy for Children, 2008, p.107.

② Ibid.

③ 结合李普曼的《自传》来看，这里所说的导师就是李普曼的第一任妻子怀诺娜。

④ Matthew Lipman, "On Writing a Philosophical Novel", Sharp A. M., Reed R. F., Lipman M., *Studies in Philosophy for Children*: *Harry Stottlemeier's Discovery*. Philadelphia: Temple University Press, 2010, p.3.

⑤ Matthew Lipman. *A Life Teaching Thinking*: *An Autobiography*. Montclair, Institute for the Advancement of Philosophy for Children, 2008, pp.109—110.

⑥ Ibid., p.105.

李普曼受此次展览的触动很大，他开始深切地体会到儿童思维的力量，他和马拉古奇一样认识到儿童有如此多样的语言和思维。由此，李普曼开始怀疑儿童的力量被心理学家低估和限定了。此外，李普曼还对当时哲学界普遍存在的、将关于思考的思考都简化至语言的论述产生了强烈的怀疑。① 毫无疑问，如果囿于传统的对儿童思维、对哲学的认识，P4C 的诞生将无从谈起，它必然也必须始于对儿童的发现、对哲学的回溯与重构。

而之后，发生在自己儿子威尔身上的一件事更让他坚定了自己的想法："我的儿子，威尔，在他两岁时一次走出浴室时所说的话，正印证了这一点。当我递给威尔睡衣（Pajamas）的时候，他注意到睡衣里外反了，就立即叫道：'哦！衣睡（Japamas）！'" ② 试想，若真如皮亚杰所说，两岁的孩童绝对缺乏抽象思维能力，他又如何能把睡衣实体的里外反，与词汇音节的倒置联系起来呢？

但李普曼的经验告诉他，儿童思维的力量在现实中是被一再地忽视、压制和利用的。20 世纪 60 年代初，李普曼在蒙特克莱尔当地报纸上读到了一篇呼吁教幼儿园孩子经济学的文章。作为两个孩子都在公立学校读书的父亲，李普曼认为这样的教育其实是在向儿童灌输现行自由主义市场经济体制的必要性，在这种情况下孩子选择的自由是被遮蔽的，他们的思想很容易被操纵。李普曼所看到的报纸上的这一文章，其实是当时社会保守主义倾向的缩影。"二战"后的美国，已然成为傲立于世界之巅的超级帝国，"美国的政治家们对美国的实力和优势地位自然信心百倍，平生万丈雄心……这种自信在国外表现为咄咄逼人的霸主行径，与苏联进行全面冷战；在国内则表现为政治和文化上的保守氛围，压制不同的政见和文化异端" ③。而在政府对自由、自主、创新的打压之下，儿童作为未来的国家公民便成了首先要攻下的堡垒："在 60 年代，李普曼周围四处充满着对情感、创造力、社会良知和自主思维的压制，而到了后殖民时代，这种压制突然变得令人吃惊的明显，并通过蒙蔽、哄骗儿童来让这种压制得到维持。每一个人都被压制着，但儿童是首要的对象。" ④

于是，李普曼一面折服于儿童思维力量的伟大，一面又感怀儿童的悲惨遭遇，并为儿童所能做的如此之少而哀叹。他说："我开始意识到自由探究不仅对老师非常重要，对儿童也非常重要……我开始思考，可以做些什么来帮助孩子们不仅仅是去思考，更独立思考呢？" ⑤ 儿童拥有着超出我们预期的强大思维力量，但这种力量在理论与实践都被低估，在现实中甚至被压制与利用、成为意识形态的工具。而

---

① Matthew Lipman. *A Life Teaching Thinking*: *An Autobiography*. Montclair, Institute for the Advancement of Philosophy for Children, 2008, p.106.

② Ibid., p.105.

③ 吕庆光：《60 年代美国学生运动》，南京：江苏人民出版社，2005 年，第 22 页。

④ David Kennedy, "From Outer Space and Across the Street: Matthew Lipman's Double Vision", *Childhood & Philosophy*, 2011, 7 (13), pp.64—65.

⑤ Matthew Lipman. *A Life Teaching Thinking*: *An Autobiography*. Montclair, Institute for the Advancement of Philosophy for Children, 2008, p.97.

要让儿童充分发挥自己的思维能力独立思考，且在未来成长为理性的公民，思维教育在李普曼看来是必经之路。

（四）“教育应该明智合理、富有思想意义”——长期以来对教育的关注与反思

当李普曼将1968年春季哥大校园抗议处理的两败结果归因为中小学教育中思维教育缺乏、教育本身问题重重，其实也反映出了长期以来李普曼对教育的关注、反思、批判与担忧。事实上，李普曼认为，哥大校园抗议是棘手的美国教育问题持续发酵至顶峰的典型。①

这种担忧一部分来源于自己的人生经历，特别是受教育的经历：李普曼认为，自己大学以前的学习生活除了五年级之外，都是非常沉闷与无聊的，他甚至发出了“在我看来，没有什么是比上学更无聊的了”这一感慨，并反思道“虽然直到多年以后，我才开始反思学校是否能有所改变；但即使是在如此年幼之时，我在某种程度上已经感觉到，我的学校教育缺失了一些东西”②。

那么，学校教育为什么会这么无聊？教育中所缺失的又是什么呢？当下的李普曼可能并没有明确的答案，但是我们可以在李普曼之后所撰写的几本儿童哲学理论书籍中看出些端倪：无论是1977年出版的《教室里的哲学》（*Philosophy in the Classroom*）、1988年出版的《哲学走进学校》（*Philosophy Goes to School*），还是1991年出版的《教育中的思维（第一版）》[*Thinking in Education*（First Edition）]、2003年出版的《教育中的思维（第二版）》都是从对教育的批判出发，且批判的内容有着相似与重叠，即教育缺乏将儿童培养成具有理智能力的思维教育内容，且对儿童来说缺乏意义。

李普曼将传统教育总结为一种部落式的教育模式，其教育目标是文化对儿童的占有，是“把目前由成人所掌握的知识传授给无知的儿童，使他们成为知识渊博的人”③。此种模式假设关于世界的知识是确定的，而教育就是要把知识从已知者传递给未知者，教师则是教育过程的权威。④但是，李普曼认为这种知识传递式的教育，就像“鸟妈妈为幼鸟嚼碎虫子一样，是无法提供教育的”⑤，且学生们被用正确的方式教授正确的内容，但是他们也不是在真正地学习。⑥他尖锐地评价道：“传统教育最令人失望的地方在于它未能使人接近理性的理想。”⑦此外，学校课程多是人类文化遗产中的精华，但作为儿童，他们“没有能力评价‘文化传递’对社会的重要性，只能判断这种‘文化传递’对

① Matthew Lipman, “Philosophy for Children’s debt to Dewey”, Michael Taylor, Helmut Schreier and Paulo Ghiraldelli Jr., *Pragmatism, Education, and Children: International Philosophical Perspectives*. New York: Rpdopi, 2008, p.147.

② Matthew Lipman. *A Life Teaching Thinking: An Autobiography*. Montclair, Institute for the Advancement of Philosophy for Children, 2008, p.2.

③ Matthew Lipman, *Philosophy goes to School*. Philadelphia: Temple University Press, 1988, p.36.

④ Matthew Lipman, *Thinking in Education*（*Second Edition*）. New York: Cambridge University Press, 2003, p.18.

⑤ Matthew Lipman, *Philosophy goes to School*. Philadelphia: Temple University Press, 1988, p.21.

⑥ Matthew Lipman, *Thinking in Education*（*Second Edition*）. New York: Cambridge University Press, 2003, p.29.

⑦ Matthew Lipman, *Philosophy goes to School*. Philadelphia: Temple University Press, 1988, p.18.

自己具有多大的意义”，但是儿童却对这些所谓的文化遗产的精华不感兴趣且缺乏批判性思考。而“当儿童明确表示出他们不懂得这一切的意义时”，我们总是许给他们一张空头支票，“安慰说‘你们总归会明白的’”①。但事实上，儿童希望整个教育过程都富有意义，也有权希望从教育的过程中获得意义。因此，“就儿童而言，只有能够使他们校内校外的生活经历富于意义的教育计划才是名副其实的教育计划”②，而且“学校的定义必须根据教育的性质来做出，而不是相反”③。

因此，针对教育中的弊端，李普曼提出“教育应该明智合理、富有思想意义”，这样儿童可以通过教育获得事物的意义，教育也可以增强儿童的理性，即做出合理判断的能力。④而教育所要做的，“应该是教会儿童思考，特别是独立思考。思考是帮助我们获得事物意义的最重要的技能”⑤。由此，他继承了杜威对“反思式思维”的强调，提出了反思性的教育模式，其教育目标“必须从知识的获得转向思考，并且这样的思考必须是批判的、逻辑的，或者两者兼备的”⑥。此种模式认为，我们对世界的认识是模糊且神秘的，教育是非权威的、随时准备承认错误的教师引导下的学生参与探究共同体的结果，学生应该越来越理性、明智、深思熟虑。⑦

李普曼一直以来对儿童和教育的关注与反思，再加上个人希冀改变自己人生的强烈决心，在1968年哥大学生抗议这一催化剂的激发下，发生了强烈的化学反应，他由此走上了一条通过思维教育进行教育改革之路。而他首先做的事，就是撰写了《Harry Stottlemeier's Discovery》(以下简称《Harry》)这一哲学小说。

七、从《Harry》到小拖车里的P4C，再到全世界的P4C

当而立之年的李普曼决心走上一条通过思维教育进行教育变革之路时，他并不知道前方等待着他的是什么。他甚至也给自己留了后路：“给予儿童有关的事业十年时间，然后回到传统哲学领域”⑧，但他同时也表示，只要这事业有一点繁荣迹象他就会坚持下去。靠着他一如既往的果决、坚毅与强大的执行力，他于一片质疑声中慢慢摸索出一条小径，而现在这条小径已逐渐成为越来越多人同行的大道了。

（一）作为开端的《Harry》

李普曼决定写一本书作为自己教育改革之路的开端——虽然刚开始的时候，他头脑中并没有“书”这样一个概念，只是想写点与思维教育有关的材料，用它“进行一项在理性和思考基础上进行判断的研究实验”⑨。他就在自己家地下室摇摇

① （美）马修·李普曼：《教室里的哲学》，张爱琳、张爱维译，太原：山西教育出版社，1997年，第5页。

② 同上，第8页。

③ 同上，第5页。

④ 同上，第11页。

⑤ 同上，第14页。

⑥ Matthew Lipman, *Philosophy goes to School*. Philadelphia: Temple University Press, 1988, p.37.

⑦ Matthew Lipman, *Thinking in Education* (*Second Edition*). New York: Cambridge University Press, 2003, p.18.

⑧ Matthew Lipman. *A Life Teaching Thinking*: *An Autobiography*. Montclair, Institute for the Advancement of Philosophy for Children, 2008, p.116.

⑨ Phili Cam, "Matthew Lipman (1923—2010)", *Diogenes*, 2011, 58 (4), p.118.

晃晃的牌桌上，用妻子的便携式打字机，写出了那本现已被翻译成45种语言的《Harry》。之所以选择撰写教材作为自己教育改革之路的开端，也是因为作为大学教师的经历引导自己将关注点放在教材上，毕竟改变文字要比改变教师简单得多。①

李普曼所写作教材的内容是哲学小说。为什么是哲学呢？“坦率地说，在我看来，只有用哲学贿赂孩子们，才能诱导他们学习逻辑。儿童和哲学都是天生的盟友，因为两者都是从好奇开始的。事实上，只有哲学家和艺术家会系统、专业地继续探讨好奇，而这也是孩子日常经验的特点。那么，为什么不将哲学的传统的思想插入小说中，这样故事中的孩子们不就可以超越好奇，反思并有意义地讨论他们经验中的形而上学、认识论、美学和伦理方面了吗？”② 李普曼在这里说得很清楚了，既然哲学活动与儿童的活动之间有如此共性，而思维过程的完美又最充分地体现在哲学之中③，那哲学之于他就是一种通向儿童思维教育的手段：“利用哲学来让儿童吞下药丸（逻辑），以提升他们的推理能力。”④ 当然，李普曼从其初心上所表现出的哲学观上的工具主义倾向也成为P4C批判的重点：“今天，对儿童哲学运动最严厉的批判是来自政治左派——批判和文化理论以及后现代主义，他们将矛头对准了工具主义。”⑤ 而被组织进这本哲学小说的哲学内容，其实就脱胎于其在大学讲授的“哲学导论课程”或“逻辑和科学方法导论课程”。⑥

“就像从父母的第一个孩子那里可以看出父母的意图，《Harry》作为李普曼的第一个孩子，可以告诉我们什么是P4C以及它的意图是什么。”⑦ 我们的确可以从李普曼对于这本书的精巧设计中探得其初心，而这首先就体现在李普曼为主人公绞尽脑汁的取名上。当我们用英文很快地读“Harry Stottlemeier”这一名字时，发音就变成了“Aristotle”，即逻辑学的开创者亚里士多德，而这也正体现了李普曼希冀通过这本书提升儿童逻辑思维能力的期望。此外，这一名字还结合了彼时纽约洋基队棒球选手Mel Stottlemyre的名字。其实不仅是Harry，小说中大部分男性的名字，似乎都来源于20世纪30—50年代大联盟球队的成员⑧，而这也正说明了李普曼小说

① Matthew Lipman. *A Life Teaching Thinking: An Autobiography*. Montclair, Institute for the Advancement of Philosophy for Children, 2008, p.107.

② Matthew Lipman, “On Writing a Philosophical Novel”, Sharp A. M., Reed R. F., Lipman M., *Studies in Philosophy for Children: Harry Stottlemeier's Discovery*. Philadelphia: Temple University Press, 2010, p.5.

③（美）马修·李普曼:《教室里的哲学》，第1页。

④ Reed Ronald & Johnson Tony, *Friendship and Moral Education: Twin Pillars of Philosophy for Children*, New York: Peter Lang Publishing, 1999, p.55.

⑤ Maughn Gregory, “Philosophy for Children and Its Critics: A Mendham Dialogue”, *Journal of Philosophy of Education*, 2011, 45 (2), pp.199—219.

⑥ Matthew Lipman. *A Life Teaching Thinking: An Autobiography*. Montclair, Institute for the Advancement of Philosophy for Children, 2008, p.115.

⑦ Reed Ronald & Johnson Tony, *Friendship and Moral Education: Twin Pillars of Philosophy for Children*, New York: Peter Lang Publishing, 1999, p.2.

⑧ Ibid., p.100.

中深深的美国文化烙印。

他没有使用深奥的哲学术语或者复杂的句子，也没有提到哲学家的名字，而是将哲学思考融入了通俗易懂的故事里，融入了一些普普通通的、具有各自思维方式[①]的孩子们的对话中。李普曼并没有在一开始就构想出一个哲学成为学校必修课程、使用哲学小说作为教材的计划。事实上，他最初仅仅将《Harry》设想为一本孩子们在图书馆里翻阅时可能会发现的一本书，或者是父母带回家供他们阅读和讨论的一本书，一本对孩子来说不会过分成熟、对成人来说不会过分幼稚的书。[②]他希望自己所写出来的文本具有“双功能语言”（即在不同的水平去解读同一内容会有不同的理解）的特点，这样儿童与成人都会认为故事很有趣从而开放地去讨论它。[③]他们可以整合成一个包含了儿童与成人的探究共同体，共同探索他们关于文本的问题[④]，这样儿童可以逐步内化共同体的探究过程，开始像探究过程一样理性地思考[⑤]。而且，他还意识到，这本书不仅对提高思维能力有帮助，而且对于道德教育亦有助益。[⑥]他甚至还对日后这场思维教育运动在世界范围内的发展形势进行了简单估计：这项通过致力于儿童的独立思考来改善教育制度的运动，仅有可能发生在美国，而与其他国家的合作很少或者几乎没有。当然，之后的实践证明了刚开始美国的学校对于李普曼所推广的新教育运动支持寥寥，反而国外的一些教育机构对这一教育运动表现出毫不掩饰的兴奋。同时，他也预测到，自己发起的这一通过哲学进行儿童思维教育的运动在哲学领域是不会成功地被接受的。[⑦]

当然，此时的李普曼还没有对通过此书实施思维教育的具体方法与细节有细致的考量[⑧]，但是他从未拒绝过任何可以实现自己伟大抱负的可能性，他有着坚定的彻底创新的决心（我认为如果没有彻底创新的决心，《Harry》是不可能写出来的。它所做出的决定是彻底的、变革性的：需要一种新的教学方法吗？发明一个。需要一个新的学科领域吗？试试在小学里从未用过的方法——哲学。需要新的教学手册吗？设计一个！如果没有这样的决心，《Harry》最终只会成为一篇 4 页的批判性思维文本[⑨]）、坚韧不拔的意志力以及严格卓越的执行力，否则这本书无法完成，也更不可能有现在传播到世界各国的 P4C 了。

---

① Matthew Lipman. *A Life Teaching Thinking*: *An Autobiography*. Montclair, Institute for the Advancement of Philosophy for Children, 2008, p.116.

② Matthew Lipman, “On Writing a Philosophical Novel”, Sharp A. M., Reed R. F., Lipman M., *Studies in Philosophy for Children*: *Harry Stottlemeier's Discovery*. Philadelphia: Temple University Press, 2010, p.7.

③ Matthew Lipman. *A Life Teaching Thinking*: *An Autobiography*. Montclair, Institute for the Advancement of Philosophy for Children, 2008, p.108.

④ Ibid., p.109.

⑤ Matthew Lipman, *Thinking in Education*（*Second Edition*）. New York: Cambridge University Press, 2003, p.21.

⑥ Matthew Lipman. *A Life Teaching Thinking*: *An Autobiography*. Montclair, Institute for the Advancement of Philosophy for Children, 2008, p.117.

⑦ Ibid., p.110、p.113.

⑧ Ibid., p.115.

⑨ Ibid., p.116.

（二）从拖车里的 P4C 到全世界的 P4C

如果李普曼只是写出了这一本《Harry》就止步了，那么这本书可能很快会被遗忘。① 正因为李普曼有着非凡的决心，他又迈出了人生中的关键一步：永远地离开哥大哲学系，来到与哥大相比并无所长的 MSC 工作。这是因为当李普曼终于在自己努力下获得美国国家人文基金会（National Endowment of the Humanities，简称 NEH）的财政支持，从而出版了 300 册的《Harry》后，想在儿童思维教育上有所作为的李普曼知道自己在哥大无法获得想要的支持，于是转而向离家仅几分钟路程的 MSC 咨询，MSC 表示愿意保留李普曼的教授等级与终身教职，并资助李普曼在 MSC 中设立一个专门的机构进行儿童思维教育的研究。于是，疲于往来奔波，且因妻子投身政治需要照顾家庭的李普曼，终于在 1972 年调动到 MSC，也有了一个可以专门从事儿童思维教育研究的机构了，虽然这个机构的最初十年都是在校园边缘的一辆拖车里度过的。②

要验证自己创立方法的有效性，必经之路便是开展实证研究。而令李普曼欣慰的是，两次实证研究的结果都令人喜出望外：利用《Harry》开展思维教育，不仅对儿童的推理能力，而且对其他科目都有着长期且显著的增益。③ 令人振奋的实证研究结果一方面让李普曼对自己的创新信心倍增，同时也让他意识到这一新兴教育方法的完善与推广之路依然漫长，而他一人之力恐难胜任。

而这个设立于拖车里的机构虽然简陋，却不仅可以为李普曼在提升可信度、申请资金等方面带来助益，更重要的是吸引了一些非常了不起的同行者。首当其冲的便是在这一机构设立几个月后便加入的安·玛格丽特·夏普（Ann Margaret Sharp）。热情开朗、善于交际的安的到来一方面减轻了李普曼巨大的工作量，另一方面“（同时具有哲学与教育学背景的）她带来了迫切需要的教育和哲学结合的观点”，最终安出任该机构副主任，并在国际教师教育主任这一岗位上承担大量的工作④，二人互补的性格与所长、默契的合作与交流，产生了累累硕果。1973 年，他们一起赋予了所做的工作一个深爱且富有张力的名字：Philosophy for Children。⑤1974 年，在多方支持下，具有里程碑意义的儿童哲学促进协会（Institute for the Advancement of Philosophy for Children，简称 IAPC）正式成立。⑥70 年代末，他们也终于将办公地点转移到了校园另一边的一幢二层小楼——奥尔德丽斯之家（Alderice House）。后来，这个小楼吸引着源源不断

---

① David Kennedy, “From Outer Space and Across the Street: Matthew Lipman’s Double Vision”, *Childhood & Philosophy*, 2011, 7（13）, p.61.

② Ibid., p.62.

③ Matthew Lipman. *A Life Teaching Thinking: An Autobiography*. Montclair, Institute for the Advancement of Philosophy for Children, 2008, pp.121—123.

④ Ibid., p.124.

⑤ Ibid., p.125.

⑥ 高振宇：《儿童哲学论》，第 4 页。

来自世界各地的、被P4C和李普曼的思想与魅力所吸引的访问学者和研究生。①

作为开创者，李普曼之于P4C就如同一位父亲之于自己的孩子：他一直在尽自己最大的努力，希望自己的孩子获得最好的发展。所以一方面，他和IAPC的同事们一起让这个孩子本身变得更完整、强大。他们写作了更多的哲学小说，并编写了相应的教师指导手册：自1969年第一本《Harry》开始，IAPC在其后的30年内共写作与出版了10本哲学小说，编撰了10本配套教师指导手册——李普曼编写了其中的8套。他们撰写和主编了多本理论书籍，希冀阐明P4C的课程理论与实务，构建系统完整的教学程序与课程框架。李普曼还近乎单枪匹马地创建了致力于P4C研究的期刊——*Thinking: The Journal of Philosophy for Children*，并积极在与哲学、教育相关的期刊上发表论文。他们继续在新泽西州并逐步在全美试点并继续进行实证研究；同时还召开各种会议，举办工作坊等以进行师资培训，并接待来自世界各国的访问学者与研究生。

另一方面，P4C的成长、成才也离不开大量的资金与宣传，这也是李普曼的重要任务之一。于是，我们可以根据自传中的描述，看到一系列李普曼辛劳奔波的剪影：1974年，李普曼拿着刚刚印刷好的《Harry》一书，在美国哲学协会董事会（the Board of Directors of the American Philosophical Association，简称APA）上介绍此书与在兰德学校的实验，受到并不算热烈的反响，甚至是怀疑。1976年，为了开展对教师培训者的培训，李普曼挨个给不同基金会打电话，终于为5天的教师培训工作募集到了足够的资金……李普曼的艰辛付出终于逐渐有了回应，而这体现在媒体报道上表现为：1974年，P4C在《纽约时报》上有了媒体首秀，并引发了小小的轰动；1983年，"早安美国"对李普曼进行了专访；1990年，李普曼被BBC电影选为开创了可以引发英国学校教育发生根本性改进的教育方法的三位教育家之一，其他两位分别是维果茨基和以色列心理学家鲁文·费尔斯坦（Reuven Feuerstein）。最终，李普曼成了以《变革者》命名的系列纪录片中第三部的主人公，片名为《苏格拉底与六岁孩童》（*Socrates for Six-Year-Olds*）。这一纪录片在世界范围内引发了大量积极的讨论②……

从20世纪80年代开始，李普曼也开始注重在全球范围内推广P4C。他发现"那些新的、年轻的国家或地区，那些正在努力寻找自己定位的国家与地区，相对而言对儿童哲学更有信心"③。这些国家和地区希望借助于P4C这一新兴课程，实现自己教育上的诉求，进而改革社会。而李普曼就满世界飞，以宣传并帮助P4C在各国扎根，其中也包括中国。李普曼也收到了来自世界各地实施P4C之后良好的反馈："被鼓励表达和讨论自己观点的孩

① David Kennedy, "From Outer Space and Across the Street: Matthew Lipman's Double Vision", *Childhood & Philosophy*, 2011, 7 (13), pp.62—63.

② Matthew Lipman. *A Life Teaching Thinking: An Autobiography*. Montclair, Institute for the Advancement of Philosophy for Children, 2008, p.130、p.135、p.138、p.154.

③ Ibid., pp.141—142.

子们非常高兴，孩子们的推理和判断能力有所提升；学生们用更负责任的态度对待自己的观点和生活。”①1998年，联合国教科文组织的伦理和哲学部门也开始开展P4C项目，并组织各国专家召开了“对不同国家进行儿童哲学教育的做法进行差异比较、经验分享与研究”的大会。虽然这场会议并不算完满成功，但也意味着P4C开始获得联合国教科文组织的关注与认可。可喜的消息还在不断传来。例如1998年和2003年的世界哲学大会（World Congress of Philosophy）都正式承认P4C为哲学的一个分支。现在，IAPC也是联合国教科文组织中负责促进哲学研究的国际哲学团体联合会（International Federation of Philosophical Societies，简称FISP）的一员。②

自发表《Harry》以来，李普曼生活的重心便是完善、推广P4C，让P4C在教室里成功地发挥作用。③哪怕到了古稀之年，李普曼依然不知疲倦地为P4C发挥着自己最大的光和热：到处跑、到处飞、写作、演讲、编辑、出版、教学、学习……可喜的是，李普曼的鞠躬尽瘁、呕心沥血，换回了P4C在世界范围内受到越来越广泛的关注与认可。

而自P4C诞生起，李普曼的个人生活也似乎与其事业轨迹同频变化着：在正式离开哥大入职MSC之后的第二年（1973年），李普曼便与怀诺娜因各自的事业追求而离婚。翌年，IAPC正式成立，李普曼也与比自己小30岁的学生泰瑞（Teri）结为连理。1984年，61岁的李普曼痛失24岁的爱子威尔，《自传》中他毫无保留地向读者展现了自己的脆弱与伤痛。④1995年，李普曼开始出现不自主的手指颤抖、绕圈走、记忆衰退等现象，最后被确诊为帕金森病。幸运的是，他的帕金森病发展得比较缓慢，且得到了很好的控制。而在对待自己的病症上，李普曼保持着他一贯的乐观态度，甚至幽默地形容它十分“有趣”。⑤即便如此，与帕金森斗智斗勇的李普曼依然在为P4C上下求索：2003年再版了《教育中的思考》一书，而二版替换掉了第一版中近三分之一的内容；虽然无法再出席国内外P4C的讲座了，但李普曼依然通过文字、采访等方式为P4C事业添砖加瓦。真可谓烈士暮年，壮心不已。然而，暮年的李普曼却不得不一再接受生活带来的打击。2006年，83岁的李普曼送走了小自己30岁的妻子泰瑞。《自传》中，李普曼对爱人的感激与不舍溢于言表。2010年，与他共事了30多年的同行者、挚友安也先他离世，享年68岁。87岁的李普曼在养老院就此事接受采访时，除了对安的感谢与肯定外，寂寥之感也溢于言表。⑥

2010年圣诞节后一天，李普曼逝世。

---

① Matthew Lipman. *A Life Teaching Thinking: An Autobiography*. Montclair, Institute for the Advancement of Philosophy for Children, 2008, p.141.

② Ibid., pp.156—157.

③ Ibid., p.140.

④ Ibid., p.151.

⑤ Ibid., p.160.

⑥ David Kennedy, “Ann Sharp's Contribution: A Conversation with Matthew Lipman”, *Childhood & Philosophy*, 2010 (11), pp.11—19.

斯人已逝，但他的名字却永远与 P4C 同在，成为无数后来者瞻仰的丰碑。那起先如萤烛末光的 P4C，正是在他以及同行者的手里，变成璀璨星火，在世界舞台上绽放。

八、从李普曼的思维教育，走向童心主义的教育、哲学、文化变革

人生终点时再回首，李普曼问自己：我们的实验成功了吗？哲学被传播到国内外的中小学去了吗？我们当初设定的目标实现了吗？那个夜以继日地在地下室摇摇晃晃的牌桌上写下《Harry》，并坚信这会革新教育的李普曼，会为从那本薄薄的小说中成长起来的东西感到骄傲吗？李普曼虽谦逊地说这些问题得留待后人评说，但他亦毫不掩饰对自我的肯定：从“常青藤”高校的教师转而成为一个教育事业的开创者，对自己来说毫无疑问是正确的选择①；他也从不怀疑思维教育能够改造教育，而且他相信他和他的同行者们圆满地完成了这项非凡的实验。

诚然，李普曼之于教育、儿童与哲学的功绩永远值得后人敬仰。他在 1968 年哥大春季抗议中敏锐地感知到，理性思维在学生与教师中都相当缺乏，从而意识到大学再开始逻辑思维教育为时已晚，进而倒推、反思基础教育中缺乏将儿童培养成理性公民的思维教育。而且实际上具有强大的、多元思维能力的儿童却经常被利用与蒙蔽，丧失独立思考的能力。于是，怀抱着对理性、民主社会的理想，他寄希望于思维教育成为基础教育的必修课程，从而推动教育改革乃至社会变革。而他进行思维教育的方法，便是使用哲学故事、在哲学探究共同体中引领儿童进行哲学思考、锻炼逻辑能力。正如李普曼及其跟随者呈现的实证研究结果展示的那样，P4C 对于儿童思维能力确有助益，而且对于保护和激发儿童的好奇心、想象力和创造力，对于增进儿童对意义的发现、对道德的理解乃至推动儿童成为自治、民主的公民都具有积极意义。②令人欣喜的是，这一有意义、有价值的教育运动已在世界范围内生根，并在各地文化与社会的土壤里开出具有 P4C 神韵，但形态各异的绚烂花朵。当然，这些花朵可能依然稚嫩，也远谈不上繁盛葳蕤，然 P4C 的发展壮大未来可期。

而在理论层面，李普曼不仅开创了 P4C 这一全新的、已被哲学和教育学所认可的学科领域，而且挑战了以往以皮亚杰的认知发展阶段论为基础的、对儿童的哲学（Children’s Philosophy）的轻视。虽然这一部分的工作更多地由马修斯完成，但对于儿童的哲学的肯定，既可以在李普曼的生平中找到经验基础，又是 P4C 的理论前提，同时也是李普曼的目的之一：“P4C 并不是要将任何一个人的哲学灌输给儿童，而是鼓励儿童发展他们的哲学，发展他们自己的关于世界的思考。P4C 是给予年轻的思维，在一个他们感到安全的环境中自信表达思想的机会。”③此外，李普曼还指引了“童年哲学”（Philosophy of

① Matthew Lipman. *A Life Teaching Thinking*: *An Autobiography*. Montclair, Institute for the Advancement of Philosophy for Children, 2008, pp.166—167.

② 高振宇：《儿童哲学论》，第 25—28 页。

③ Matthew Lipman. *A Life Teaching Thinking*: *An Autobiography*. Montclair, Institute for the Advancement of Philosophy for Children, 2008, p.166.

Childhood）这一理论领域的发展。正是在李普曼的建议下，马修斯开始了童年哲学理论领域空间的开拓[①]，让原先长期潜于文学和哲学某些主题中的童年哲学，与包括心理学、社会学等多学科领域相遇，从而促成了童年哲学这一新兴学科的发展。而李普曼所创设的P4C，为成人走进儿童、理解儿童提供了方法与真实的话语空间，从而帮助我们重构儿童与成人世界的关系，重构我们个体的童年哲学和作为学科的童年哲学。最后，毫无疑问的，有了对儿童的哲学的肯定与尊重，有了童年哲学理论领域的关照与视野，有了P4C的方法与创新，教育哲学也必然面临着认识论、方法论上的挑战，有了诸多发展与创新的可能。例如，李普曼作为一个"杜威主义者"，在某种程度上，让杜威的思维探究、民主、共同体等思想在真实的教育场域中实现了融合，且具有了蓬勃的生命力。

李普曼引领着我们——所有与儿童、教育、哲学相关的从业者组成的我们走了很长的一段路：从传统教育模式慢慢走向以思维教育为核心的反思式教育。若如他所愿，思维教育引发教育改革，并最终走向他愿景中的理性、民主社会。这一路荆棘丛生，李普曼走得亦坎坷艰辛，所幸，他收获了许多的鲜花与掌声，感受到了世界各地课堂上因为他而发生的积极变化。但也不仅仅是鲜花与掌声，从P4C诞生之初，李普曼就承受着诸多的怀疑与批判。它们有的从根本上否认P4C存在的可能性与必要性：有对儿童做哲学的能力和经验的质疑，有认为P4C完全可以被取代的不屑，甚至有认为P4C可能会带来破坏的担忧。当然，更多的还是来自P4C内部的批判，即其支持者们为了发展与完善P4C而进行的批判，包括对李普曼的：从理想成人和理想社会的愿景出发而抱持的、成人本位与社会本位的儿童观，受意识形态和政治话语宰制的、以理性民主为理想形象的儿童观，以哲学为思维教育工具的工具主义哲学观等。但也正是因为李普曼所创立的P4C不断地接受来自不同文化和理论的批判与锤炼，它才有可能不断完善、创新与在地化，并葆有生机与活力。

但也许，李普曼可能自己都没有想到的是，儿童、教育、哲学乃至社会，可以因为他的贡献而存有超出他想象的理想状态。李普曼发现与正名了的儿童的哲学，并不只是常人看来毫无价值的童言稚语，而是海德格尔意义上的"从本有而来"的哲学[②]，是"存在"的寂静之声[③]，是自然、进化借由儿童的一百种语言所表达的大美与大智慧。而当作为P4C前提与起点的儿童的哲学，在P4C或者以P4C精神为主旨建构的时空中展露自身，展示给我们那些看似天真的问题，其实正是天命、天性的问题，是真正的哲学问题，是值得成年人深入探究以解决，甚至世世代代都解决不了的问题。因此，P4C课程的目的亦是儿童的哲学。通过儿童的哲学，我们不仅可以聆听与理解儿童，可以聆听自然与存在之声，也因为儿童的哲学是人类儿童时期的哲学发展的缩影，所以，我们还可以

① Phili Cam, "Matthew Lipman（1923—2010）", *Diogenes*, 2011, 58（4）, p.6.

② 刘晓东：《论儿童的哲学与儿童哲学课》，见《苏州大学学报：教育科学版》，2019年第3期，第52页。

③ 刘晓东：《儿童哲学课的未来形态与可能境界》，见《教育发展研究》，2019年第8期，第3页。

认识人类哲学发生、发展的面貌。[①]而儿童的哲学作为“从本有而来”的哲学，作为存在之声，也正是海德格尔所倡导的哲学的另一个起点，即不再着眼于西方形而上学的外“观”，而是着力于内“听”，“听”存在之音，“听”发乎自然、天性、天真的儿童的哲学。这也与中国古代以“复归于婴儿”“大人者不失赤子之心”为代表的童心主义哲学相互支援，即所带来的是“西方哲学范式的突破，还有哲学向中国童心主义哲学的回归”。[②]而更直接的是，通过P4C而实现的对儿童的哲学的聆听，可以帮助我们了解、关心并重视儿童的精神世界，抛弃以往对儿童的居高临下姿态，树立正确的儿童观，建构对话式的儿童与成人关系，而这自然也会带来教育和教育观的革新。更何况，当P4C的以“哲学探究共同体”为核心的精神气质融入教育之中，成为课程的基本原则与方法，那么教育本身也将转向以儿童为中心的、以主动探究与对话反思为特征的教育。最终，教室内的巨变还会促进社会和文化的伟大变革，届时，世界将远超出李普曼所料想的民主与理性，是童心主义大旗高扬的[③]、如马克思所说复归于彻底的自然主义和彻底的人本主义的世界。[④]

李普曼在《自传》的最后说：“希望P4C可以在世界范围内被接受，不仅仅是作为繁忙课程中的另一个内容，而是作为一种可以为我们的孩子以及孩子的孩子构建一个更好的、更理性的世界的教育学：这个世界从街对面看起来和从太空看起来一样美好。”[⑤]这个世界会如你所愿，甚至超你所愿。

---

① 刘晓东：《儿童哲学》，见《江西教育科研》，1991年第8期，第8—11页。

② 刘晓东：《儿童哲学课的未来形态与可能境界》，见《教育发展研究》，2019年第8期，第3页。

③ 同上。

④ 本段受刘晓东《论儿童的哲学与儿童哲学课》和《儿童哲学课的未来形态与可能境界》两篇文章的启发写成，详细论证可参考这两篇论文。

⑤ Matthew Lipman. *A Life Teaching Thinking*: *An Autobiography*. Montclair，Institute for the Advancement of Philosophy for Children，2008，p.170.

论身体问题与儿童教育理论建设

◎ 陈乐乐[1]

摘　要： 哲学和心理学是儿童研究的两条重要线索。儿童教育学理论建设围绕儿童研究论题而相继展开。传统儿童教育学研究忽视了哲学层面的研究，较为关注心理学中的儿童研究，由此身体在两条线索中被遮蔽和贬斥。身体哲学的勃兴直接刺激儿童教育学人省思其学科的内在学理逻辑，并关注身体与儿童学习、发展之间的天然联系，同时使得身体成为儿童教育理论建设的基本论题之一。多学科视野下的身体研究，是儿童教育学理论建设的直接来源和新的生长点。其一，身体问题直接驳斥儿童教育学中长期无儿童或无身性儿童隐喻；其二，身体问题使得儿童存在的身心二分性论断遭受质疑；其三，由身体引发的本能无意识等"非意识层面"的学习活动受到正视；其四，个体的思维、判断、推理、概念等是从婴幼儿时期身体与周遭环境之间的耦合而发生的，因此，儿童教育中的身体学习不再是一种消极的存在活动。儿童首先是身体的存在者，这就意味着儿童与成人、童年与成年、自然与文化之间并非是绝对的二元对立关系，它们之间实则是一体发生。

关键词： 身体　儿童　儿童教育　理论建设

儿童教育学的旨归在于培养全面发展的人，马克思的辩证唯物主义要求现代儿童教育学必须植根于人的自然性，继而向着自然而非异化的人复归。传统儿童教育学理论建设以心理科学研究为主轴，偏重于儿童心理的探究，其假设为"无身性儿童"。建立在"心灵或思维"之上的无身性儿童教育学，在应然的教育状态下，将实然的儿童撕裂为身、心两种属性。肉身的退隐意味着儿童作为人之为人的生物学规定性遭到遮蔽，种系进化而来的古老而常青的精神遗产被无视。肉身的"消逝"同样意味着教育直接面向"意识"而贬低其他层面的学习。

一、何为儿童教育学中的"身体问题"

所谓儿童教育学中的"身体问题"，指的是身体与儿童教育学之间的天然关联性，这种关联性并不是教育之外所强加的，而是先天性地存在于儿童教育学命题之中。首先，儿童时期形成的认识是以后认知发展的前提，且与身体密不可分。卢梭曾将儿童时期的教育称为"理性睡眠期"或"自然的教育"。在儿童时期，并不意味着儿童没有理性，而是存而未扩，如同孟子的"四端说"和夸美纽斯的"种子说"。儿童有儿童自身的看法、想法和

---

① 陈乐乐，现任职于河南大学教育科学学院。

情感，这些看法、想法和情感是儿童通过身体对自身以外的世界的发现与创造。在皮亚杰的认知发展阶段划分中，十一二岁的儿童还处于具体运算阶段，这时候儿童的思维仍然离不开生活中的具体事物。儿童通过感知运动阶段和前运算阶段身体动作与外界事物之间的互动、体验，逐渐形成了概念、判断、推理和世界观念。“环境会说话”，其内涵在于：儿童的身体探究与环境之间形成了一条经验链，这条经验链深深地植根于儿童身体内。学习者能够和身体一起并在身体中创造个体与社会的意义。①

儿童具有先验的知识存在体系，这从康德的哲学中可以得到印证。这种先验知识体系的发生，也是“柏拉图问题”的合理解释。从这一层面出发，洛克的“白板说”实则没有任何依据，也是对儿童教育学学科性质和特殊性的轻视。儿童时期的各方面发展都与身体对外界环境的感知、体验纠缠在一起，没有身体，儿童的学习就不可能发生。皮亚杰的研究也证实了从婴幼儿时期开始，儿童的认知就处于一种非二元论状态。这种“非二元论状态”也可称为“具身性存在”。儿童首先是身体的存在者，其次才是一个走在“成人”途中的学习者，最后才有可能成为他自身的塑造者。儿童教育学始终关注由儿童本身所引发的各项论题的讨论，从应然和实然两种状态出发，身体问题是当前儿童教育学理论建设的重大课题之一。只有理清了身体的内涵及理论发展线索、身体问题与儿童教育学之间的学理关系，教育实践才不会偏离儿童发展和成长的必经途径。

另一方面，幼儿园和学校教育中的生活，其制度化、时间化和结构化总是与特定的身体交织在一起。换言之，儿童知识经验的获得离不开身体。例如数学教育中的空间方位概念，即使到了成人阶段，个体总是以自身的身体为坐标进行辨别；“一朝被蛇咬，十年怕井绳”，学生对教师的恐惧可能源自于某一次身体的直接体验，继而这种情感永久性地保持在身体记忆中，在个体的知识体系中挥之不去；在感知学校生活的时间化中，特别是幼儿园中的儿童，他们并不能理解和体会不同活动之间的时间流之意义，数字呈现的时间表对于幼儿来说是无效的暗示，幼儿通过身体自身的综合性与统一性功能，获得了活动之间的关联性和时间性。

最后，儿童研究不能脱离对身体问题的讨论。在传统学习观念下，身体在教育中鲜于讨论。特别是在儿童教育中，身体活动是对学习时间的挤压和浪费。只有受教育者的身体受到规训，学习才有可能真正发生，“头悬梁，锥刺股”就是很好的印证。当身体逐步淡出教育学的话语体系，儿童就成为一个无身性的存在者。身体退隐之后，儿童教育中“无儿童”就变得合乎逻辑。如果错误地将儿童定义为“无身性”存在，知识灌输、超前教育、“读经运动”、课程超载等现象就具有了合法性。以上诸多问题的背后，有一个坚定的假设：儿童的大脑无所不能，因此儿童无所不能。在此，需要说明的是，此论证

---

① David J. Nguyen & Jay B. Larson. “Don’t Forget About the Body: Exploring the Curricular Possibilities of Embodied Pedagogy”, *Innov High Educ*, 2015(40), pp. 331—344.

并非是反智主义的表现，并非是反对儿童学习知识，而是在儿童时期，实则保护儿童的生长是第一性的，知识是第二性的。只有从发生学的角度看待儿童本身、儿童存在的本质、儿童认识的形成等话题，儿童教育学才可能向着“为了儿童”的目的不断向前发展。

二、身体问题与儿童教育学之间的内在联系

儿童教育学的内涵是培养完整意义上的人。当下的儿童教育现实正在逐渐脱离其内涵，儿童越来越成为外在于身体的知识塑造品和规训对象。另一方面，儿童教育中主要进行的是理智学习活动，它是与身体无关或身心二元的理性学习。身体现象学与心智具身化研究表明：不仅心智离不开身体的塑造，身体也是知识的构成部分。个体对外部世界的认识是基于身体的。也就是说，大脑对外部环境的认知，并不是在其内部单独完成的抽象活动，而是和身体一起的。

（一）身体是儿童教育学的天然命题与内在理论逻辑

儿童教育学的逻辑起点是儿童，这是现代教育学的基本立场和核心观念。研究儿童或儿童研究，理所当然成为儿童教育学学科建设和发展的主线。儿童被卢梭发现之后，儿童的存在本质是否被发现，这是一个值得商榷的论题。由于传统儿童教育注重理智学习活动，以至于儿童的形象是一个被剥去了肉身的心灵存在物。教育塑造功能的实现有赖于其对儿童心灵的影响，尤其是在培养儿童德性方面，教育的心灵塑造尤其明显。一个颇为有趣的悖论是：教育对心灵的塑造根本无法看见，教育的直接影响对象身体却被视而不见。在身体与心灵二分的古典传统中，身体从来都是一个消极的存在物，它或多或少地阻碍着个体对理性的认识与把握。即使复杂、抽象的哲学概念和道德，在莱考夫（Georgel Lakoff）和约翰逊（Mark Johnson）的颠覆性讨论中，也是从身体而来的，即通过身体的特殊结构、身体自身的经验、身体与环境之间的接触而形成的。个体的生存离不开基于身体动作的隐喻。理性和道德并不是客观的和普遍的，而是来源于身体的体验和经验。总之，思维不是直接的或离身的，而是身体的或体验的思维，概念是体验的概念，知识是身体的知识，认识是基于身体而发生的活动。按照莱考夫等人的观点，如果思维是隐喻的、具身的、无意识的、间接的，是在意识层次之下发生的[①]，那么，弗洛伊德、荣格等描述的藏在身体之中的生物学层面、本能无意识层面的资源就更加的宝贵。

儿童教育与其他年龄段的教育相比，其对象本身对外界事物的体知是第一位的。这种体知也是亲知。特别是在幼儿教育阶段，儿童直接从周围环境的感知中获取经验性知识，这种经验性知识与身体融合在一起，是身体、环境与大脑之间耦合作用的结果。成人以成熟的知识规则来规训儿童，往往会起到事倍功半的效果，儿童对成人化、知识化的教学并不买账。如此一来，儿童教育学不关注身体或将身体作为消极的对象排除在外，其就失去了内在学理依据。儿童带着一个活生生的、有

① 杨宁：《第二代认知科学与幼儿教育理论建设》，见《教育导刊》（下半月），2015年第11期，第5—9页。

血有肉的身体来到教育场域中，有吸收力的心智亦是在身体中，没有身体，心智无法单独发挥作用。因此，儿童教育学中的儿童是完整的儿童，是身心一体的儿童，而不是无身的儿童或扬心抑身的儿童。儿童教育学作为基础的人文学科，它是教育学的元学科。在研究对象上，儿童教育学和教育学分别对应于儿童和人，儿童是人类的原型，从这个意义上讲，整全的儿童观念是教育学的出发点和归宿。儿童存在的二元性，是传统教育学的学理事实，现代儿童教育学必须克服古典二分的儿童观念，将身体纳入儿童教育学的学理逻辑中。

（二）身体是儿童学习的先天构成要素（肉身作为一种特殊的学习样态）

知识不是由唯一的精神建构的，而是和身体一起并且在身体中的。[①] 传统心理学和认知神经科学认为，学习是发生在个体大脑内部的思维活动。个体接受刺激并做出反应的神经机制主要是在大脑内部一次性完成的，大脑中所发生的信号输入与输出指令直接控制着身体，个体的认识来源于与计算机相同的大脑加工程序。大脑存在于身体中，它就像计算机的 CPU 处理器，接受和处理来自外界的所有信息。这些描述和解释看起来是合理的，但是，大脑并不是无所不能的，大脑所具有的认识机制不是孤立的，是伴随着身体的进化和结构的变化而发生着变化，即认识的基础不是孤立的大脑，而是身体与大脑组成的有机统一体。大脑住在身体中，离开了身体或大脑中的一个，认识或学习就无法发生和完成。

美国当代著名神经生物哲学家达马西奥（Antonio Damasio）对人类身体与大脑的关系做了大量的实验研究，其结果表明：大脑和身体组成了一个不可分割的有机体。其实，他本人也承认，这种说法对于它们二者的关系还是过于简单化了。因为大脑首先是从身体接收来自外界的信号，与此同时，一些脑区还接收其他脑区的信号，这些其他脑区往往又反过来接收来自身体的信号。我们与外部世界的相互作用，并不是一个孤零零的大脑在操作，而是由大脑 / 身体的合一性所组成的有机体的一个整体在与环境发生着直接的接触。因此，个体与环境之间的相互作用并不是大脑或身体的单独作用。另一方面，我们或许还应该反对个体与环境之间仅有的相互作用关系。个体作为大脑与身体所组成的复杂有机体，它与外界环境之间不仅仅是相互作用，也不仅仅产生一些在心理学上称为自发的行为或对外部刺激的反应，大脑与身体所组成的有机整体与外部世界之间还发生着一些内部的、看不见的反应，这些内部反应中的一些后来就形成了个体的认识或世界表象，如视觉的、听觉的和躯体感觉的等。[②] 从生物学的角度看，身体与大脑之间的联系是极其复杂的，它们之间不是严格的对应关系。大脑与身体之间、大脑内部之间都存在着融合和交互。传统心理学倡导的认知与环境交互论不能成立，个体与外界环境之间的接触和互动不是通过单一的大脑，而是身体

① D. L. Gustafson, “Embodied Learning About Health and Healing: Involving the Body as Content and Pedagogy”, *Canadian Woman Studies*, 1998（4）, pp.52—55.

② （美）达马西奥：《笛卡尔的错误：情绪、推理和人脑》，毛彩凤译，北京：教育科学出版社，2007 年，第 73 页。

与大脑所组成的有机体进行的。有机体整体地参与到了与环境的相互作用中。从本质上看，是身体而不是大脑决定了个体的认识或学习方式。身体与周围环境之间形成的特定联系，是后来学习得以发生的最初动因。这种联系的显现是复杂的，并非传统心理学论证的是由单独的内在于身体的大脑所实现的。由此推论，学习的发生是与身体交织在一起的，身体本身显现出的各种特性就是学习，学习概念不应该只局限在大脑内部对外界信息的处理和加工上。

（三）儿童是一个天然的身体主体存在者

用一种新的认识论观念省思传统身体观时，身体从精神的附庸中走了出来，它从贫瘠的物质性存在走向厚重的肉身性存在。这种肉身性包含了身体与精神的融合之可能性。儿童被标定为“非理性”的论断遭到质疑，儿童存在的身体性现象受到关注。从身体现象学和具身哲学出发，儿童实则是一个天然的身体主体存在者。从实存论上看，我不是拥有一个身体，我是我的身体。我作为历史发生中的个体是以身体的方式显现和存在的。同时，我又是作为类主体而与他人身体共在历史之中。身体构成了我的独一无二性，因为我作为此在之存在，是被身体的在世存在决定的。从本体论上看，身体本身不能被理解为机械的或生理的物质性存在。身体一直站在那里，无论个体是否注意到它的存在，它始终以一种近乎神秘而又明晰的方式扮演着我们成为自己的基础性证明。“我作为身体是不可重复的”[①]，我必须将自己领会为一个身体主体的存在者。我之所以能够认识世界和他人，是因为不仅我的身体是认识的历史性存在和先验性发生，他人的身体也是我的身体历史发生的见证者。我的身体交融于他人身体之中，二者随后又共同交融于宇宙身体之中。至此，我理解世界和认识他人成为可能。否则，当我以其他生命物种的机体结构出现时，我无法形成关于人与物的概念。所以，设计存在的人是“组建身体中心的世界”[②]。

身体本应恢复它的地位，身体本应在人类的进化和知识获得上获取它的根基。梅洛-庞蒂（Merleau-Ponty）使这一想法成为可能。身体在梅洛-庞蒂的哲学中，既不是作为一种主体，也不是作为一种客体，而是主客统一的含混性存在。我们对于世界和他人的认识是通过身体进行的，这也是他与萨特（J. P. Sartre）的不同之处。身体在存在论的意义上优先于认识对象。因此，身体在认识的过程中具有根基性的地位。身体不仅是精神与物质不断转化的统一性存在，而且是更大的开放性的宇宙身体的存在。身体之外的工具，如盲人的手杖和其他事物等皆是身体的延伸物，它们同属于并内在于身体。身体不是实体性、原子式的东西机械性地存在于时间和空间之中，而是寓居于时空中。“在身体现象学中，身体和心灵不再是二分的，它们构成为一个不可分割的统一体。这种统一体不是由意识来实现的对象化建构，而是统一在身体中，这乃是肉身化的最基本的含义，它确保身体实现了物性和

① 王晓华：《个体哲学》，上海：上海三联书店，2002 年，第 94 页。

② 同上，第 95 页。

灵性的统一。”[①] 意识或理性并不能构造身体，相反，意识在身体中实现了它的肉身化，身体在历史中实现了它的精神化。辩证地看，肉身的的确确是一种厚重的历史性存在，因为身体本身也在表达和思考。

三、身体问题对当下儿童教育学理论建设的规定性

儿童教育学的理论与实践总是与“儿童”纠缠在一起。从发生学的角度看，儿童的存在或教育的本质是以儿童发生学为依据的。在儿童教育场域中，身体一直以在场的身份出现。但在大多数时候，它受到的是有别于本己的身体来对待。身体被视为一种消极的和欲望的存在物，是规训的对象和文化塑造的形体。在传统观念中，身体或多或少阻碍着个体的学习和理性思考，身体的功能仅在于维系个体的生命存在和生物性需要。对于年幼儿童和儿童教育来说，一方面，需要从生物哲学、脑科学、心理学等学科对儿童的认知发展及其阶段性特征进行描述和研究，由此获悉儿童的认知是如何在大脑内部相应区域工作的；另一方面，也需要从哲学的角度思考儿童存在的本质及认识发生的本体论根源。因此，不能忽视的是：在儿童的大脑之外，还有一个与大脑连接在一起的有血有肉的身体。作为认识发生的来源，身体扮演的角色不是主体，仅仅是与主体认识相对立的客观物质实体，这是对身体根深蒂固的误解。儿童的精神现象是生物发生和精神发生的融合，个体认识是生物学层面、本能无意识层面与意识层面的有机统一。在这三个层面中，意识层面的学习在今天被过于放大，生物学层面、本能和无意识层面常常被低估和贬斥。相反的是，后两个层面恰恰是人类认识发生的源泉，没有后两者就没有意识层面认识的形成与发生。

（一）身体问题直接驳斥儿童教育学中长期无儿童或“无身性”儿童隐喻

在身体哲学、具身哲学的影响下，传统“扬心抑身”或“身心二元”的论断有所动摇。如果身体和心灵完全分裂，则儿童不再是一个完整意义上的个体，知识可以不经过儿童本身对世界的感知与体验，从而达到“浸染”儿童心灵的效果。这样一来，儿童在教育活动中的角色变得可有可无，从学理上看，它只不过是“成人化、知识化”观念的合法性堡垒。传统“围着教师转”或称“围着知识转”的做法，必将死灰复燃。儿童教育学中无儿童，首先在于儿童的存在是被忽视的。从中西思想发展史来看，儿童研究一直处于认识论边缘，哲人们极少谈论儿童。一方面，儿童的存在是“不成熟”的代名词，不成熟意味着不确定和非理性。因此，儿童的一切观念和想法都是值得怀疑的，它不是哲学中认识论的研究范畴，不具有独立的研究空间；另一方面，儿童和成人之间长期处于一种非对等关系，成人具有独立的思考空间与认识特权，儿童只是成人世界所界定的“成人化儿童”。当儿童与成人相遇，成人无意识地抬高了自身的理性判断，成人的判断代替了儿童的认识，这种认识之中天然地包含着成人世界的理性认识形态，儿童在本质上是成人世界中的“假想儿童”。

---

① 杨大春:《从身体现象学到泛身体哲学》，见《社会科学战线》，2010 年第 7 期，第 24—30 页。

其次，儿童的认识是缺乏的。教育者较为关注教育规律和教学方法，进而对儿童的研究或认识呈现出匮乏状态。如果教育的对象是人，儿童又是人之初的承载者，教育的起源与发生又是以“儿童”这一群体为直接接受者，如此一来，只有首先科学地理解了儿童的教育或儿童教育学，以后的教育才不致成为“无源之水、无根之木”。古今中外教育史中涵盖的各种教育规律，必然由对儿童教育的最初探究和观察而来。无论是柏拉图在“理想国”中对儿童教育的年龄划分与内容设置，还是中国传统教化中的“童蒙之学”，皆将人之初的教育看作是后来教育的“根基”。有一点需要说明，在当时的社会背景下，无法将此做法界定为科学的儿童研究或对儿童教育的真正重视，因为在儿童教育的背后，具有强烈而清晰的历史性政治意图。即使到了文艺复兴前后，虽然儿童开始被发现，但在一定程度上，儿童是无身体的儿童。这种无身性儿童教育将儿童的身体视为邪恶和原罪的化身，身体在课堂上是被捆绑的，相对于学习而言，身体是一种累赘。儿童的身体活动不被承认，实则是儿童不被承认，教育中依然是无儿童。

最后，儿童的身体被成人化、知识化的教育遮蔽后，身体作为儿童认识世界的特有方式被祛魅。西方古典哲学将身体与心灵完全对立起来后，纯粹知识的获得被认为需要灵魂或心灵摆脱肉身的束缚，个体的确定性认识与身体无关。“如果我们以血肉之躯不可能取得任何纯粹的知识，那就要末根本不可能求得知识，要末只有在死后才可能，因为只有那时灵魂才会与肉体分离，独立于肉体。看来我们在有生之年只能尽量接近知识，其办法是尽可能避免与肉体接触往来，非绝对必须时不碰，不受肉体本性的影响，使自己纯粹独处，直到最后神使我们解脱。”① 从尼采开始，历经康德、黑格尔、胡塞尔、海德格尔等人的努力，到了法国哲学家梅洛-庞蒂那里，身体与认识之间的关系发生了根本性的转变。“我的身体不知觉，而是好像被装置在通过它才形成的知觉的周围；可以说，我的身体通过其全部内在布置，通过其感觉运动的循环，通过控制和重开运动的回路，来准备一次自我知觉，即使身体知觉的永远不是身体，或永远不是身体知觉了。在身体的知识——它导致了与他者的关系——之前，作为我的知觉的粗糙外表的我的肉身的经验告诉我，知觉不是随处产生的，而只来自身体的深处。”② 当儿童所有的学习和认知被指向存在于身体之中看不见的心灵时，身体的认识功能被否定，儿童的身体活动及所表现出的本能无意识等认识方式被忽略、贬斥，身体如同洋葱被剥去了厚重的精神性存在，最后只剩下冰冷的物质实体。儿童教育中无儿童，就更谈不上对儿童身体的发现与研究了。儿童教育学与儿童相伴相生，由此，“全面发展的人”的教育目的就失去了其学理依据。

（二）身体问题使得儿童存在的身心二分性论断遭受质疑

身体哲学和具身哲学的研究成果反驳

① （古希腊）柏拉图：《柏拉图对话集》，王太庆译，北京：商务印书馆，2014 年，第 219—220 页。

② （法）梅洛-庞蒂：《可见的与不可见的》，罗国祥译，北京：商务印书馆，2008 年，第 19 页。

了西方哲学长期秉持的身心二元论传统。人作为一个完整的存在者，并非如笛卡尔区分的身体与心灵之两种不同实体。如果身体仅仅具有广袤的属性，理性的特权划归为心灵，那么，个体必然被分割为身心两种不同实体的混合物。相反，身心之间并非是二分的，而是一体的，思维总是与个体身体对世界的感知、体验交织在一起，身体塑造着个体对世界的认识。从最新的研究来看，身体在当今西方具身哲学中扮演着三个重要角色：首先，身体限制或制约着有机体概念的获得；其次，身体取代曾被认为是认知核心的表征，没有身体，个体的认知就不可能发生；最后，身体在认知加工中是一个必不可少的构成部分，而不是只起着因果作用。①概而言之，个体的认识受到身体特有的结构和功能的限制，认识的发生并不是传统认为的在大脑内部发生的抽象符号和程序加工过程，身体参与并构成了这一过程的形成与发生。因此，在儿童身上所区分的感性与理性、身体与精神、先天与后天、童年与成年、自然与文化等二元范畴是值得商榷的。从辩证法的角度看，它们之间的对立是一种正、反、合的关系，最终走向的是融合与统一的道路。在这几对认识范畴中，任何一方的过度阐释，都将导致二者之间更大的对立。

从儿童精神现象的历史生成来看，不仅个体精神与类精神的发生具有一致性，而且个体与类的生物发生也具有一致性。在弗洛伊德的研究中，他将个体与类的精神发生和生物发生进行了融合与整合，即个体与类的精神发生与生物发生之间也具有一致性。“生物发生与精神发生的相互交织、相互融合的情况在儿童身上是显而易见的。儿童的肉身具有精神性（文化性）。我们过去所谈论的人在文化环境中才能成为人，主要是指在心理层面上成为人，实际上，新生儿如果要在生理层面上成为人，同样需要文化因素的参与。”②因此，儿童存在的身心一体论并非意味着身心之间的简单统一。如果把心灵机械地、简单地放回身体中去，这是对身心辩证统一的误解。身心之间的统一或融合具有深刻的辩证法意蕴和哲学渊源，它们之间是一种相互转化的过程：身体在不断地精神化的同时，心灵也在不断地肉身化。在儿童教育学领域，从发生学和哲学的角度看待儿童及其存在问题，就显得极为迫切。

儿童是具身存在者，存在依赖于存在者，而存在者不依赖于存在。存在被遗忘，就是存在的自明性被视为理所应当。存在者没有被遗忘，存在者就是在者，而在大多数时候，忽略的是在，对于在的合法性或本原性、原有性追问，是海德格尔的意图之所在。胡塞尔辨明的是被给予方式的合法性和过程，而海德格尔争论的是作为实在或实存的物质，在本体论意义上的在的合法性及在的历史的自明性的合法性。这种追问或描述，或多或少让身体从哲学话语的地狱中释放了出来。希波克拉底曾为身体辩解：“如果我们没有总体知识，我们就不了解身体。”③从哲学的本源

① （美）劳伦斯·夏皮罗：《具身认知》，李恒威、董达译，北京：华夏出版社，2014年，第4—5页。

② 刘晓东：《儿童精神哲学》，南京：南京师范大学出版社，2003年，第339—343页。

③ 转引自：（美）约翰·杜威：《杜威全集·晚期著作（1925—1953）·第3卷（1927—1928）》，孙宁、余小明译，上海：华东师范大学出版社，2014年，第20页。

性问题上看，在原初的状态下，个体是一种身心一体的存在。当初的一元世界，后来被分为二元甚至今天多元的世界，这种生成已经适应了进化的发展和文明的洗涤。但是，不能一味地为多元论辩论，也需要为一元论反思，特别是在认识人的存在本质上，即在反常思考之后对哲学或者认识的限制和边界做出应有的智慧判断。恰如多元化的后现代思潮，当一切标准和本质被祛除和打乱，本有的世界还剩下什么？当身体与精神遭受长期合法性分裂后，“无身性个体”隐喻是否被习惯性地接受？由此之故，在儿童身上，这种身心二分性论断的挑战只会加剧。

（三）由身体引发的本能无意识等“非意识层面”的学习活动受到正视

身体问题应该首先在儿童教育学中得到研究和关注。这不仅仅因为儿童是天然的具身存在者，儿童用身体感知、体验和思考着周围的一切，更为重要的是，早期的认识结构和方式决定着个体未来的发展质量。我的整个身体不是在空间并列的各个器官的组合。我在一种共有中拥有我的整个身体。[①]身体具有的精神性或文化性，哲学和心理学将其界定为“非意识”活动，这种先天的精神或本能无意识的显现，与其说是一种非意识学习，不如说是儿童真实的意识学习活动。换言之，身体问题意味着儿童的学习方式发生了革命性变化，打破了传统的学习观和教育观，儿童的学习不再仅仅局限于课堂知识的理解和背诵，儿童的身体本身就是一种学习和认识世界的方式。儿童身体所展现出的本能无意识等先验知识形式，是一种被成人世界惯常忽略和贬低的重要学习方式。肉身，在发生学上是一种知识的存在形式。从这个意义上说，身体扩大了传统的学习概念和内涵，这与传统的身体体验学习有着不同的所指和本质区别。身体不是心理活动的旁观者，身体对心理而言不是消极意义的载体，身体塑造和构成了个体心理发生的所有事实。另一方面，认识和概念形成直接来源于身体动作、活动和经验。用身体思维抑或身体性思维，是儿童认识和学习的本质。从身体意象和身体图式发生的先天来源和梅洛-庞蒂的身体哲学综合来看，身体在具身认知理论中也绝非是一种简单的生物性存在。

皮亚杰将成人社会与受教育的儿童之间的关系分为两种：单方面的关系和交互作用关系。在单方面的关系中，受教育的儿童完全从外界接受已经十分完善的成人知识与道德的成果，教育的关系是一种压制和接受；而在交互作用关系中，儿童不再是接受现成的关于正当行动的道理和规则以求接近于成人状态，而是经过儿童自己的亲身努力和体验去完成正当的行动。受教育的儿童与社会之间的关系就从压制和接受变为主动行动和交互作用。[②]之所以说旧教育的儿童是被动的、消极的学习

---

① Originally published in French, respectively, as: Psychologie et Pédagogie de L’enfant: Cours de Sorbonne, 1949—1952. Paris: Verdier, 2001; Les Relations Avec Autrui Chez L’enfant. Paris: Centre de Documentation Universitaire, 1969: “La Conscience et L’acquisition du Language”, Bulletin de Psychologie No. 236, 18 (1964), from: Brock Bahler. Merleau-Ponty on Children and Childhood. *Childhood & Philosophy*, 2015 (22), pp.203—221.

② （瑞士）皮亚杰：《教育科学与儿童心理学》，傅统先译，北京：文化教育出版社，1981年，第139页。

者，是因为儿童一直以来从成人世界的知识体系中接受规训和教化，成人以比较的视角将儿童的身体视为不确定性认识发生的根源，最后，成人以理性的高贵姿态压制着儿童世界的所有认识。在这里，皮亚杰的努力焦点在于将心理学和认识论进行一种整合和融合。与此同时，他也间接地反驳了笛卡尔对儿童时期不成熟理性的贬低和误判。儿童是缩小的成人，这种缩小暗含着身体和精神的同时被缩小，小大人观念首先是成人从身体的生物学发育上进行的判断，其次是小觑儿童及其认识活动，并视其为一种“非理性”的学习活动。如此一来，儿童与成人之间的认识被割断，身体与精神之间的联系也被打破，身体本身作为一种特殊的认识样态被否定。

在今天的教育活动中，儿童身体依然面临着被误解的危险。从身体在儿童教育中的隐身到身体的在场和显身，从纯粹的物质实体到物性与灵性的统一，身体经历了身体精神化与心灵肉身化的双向建构进程，这种进程以身体的方式显现出来。传统观念中的“死记硬背”和“知识取向”，加之“扬心抑身”和“思维训练”，导致了对儿童存在及身体认识的扭曲，由此儿童的脑袋不断变大，躯体愈加缩小。今天，信息化发展和自媒体技术的运用，既对儿童教育提出了新的挑战，也加深了儿童身体的退隐现象。身体的退隐，一方面意味着知识的无身性愈演愈烈，身体活动的内在价值和意义愈加被轻视；另一方面，抽象的、普遍化的知识逻辑与儿童存在、认识本质之间的鸿沟不断加深。儿童身体学习面临的现实诘难前所未有，其所揭示的价值和意义也是前所未有的。如果身体被符号所淹没，儿童教育将成为纯粹的心灵塑造活动，儿童身体所具有的本能无意识学习自然成了消极和邪恶的代名词。

（四）个体的思维、判断、推理、概念等是从婴幼儿时期身体与周遭环境之间的耦合而发生的，因此儿童教育中的身体学习不再是一种消极的存在活动

在幼儿教育阶段，关注的是个体“体、智、德、美”的全面发展。过了学前期，个体的发展转化为“德、智、体、美”。个体发展的顺序转化，说明了在特定的年龄阶段，其各方面的发展重点是不同的。虽然抽象思维是一种有价值的技能，但还有人类认知的核心部分，即认知是根植于身体之中的。当最大限度地减少这一价值的时候，我们完全误解了思维与知识的特性。[①] 需要强调的是，传统儿童教育对于身体活动的贬低和轻视是有目共睹的。因为身体活动历来不在学习范围之列。通过以上的讨论和分析，这种观点是站不住脚的。在儿童发展初期，身体与心灵具有现实的不可分性。皮亚杰将这时期的儿童认识称为“非二元论时期”。非二元论说明了身体与心灵之间的融合与统一。“一个人或一个动物在感知一个客体时，只有把它归入某类（无论是概念的，还是实践的），才能分辨它。另外，在纯知觉水平上，他只有以机能图式或空间图式（如背景衬托着鲜明的形状、空间中占

① Danah Henriksen, Jon Good, Punya Mishra & the Deep-Play Research Group, “Embodied Thinking as a Trans-disciplinary Habit of Mind”, *Rethinking Technology & Creativity in the 21st Century*, 2015 (1), pp.6—11.

据着位置，等等）为中介，才能感知客体。”[①]处于感知—运动阶段的婴儿，他们的空间和时间观念，在皮亚杰看来也是具有具身性概念的。“我们观察到在开始时儿童并不存在含有以物体和事件作为内容（如容器含有它的内容一样）的单纯的空间或时间次序，而是存在着几种完全以儿童自己身体为中心的杂凑的空间——如口部的、触觉的、视觉的、听觉的和体态的空间——以及某些时间印象（如在时间上等候妈妈等），但没有客体间的协调。”[②]在这个时期的因果性联系上，婴儿所具有的不是逻辑上的因果性，而是以自我身体动作为中心的“魔术性的现象主义者”。他将一切的变化或摆动看作是由于身体的动作而产生的，而不去关注真正的因果性联系。甚至在情感上，皮亚杰再次肯定了身体动作的核心地位。“最初以儿童自己的动作为中心的认识图式，转变成为一种工具，儿童凭借这工具构成了一个客体的和‘脱离自我中心’的宇宙；相似地，在同样的感知—运动水平上，情感从不能区分自我和物理环境或人类环境，向着构成群体交往或情绪交流发展，从而通过人与人之间情感的交流能区分自我和别人，或是通过对事物的各种好奇心的驱使，能区分自我和外界事物。”[③]而这种最初的自我与世界的不可分性，源自于身体感知运动阶段所形成的一般图式，且这种情感状态与认识状态之间存在着显著的一致性，并表现为皮亚杰所言称的“非二元论”时期。

从发生认识论的角度看，儿童的认识发生完全以身体为轴心，身体不仅作为物质实体而出现，也作为儿童与世界的最初联结媒介而成为一种特有的认识形式。这种最初的具身性认识保证了儿童以后各方面发展的有序进行，身体在这个阶段及以后所充当的角色从一开始就包含了身体与心灵的统一性。“儿童长时期地把人仅是当作那些同化于儿童自己反应中的特别活动的和突然发生的中心，没有把人和物清楚地分化”[④]，在此种状况下，儿童用身体及其动作与他人进行交流和社会性互动，这种交流或互动也往往基于自身的身体，并通过身体的模仿和各种动作而展开，如肢体动作符号、手势语言和各种感知觉等，最后形成了认识的原初身体图式。皮亚杰从发生学总结出儿童日后的认知发展是在感知—运动阶段所形成的各种生理和心理机能图式的基础上进一步连续，没有感知—运动阶段的身体图式和动作表象的积累，以后的发展可能会成为泡影。但是，不能据此推断皮亚杰同意知识来源于感觉这样的经验主义信条，恰恰相反，皮亚杰是不赞成这种观点的：“我们的各种认识形式既不只是来自感觉，也不只是来自知觉，而是起源于整个行为，知觉在这一整体中只起着信号作用。实际上智力的属性并非进行思考而是‘加以改变’，它的机制本质上是运算。”[⑤]这说明知识并非

① （瑞士）皮亚杰：《生物学与认识》，尚新建、杜丽燕、李淅生译，北京：三联书店，1989年，第4页。

② （瑞士）皮亚杰、英海尔德：《儿童心理学》，吴福元译，北京：商务印书馆，1981年，第14页。

③ 同上，第18页。

④ 同上，第20页。

⑤ （瑞士）皮亚杰：《心理学与认识论：一种关于知识的理论》，袁晖、郑卫民译，北京：求实出版社，1988年，第59页。

来源于理性认识，也并非来源于感觉材料，而是建立在动作发展基础之上的行为之中。处于前运算阶段的儿童，与感知—运动阶段的婴儿一样，继续着自我中心机制的扩张，这种扩张不仅是一种认识上的特有形式，也反映了儿童身心原初的统一性。

独特的身体是本体论秩序的起点，而不是仅仅发挥着我们欠上帝永恒债务功能的一个恒常提醒者——这些道德法令似乎不再具有真正的意义和价值。[①] 儿童教育学理论建设不能离开对儿童问题的关注与讨论，儿童本身所呈现出各种复杂现象，也需要多学科交叉研究。身体问题作为儿童教育学理论建设中的核心论题，是当下重构科学的儿童教育学的基础性理论。儿童与教育相遇，实则是身体与教育相遇。避开身体或对身体抱以消极的态度，教育就会成为引导我们不可避免地依赖于为我们理解存在提供一个解释性框架的想象力，这种解释性框架被理解为将人类的价值观提升为普遍真理。反过来，这些普遍真理通常冒充道德价值判断。这些道德价值判断并非植根于实际的关系中，而是根据一种抽象的关系被构造出来。[②]

在儿童的世界里，身体处于认识舞台的中心。儿童的全部生活都在围绕着身体发生和进行。[③] 在儿童教育学中讨论身体问题，当下的首要任务在于澄清相关概念，以达到正本溯源的目的，如此一来，理论才能更好地指导实践。厘清身体问题与儿童教育学之间的天然联系，也是树立科学的儿童观、教育观的不二途径。本体论意义上的身体讨论，使得身体从传统的消极观念中解放出来，并作为一种认识方式重新进入教育者的视野。

① Johan Dahlbeck, “Towards a Pure Ontology: Children’s Bodies and Morality”, *Educational Philosophy and Theory*, 2014 (1), pp.8—23.

② Ibid.

③ 陈乐乐：《梅洛-庞蒂的儿童研究及其教育启示》，见《教育发展研究》，2016年第24期，第68—76页。

撒网：互联网时代青少年的力量

◎ 里奥纳德·沃克斯（Leonard J. Waks）①

摘　要： 20世纪的心理学家将青春期视为内部冲突且经常伴随反社会行为的时期。然而当代心理学家却改变了对青春期的传统看法，将之视为在支持性环境下能创造性生长的时期。本文探索了互联网时代青少年的生长潜力，特别强调了某些男孩和女孩所取得的前所未有的成就。最后总结道：教育者必须重构中等教育，促进师生之间的相互合作与支持，以充分发挥网络化学校环境的应有力量。

关键词： 青少年　青春期　博客　创造力　互联网

"年轻人渴望做高尚的事情"，亚里士多德说，"因为他们还没有被生活所压倒，抑或还未曾了解生活有其不可避免的局限性；然而，他们充满希望的性格会促使他们将自己视为同样伟大之物。"如今，互联网已经显著地降低了这种局限性，并赋予儿童以新的力量来做伟大的事业。在本文中我会通过检视儿童从前青春期到青春期的力量，以及他们与互联网互动的情形，来阐明上述观点。

一、青春期理论

20世纪有关前青春期和青春期的理论（如霍尔和弗洛伊德的理论）都是以消极的词汇来描述这段时期的。他们认为处于这个阶段的儿童正在经历复杂的适应性危机：生活中的风风雨雨、药物滥用、违法犯罪、性行为不端等。

在斯坦利·霍尔的复演理论中，青春期是一个从狭义童年转向成年的过渡期，对应人类历史上从原始状态向文明状态过渡的时期。因此在复演论的进化阶段里，青春期就是一个充满风雨和令人紧张的时期，因为这个时期的儿童正被本能冲动与重要他人提出的社会及文化要求两股力量所牵引。尽管霍尔认为青春期发展具有生物学的基础和普适性，但是他没有指出影响这个阶段的社会、文化或技术因素。②

西格蒙德·弗洛伊德很少关注青春期，因为在他来看，性心理发展的问题在生命的最初五年时间就已经形成了。但是他的女儿安妮·弗洛伊德却提出了一个关于青春期发展的精神分析理论。③在她的理论中，儿童会经历两个主要的阶段：从

① 里奥纳德·沃克斯，杭州师范大学教育学院特聘教授，东西方教育研究中心主任，美国坦普尔大学退休教授，杜威协会前主席。本文由高振宇、谢悦翻译。

② Hall, G. Stanley (1904), *Adolescence: Its Psychology and Its Relations to Physiology, Anthropology, Sociology, Sex, Crime, Religion and Education.* New York: D. Appleton and Co.

③ Freud, A. (1936) 1957, *The Ego and the Mechanisms of Defense.* New York: International Universities Press.

童年早期到少年期，从少年期到青年期。在第一个阶段，儿童会变得更加饥饿、贪婪、冷酷、肮脏，更加不能体谅他人；在第二个阶段，儿童会遭遇不熟悉的危险。随着性欲的开启，男孩和女孩会面临与之前所爱的对象（如父母、兄弟姐妹）产生不恰当性幻想的风险。抵制这些乱伦的冲动需要儿童产生更多的自我压抑、反应形成、身份认同和投射、理智化和升华。然而，自我的整个防御系统可能会因压力过大而反复崩溃。除非与之前所爱的对象完全分离，否则这场危机将很难真正化解。因此对弗洛伊德而言，青春期包含着与父母的斗争：对父母的信念和价值观持冷漠、轻视、无礼和反抗的态度。①

然而，学术界也有一些积极的声音。爱德华德·斯宾列格（Eduard Spranger）在他的青年心理学著作中，将青春期视为一个扩展时间跨度并整合未来导向价值体系的时期。②他将调整性危机视为其中一种青春期发展的模式，其他模式则认为儿童会逐渐而持续地成长为大人，并发生积极的、自我导向的转变，以形成新的身份并以新的方式参与社会。奥拓·伦克（Otto Rank）也认为在青春期，青少年可以通过创造性的、有意识的选择而积极地塑造自身。③

自20世纪90年代以来，这些积极的理论视角逐渐占据学术界的主流。理论家已经不再孤立地看待青少年，而将其置于成长的生态之中：青少年与不同情境（如家庭、社区和文化）之间的关系。他们强调当这些关系处于互惠互利的状态时，积极的发展就能在儿童身上发生。理论家已经注意到青少年自身的力量，包括不断增强的自尊、不断扩展的社会网络，以及通过公民参与为社群和社会的发展做出潜在的贡献。④本文将通过探索青少年与当代技术情境之间的关系，为这里所强调的积极因素添砖加瓦。我认为青少年身上有出人意料的力量，可以为互联网时代的教育构建新的概念与愿景。

二、作为撒网人的青少年

2008年3月，来自美国伊利诺伊州芝加哥市郊区橡树公园的11岁女孩塔维·盖文森（Tavi Gevinson）与网络社区建立了联系，并通过在博客“时尚新秀（Style Rookie）”上发布第一篇文章来“撒网”：

> 好吧，我是新来的。最近，我对时尚真的很感兴趣，我喜欢制作在造型和设计上“非常时尚”的活页夹和幻灯片。

第一篇网络帖子发布一年后，塔维被宣布为“时尚界的新宠”。她的博客获得了150万次的月点击率。当同龄人还在为数学中的长除法与英语的词性词类而挣扎的时候，塔维已经在纽约、巴黎、东京和世界其他主要时尚中心的时装秀的第一线崭露头角。《今日美国》对她进行了报

① Lerner, R. and Lerner, V.(1999), *Theoretical Foundations and Biological Bases of Development in Adolescence*, Taylor & Francis, 1999, p. 56.

② Spranger, E.(1924), *Psychologie des Jugendalters* [*Psychology of youth*]. Leipzig: Quelle & Meyer.

③ Rank, O.(1929), *Will Therapy*. New York: Knopf.

④ Lerner, R. and Lerner, V.(1999), p. 4.

道，很快她就登上了《流行》杂志的封面，《野蛮的爱》和纽约的《时代周刊》杂志也发表了关于她的专题文章。顶级时装设计师凯特和劳拉·穆里维被塔维的前沿时尚评论所吸引，因而在2009年罗达特（Rodarte）品牌系列中特别突出了塔维的时尚观。不久，其他顶级设计师们也带着新项目蜂拥而至。2011年10月，塔维被选为巴黎时尚杂志《L'Officiel》90周年特刊的封面女郎。

评论家们对“时尚新秀”（Style Rookie）博客的关注范围、优雅程度和专业精神感到震惊。有些人质疑这个博客的真实性，声称没有一个11岁的孩子能做出这样的东西。儿童权益倡导者担心，像塔维这样的年轻女孩如此公开地暴露在成人世界里，会招致一定的危险。线上保护网站WiredSafety.org的律师阿夫塔普（Parry Aftab）认为：“父母不知道他们的孩子在网上做什么……大多数父母不知道什么是博客。”阿夫塔普本来可以代表塔维的父亲——英语老师斯蒂夫·吉文森（Steve Gevinson）发言，因为斯蒂夫对女儿的博客一无所知，直到女儿要求父亲允许她出现在《时代周刊》杂志中之时才开始了解。斯蒂夫说道：“那是一种未知的东西……我以前从不看这个东西。我对它一点也不感兴趣。”但是今大，斯蒂夫是位自豪的父亲，也成为一位年轻博主的坚定支持者。

当然，不是每个人都能成为塔维·吉文森（Tavi Gevinson）。塔维显然是一位优秀的年轻人。但青少年时尚博客是一个重要的行业趋势，许多年轻的时尚达人也都在博客上留下自己的印记。16岁的简·奥尔德里奇（Jane Aldridge）住在得克萨斯州一个叫“奖杯俱乐部”的地方，她是博客“Sea of Shoes”（鞋海）的创始人，该博客每天的点击量为2.5万次。茱莉亚·弗瑞克（Julia Frakes）是宾夕法尼亚州斯克兰顿的一名高中生，她创办了papermag.com网站，之后又创办了另一个网站Bunny Bisous，专门处理不符合第一个网站风格的那些异想天开、离谱的故事。18岁时，弗瑞克搬到纽约，开始撰写时尚界的新闻报道，她每天收到约800封公关人员发来的电子邮件，向她推销自己的故事。她通过博客结识的业内朋友帮助她获得了许多内幕消息，她跟在模特后面，听他们谈论让他们感到兴奋的衣服。弗瑞克的竞争优势在于很少有业内人士能直接接触到弗瑞克通过博客结识的模特，也很少有人能像她一样把年轻人的视角带到台前。

在菲律宾，当博主布莱恩·宝尔（Bryan Boy）在他的同名博客上发布了一段向顶级设计师马克·杰克伯斯（Marc Jacobs）致敬的自制视频时，杰克伯斯发邮件称自己是他的粉丝。杰克伯斯随后以布莱恩的名字命名了他2008年设计系列中的一个手提包——“BB”。“马克从纽约通过快递给我寄了一个比冰箱还大的盒子，当我打开它的时候，我真的泪流满面。”布莱恩说。

有些人可能会抱怨，对时尚的痴迷与我们最根本的教育目标是背道而驰的。然而，时尚并不是唯一受到年轻博主们影响的领域。十几岁和十几岁以下的儿童正在许多领域中做着惊人的事情，向四面八方“撒网”。

例如，15岁的贾亚林·赫雷拉（Jayralin Herrera）可能被认为是一个反时尚博主。贾亚林住在纽约郊区一座2800

平方英尺（约260平方米）的迷你豪宅里。两年前，她反对自己家的消费主义生活方式。

我厌倦了过度消费的生活方式。所以，我开始精简到最基本的部分。我扔掉了超过八大包的东西。我开始慢慢地意识到我们真正拥有的过剩的东西到底是什么。

贾亚林开始阅读关于另类“极简主义”生活方式的博客，并注册了自己的极简主义博客。最终，她吸引了一些资深的生活风格博主的注意，比如“禅宗习惯”（Zen Habits）的博主里奥·巴博塔（Leo Babauta）和“极简主义小姐”的博主弗朗辛·杰伊（Francine Jay）。杰伊邀请贾亚林发表一篇客座文章，向成千上万的读者展示她的观点。在那篇文章中，贾亚林写道：

一座房子、一辆车、一个装满衣服的大衣橱……这一切让我不知所措！我现在所有的东西都放在我的一个衣橱里，有足够的空间可以腾出来。我现在拥有的衣物还不到55件，而且一直在努力摆脱更多的东西。看到环境被撕裂、没有得到应有保护的现实之后，我的内心也被撕裂了。可持续发展、“极简主义”以及对世界发展的正确了解有助于我们做出更合理的决定。

与塔维不同，贾亚林并没有去米兰、东京或巴黎参加最新的时装秀：

我对未来的计划包括背着我的单肩包去旅行，到处走，以及拥有一个花园。

贾亚林自己的博客，让人想起托马斯·莫顿（Thomas Merton）的日记，充满了敏锐的哲学和宗教洞察力。2011年6月，我通过电子邮件采访了她，首先问了她高中时的经历。她说，总体上学校给她提供了一个积极的学习环境，但她补充道：

我只是想知道，有一天我们是否可以改变教育体系，使它比现在更关注个人的需要。我们都在一个系统里，以同样的方式被灌输种种东西，而我们的创造力则被压制了。

她补充说，除了在拼写、语法和算术等基础学术技能方面提供出色训练之外，传统的学校课程并不是每个人所必需的。她希望现在的学习能更直接地集中在写作上。我还问了她互联网在学校和生活中的作用。她说：

学校并不强迫我们熟悉网络，（但是）我们都是出于习惯才这么做。因为我们所有的朋友每天都在使用Facebook、Twitter和Tumblr，所以我们都习惯了，更不用说更加便捷的移动网络了。

最后，我问她是否有机会在学校学习或讨论自己关于节俭和简约生活方式的想法。

节俭，极简主义。说实话，这些

事情在学校里并不常见。实际上消费主义更常见。学校里的每个人都只想买买买，并炫耀他们买到的好东西。相对于老师，我更多地向我的同学们表达自己的观点。同学们实际上认为我是某种疯狂的梦想家。每个人都认为我将来想做的事情有点疯狂。（但是）我通常会得到积极的反馈：当谈到我拥有什么和我的想法时，人们会问我越来越多的问题，并且认为我是一个天才。这些思想是开放的，应该与全世界分享。人们需要意识到这一点。人们不去争论的原因是因为他们没有意识到，而当他们睁开眼睛时，他们就会看到诸多新的可能性。

让我们来看看这些青少年博主故事的四个特点，有助于我们为互联网和教育构建一个更大的视野：

任何人，任何地方：这些年轻人并不住在工业城市的中心地带。塔维住在伊利诺伊州的郊区，奥尔德里奇在得克萨斯州的 Trophy Club（奖杯俱乐部），弗瑞克住在宾夕法尼亚州的 Scranton，宝尔住在菲律宾，贾亚林住在纽约的郊区，普里亚沙（Priyasha）则住在印度尼西亚（我们马上会讲到他）。

发展基本技能：这四个人都具备一些基本的沟通技能——写作、编辑、组织和选择图片、摄像——他们创造性地运用了这些技能。

投入个人兴趣以发展更强大的能力：所有人都积极投入个人的兴趣或热情，并发表自己对特定的共同文化社群的独特意见。

与成人社群建立联系：他们的活动将他们自身与那些社群中的其他参与者、影响者和领导者联系起来，为进一步发展、提高知名度和增加职业机会打开大门。

三、青少年棒极了！

普里亚沙，一位来自印度尼西亚的 15 岁博主，在由多位青年活动家撰写的博客“It starts with us”上发布了一篇名为《简单来说：青少年棒极了》的特邀文章。谈及“青少年棒极了，因为（至少我们中的一些人）仍然保持某些童年的纯真，同时也拥有了迈向成人过程中的一丝成熟”。

普里亚沙肯定说到点子上了。不管有没有网络，青少年真的都很棒。《今日心理学》的前任编辑、心理学家罗伯特·爱普斯坦（Robert Epstein）在他最近出版的新书《青少年 2.0：把我们的孩子和家庭从青春期的折磨中拯救出来》中令人信服地指出，青少年是真正的成年人，他们的发展受到各种机构的人为限制，尤其是学校。而摆脱了这些限制的青少年，在某些方面比成年人更有能力。①

爱普斯坦指出，研究表明，14 岁时人的大脑处于最高位的发展状态。基于皮亚杰形式运算测试的研究揭示出，所有形式运算——那些涉及成人思维的运算——都是在 14 岁时获得的，如果 15 岁时没有得到，可能永远也不会获得。智力在 15 岁时成熟，非语言和文化自由发展模型的得分在 14 岁时达到峰值。在 13 岁或 14 岁

① Robert Epstein, *Teen 2.0: Saving Our Children and Families from the Torment of Adolescence*, Fresno, CA: Linden, 2010.

之前，我们的记忆分数会提高，然后与成人的水平持平或下降。即使在判断力测试中，14 岁孩子的分数与 18 岁或 21 岁孩子的分数相比也没有显著差异，但是明显好于 9 岁的孩子。创造力在儿童时期的发展水平就很高，在青少年时期再次达到顶峰——在 15 到 18 岁之间有一个戏剧性的飞跃——然后在整个成年期下降。

结果，青少年拥有令人惊奇的，有时甚至是令人震惊的心理和情感能力。布莱斯·帕斯卡（Blaise Pascal）19 岁时发明了机械加法机；安东·范·列文虎克在 16 岁时完成了著名的显微镜制作；路易斯·布莱尔（Louis Braille）在 15 岁时开发了盲人阅读系统；菲罗·法恩斯沃思（Philo Farnsworth）在 14 岁时为电视的发明带来了重大突破；田纳西·威廉姆斯（Tennessee Williams）写他的第一本书时只有 16 岁，伊迪丝·沃顿则是 15 岁，简·奥斯汀 14 岁；博尔赫斯准备翻译王尔德的《快乐王子》时只有 9 岁；莫扎特 5 岁时创作了他的第一首钢琴曲，14 岁时写出了他的第一部成功的歌剧，19 岁时写出了他所有的小提琴协奏曲；肖邦 7 岁时创作了他的前两部《波罗涅兹舞曲》，20 岁前创作了许多重要作品；门德尔松 15 岁时创作了他的第一首交响曲，16 岁时创作了他心爱的《仲夏夜之梦》序曲。

前些年的新闻中也能看到大量令人惊奇的儿童身影（有意识的读者会经常发现类似的新闻故事）：

2012 年 5 月 27 日： 居住在德国的 16 岁印度移民索里亚·雷（Shouryya Ray）是第一个解决 300 多年前由艾萨克·牛顿爵士所提问题的人——如何精确计算在重力和空气阻力下的抛射物路径。索里亚的父亲是一所技术学院的工程技术教授，他说索里亚从来没有和他讨论过这个问题，直到问题被解决，而且这个问题依赖于数学的程度“远远超出我的能力范围”。索里亚被德国媒体誉为天才，但他解释说自己的发现仅仅是“好奇心和学生般天真”的结果。索里亚说：“当有人告诉我们这个问题没有解决办法时，我心里想：‘嗯，试试也无妨。’”

2012 年 6 月 4 日： 肖·亚诺（Sho Yano）以优异的成绩从芝加哥洛约拉大学毕业，时年 12 岁。21 岁时，他从芝加哥大学医学院硕博连读班毕业，成为该校历史上最年轻的医学博士毕业生。与此同时，肖·亚诺还获得了神经生物学博士学位。他希望自己的毕业能让那些质疑他进入医学院时是否准备就绪的人“闭嘴”。在其他医学院以“担心医学院的挑战会阻碍他获得‘正常青春期’”为由拒绝他之后，芝加哥大学抓住了机会。肖·亚诺说：“我一直不明白，为什么挑战自己会被认为比彻底无聊更具破坏性呢？”

虽然这些关于个人成就的故事是惊人的，但理想主义式的青少年也可以一起努力来改善社会。普里亚沙说，许多青少年“对如何改变我们周围的世界有自己的想法”。她补充道：“这一代青少年拥有互联网的力量，如果我们正确使用这种‘力量’，我们将比以往任何时候都更加强大。”由于青少年一代经常使用互联网的人数众多，如果我们把我们的“力量”放在一起，我们就可以做一些真正伟大的事情，或者以一种真正伟大的方式改变世界。

亚里士多德或许会对此表示同意。他说：“年轻人渴望做高尚的事情……因为他们没有被生活所折服，也没有认识到生活的局限性；此外，乐观的性格使他们认为自己完全可以胜任伟大的事业。”也许我们成年人可以帮助他们做伟大的事情，甚至加入他们，而不是在他们游行时“人工降雨”(即搞破坏)。

例如，贾亚林的父母和老师就不认同她的极简主义观点，而贾亚林也不认同这些成人的观点。像许多年轻的“撒网者”一样，她正在单飞。但是，没有成年人的支持，很少有年轻人能够发现自己的激情，并塑造自己的人生计划。普里亚沙认为，“如果青少年和成年人能更经常在一起工作，把彼此的想法相互结合起来，并创造出更美好的东西，那将是不可思议的”。

这是一个值得思考的教育愿景：青少年将最高峰的智力与孩童般的天真结合起来，以高度成人化的方式学习，逐渐成为社会有价值的成员，并在科学、艺术、学术和发明等方面做出创造性的发现。我们需要将他们的力量集中起来，与成年人一起工作，才能创造出更多美好的事物。接下来，我们将会讨论普里亚沙的愿景到底会把我们引向何方。

四、普通青少年的惊人之处何在?

然而，一个令人不安的想法是，上面提到的青少年是如此的了不起，如此的与众不同，以至于他们的经历并没有让我们看到“普通”青少年的学习前景和潜在成就。作为回应，我们需要思考上述青少年与他们的同龄人是否有着同样的人性。他们拥有同样数量的脑细胞——据估计多达5000亿个。众所周知，大多数人只使用了不到十分之一的脑力。所有“普通”的人都有惊人的能力——他们的大脑比最先进的电脑都要强大数百万倍。

亚里士多德有句名言：“人天生就有求知欲。”他说：“我们会以自己的感官为乐，尤其是我们的视觉，因为它让我们知道并揭示事物之间的许多差异。”[①]今天他会说“所有人”都是如此。哈佛大学哲学家约翰·罗尔斯将这种见解发展成他所谓的“亚里士多德原则”。简单地说，“在其他条件相同的情况下，人类喜欢行使其实现的能力(他们的先天或经过训练的能力)，个人的能力越能充分发挥，其自身越复杂，喜乐的感受则越强”[②]。

罗尔斯认为人有充分发展自我能力并享受发展过程的动机，这是人类的一个“深刻的心理事实”[③]——这不是“特殊”人的罕见特征。罗尔斯认为个人情感和友谊、有意义的社会合作、对知识的追求以及对美好事物的塑造和沉思等都是非常普遍的。此外，这些为人所熟悉的价值观往往是相辅相成的：每个人对它们的追

① Metaphysics I.980a21.

② 这一点在关于人类发展的“期望—价值理论”中有进一步发展，请参见 Eccles，J，(1983)，Expectancies，Values，and Academic Behaviors. In J. T. Spence (Ed.)，*Achievement and Achievement Motives*：*Psychological and Sociological Approaches* (pp.75—146). San Francisco，CA：W. H. Freeman。

③ John Rawls，*A Theory of Justice*，revised edition，Cambridge：Harvard University Press，1999，p. 379.

求既取决于他人的合作，又可能增进他人的利益。这就是为什么好的社会把它们作为特别重要的价值观的一个主要原因。事实上，对罗尔斯来说，公正社会的本质是所有人都能获得基本的福利——包括公民自由和教育——这样他们就能追求这些价值，并根据他们自己的目标和计划得到有效的发展。但是，对年轻人或任何人实行与他们自由选择的目标和计划无关的强制性待遇，则不属于公正社会的一部分。如果这就是所谓的"平等的教育机会"，我们完全可以不需要它。

那么，为什么我们倾向于认为如此多的儿童是"普通的"，没有能力实现丰富而复杂的成长？爱普斯坦认为青少年的能力和表现是有区别的。对形式运算、智商、记忆力和创造力的测试都表明，青少年的能力与成年人相当，甚至更高。但是，在阻止或禁止其表现的条件下，能力仍然是潜在的。爱普斯坦指出，成年人把青少年当作婴儿对待，阻碍他们进入成人角色——尤其是把他们限制在学校里。爱普斯坦提供了许多例子，各方面都很普通的青少年在适当的环境下，也能表现出很高的成人水平。没有人知道"普通"青少年在没有束缚，以及适当的支持和指导下，会做些什么。为什么要在给他们有机会展示自己之前，就把青少年的梦想抹杀了呢？

五、结论：新的教育愿景

尽管像阿夫塔普这样的有识之士在不断倡导儿童安全，但与导致学业上的分心相比，年轻博主的父母似乎很少关心青少年的隐私和安全。父母们知道教育比时尚和生活潮流更重要。他们不认为年轻人写博客是一种"教育"。也许他们错了。也许每天都充满激情地写作来吸引读者，磨炼个人风格，并与成年人的行动和机遇建立联系，也是教育的一部分，就如同掌握长除法、句型图或语言的词性一样。也许在青春期，需要有一种新的教育愿景或形态。

在传统的教育研究中，教育的背景机构设置是被视为理所当然的。研究者想当然地认为儿童需要一直上学到18岁，并要学习学校所规定的一系列指定课程：数学、科学、语言与文学、历史与社会等。这些学科是预设的、固定的：他们要求青少年熟记其中的内容，并通过考试来检测他们的学习效果，而青少年很少有机会对学习的内容或过程产生影响。

与此同时，青春期心理学的最新研究却揭示了青少年及其能力的积极面貌。在新儿童研究中，我们必须对关于教育的传统假设提出挑战。正如学术界已经将青少年视为积极的存在者，可以为社群或社会的发展做出贡献，我们也需要将他们视为道德和理智上的同伴及学习上的合作者。我们必须充分利用年轻人的创造性思维和社会网络的力量，而不是对他们施以强力。互联网正日益使这一点变得切实可行，本文所提供的例子就展示了青少年那股出人意料的力量。因此我们须重构教育，将之视为一种合作性的情境和自我展示的舞台，以促进青少年力量的增强。

论作为社会空间的童年：一个初步的探索 *

◎ 郑素华①

摘　要：社会空间理论为思考童年如何存在和表征提供了理论资源。不是将社会空间视为童年存在的背景，而是直接视童年本身为一种社会空间，一种由身体空间、物理空间、（世代）关系空间、象征空间叠合构成和互动的多重社会空间。作为社会空间的童年，既是有形的、物理的、物质的，也是社会的、话语的、象征的建构和不断建构的产物。

关键词：童年　社会空间　身体　世代

一、问题的缘起：何处安放童年?

在童年的社会研究中，我们通常会追问一个问题：作为一种相对明确的观念、自觉的意识，现代童年来自何处？这一问题困扰着很多学者。大体有两种追问路数：一种是从宽泛的社会生活史、家庭史、文化史的角度追寻童年之源，代表性学者是法国的菲力浦·阿利埃斯（Philippe Ariès）。通过对日记、墓志铭、油画、版画、插画、诗歌、礼仪教程、童蒙手册等各种史料的考察，他得出“在中世纪社会，童年的观念并不存在”的结论。②哈里·亨德里克（Harry Hendrick）对18世纪以来英国童年种种建构的解释性分析延续了这一研究路数，他将人们对儿童的新态度及新的童年观念的出现追溯至17世纪末，由此归纳了天性本然的儿童、浪漫的儿童、福音派的儿童等不同模式的童年建构。③

另一种则从更为具体的社会技术变迁的角度探讨童年概念的诞生、发明与消逝问题。代表性研究是尼尔·波兹曼（Neil Postman）对印刷媒介引发的社会变迁与童年观念的分析，其“印刷术促进了童年概念的形成，电子媒介又使之消逝”的结论广为熟知。④

这两种研究的共同特征是从历史的角度来探寻现代童年的产生、发展与变迁。它们所关注的问题，可以称为“童年的始源性”问题，其核心是探讨现代童年与其

---

* 本文系浙江省哲学社会科学规划课题“西方儿童地理学发展史研究”（20NDJC059YB）的成果之一。

① 郑素华，浙江师范大学杭州幼儿师范学院副研究员。

② （法）菲力浦·阿利埃斯：《儿童的世纪》，沈坚、朱晓罕译，北京：北京大学出版社，2013年，第192页。

③ Allison James & Alan Prout（eds）, *Constructing and Reconstructing Childhood: Contemporary Issues in the Sociological Study of Childhood*, London: Falmer Press, 1997, pp.34—62.

④ （美）尼尔·波兹曼：《童年的消逝》，吴燕莛译，桂林：广西师范大学出版社，2004年。

自身过去的基本而又原始的关系。

出于对社会发展性儿童这一传统概念与模式的批评——该模式几乎完全不关注儿童，儿童或是成长的具体表现，或是评估和测量过渡和变化的指标——当前新童年研究提出要关注作为“being”的童年。儿童不仅是一个人，更被看作一种身份、一种行动以及一组需要、权利或差别。这种新范式的认识论突破是转向真实的儿童或作为儿童的经验。①其探讨的核心是童年的存在性问题。不同于发展理论中对“becoming”问题的倚重，也不同于对童年历史始源的追问，童年的存在性问题关注的侧重点是童年如何在“here and now”存在和表征。在现实层面上，表现为一个简洁的问题：童年如何被安放，或者如何安放童年才是适当的？

对于这个问题的一般理解是童年应该安放在幼儿园、托儿所、学校中，童年的大部分时光应该在学校度过，学校教育是幸福、美好童年的保障。虽然学校与现代童年的关系密切，学校制度促进了现代童年概念、制度的产生、成熟，现代童年也由于学生待在学校时间的延长而得以延长。②然而，学校为童年创造的空间并不一定对所有儿童都是有益的③，童年也并不仅仅属于学校。如果我们要突破童年与学校、家庭、社会等关系的单一认识，那么我们需要新的视野来重新理解童年。这种新的视野之一即是引入社会空间的理论来探究童年的多维存在。

二、社会空间与童年

艾莉森·詹姆斯等人大胆地做出这样的定义，即童年总是处于错误空间的人生阶段。④这一论断显示出现代童年的矛盾、困境：人们一方面珍视、颂扬、讴歌童年，另一方面童年却是人生阶段中受到管理、控制、规训最多的部分。在*Theorizing Childhood*（中译本《童年论》）一书中，曾专辟一章论述社会空间中的童年困境。

有别于此，本文不是将社会空间视为童年存在的背景，而是直接视童年本身为一种社会空间，一种不断建构、解构和重构的多重社会空间。这一理解呼应了20世纪后期社会科学中发生的前所未有的空间转向。在这一转向中，列斐伏尔（Lefebvre）、苏贾（Soja）、泰若（Teather）等学者们以批判性洞察力来解释空间与人类生活的空间性。

对法国哲学家列斐伏尔来说，空间不是空的器皿和媒介，而是社会的产物。他创造性地提出了空间生产理论。空间生产不是指在空间内部的物质生产，而是指空间本身的生产，意即空间自身直接和生产相关，生产是将空间作为对象，即是说，空间中的生产（Production in Space）现在

① （英）艾莉森·詹姆斯、克里斯·简克斯、艾伦·普劳特：《童年论》，何芳译，上海：上海社会科学院出版社，2014年，第185页。

② （法）菲力浦·阿利埃斯：《儿童的世纪》，第231页。

③ （英）艾莉森·詹姆斯、克里斯·简克斯、艾伦·普劳特：《童年论》，第41页。

④ 同上，第34页。

转变为空间生产（Production of Space）。①他用“空间实践”（Spatial Practice）、“空间的表征”（Representations of Space）、“表征的空间”（Representational Spaces）三个组合的概念来解释此。“空间实践”包括生产和再生产，以及每一社会形态所特有的位置和空间特性。空间实践确保了连续性和一定程度的凝聚力。就社会空间以及某一特定社会的每个成员与该空间的关系而言，这种凝聚力意味着一种有保证的能力水平和具体的表现水平。“空间的表征”与生产关系和这些关系所施加的“秩序”有关，因此与知识、符号、代码和“正面”关系有关。“表征的空间”体现了复杂的象征，有时被编码，有时没有编码，在社会生活的隐秘或地下方面也与艺术有关（最终可能被定义为一种空间符码，而不是一种表征空间的符码）。②它们分别对应着三种空间：感知的空间（Perceived Space）、构想的空间（Conceived Space）、生活的空间（Lived Space）。空间的这三个轴向或面向，构成“三重辩证”（Dialectique de Triplicité）的要素。

苏贾从列斐伏尔的立场中导引出来的“生三”（Thirding），将辩证推理予以空间化。（它）创造出一种累积性的三元辩证法（Trialectics）③，进而提出一种“存在的三元辩证法”（Trialectics of Being）。理解该辩证法的关键是认识到，研究某一特定事件、人物、地方或社会群体的历史性本质上并不比研究其社会性或空间性更具有洞察力。历史性、社会性、空间性之间复杂的相互作用应该作为基本的、相互交织的知识来源一起进行研究，这是“在世界中存在”的全部意义。④与列斐伏尔一样，苏贾寻求将空间与社会的、历史的等因素结合起来理解世界的存在与意义。

围绕空间与地方的争论，澳大利亚学者泰若直接以概念的方式区分为四种空间：一是作为地方的空间（Space of Place），指物质的、有边界的地方。对该空间的体验，会产生特定的地方感，这些特定的地方感对我们有意义。地方与意义之间的这种联系——一种难以定义的存在性，有时为许多人所共有，有时因人而异。作为地方的空间这一概念呈现了我们生活中某些地方的独特特征。从某种意义上说，这些地方也构成我们身份的一部分。二是活动空间（Activity Space），指互动、交往、生活的空间。活动空间包括许多利益共同体，如政治游说团体或娱乐社团。活动空间主要是一个概念空间，但一定程度上也是我们的互动经常“发生”的物质空间。活动空间类似于卡斯特（Castells）的“流动的网络空间”，也包括虚拟空间。三是位置空间（Positioned Space），亦可称为“关系空间”。这一空间与身份、权利密切相关。位置性（Positionality）是理解该空间的核心。位置性意味着有些地方欢迎我们，有些地方

① 汪民安：《空间生产的政治学》，见《国外理论动态》，2006 年第 1 期。

② Henri Lefebvre, *The Production of Space*. Oxford UK: Blackwell Publishing, 1991, p.33.

③ See Shields, Rob. “Henri Lefebvre”, in Phil Hubbard, Rob Kitchin and Gill Valentine. *Key Thinkers on Space and Place*. London: Sage, 2004, pp.208—213.

④ Soja, E.Thirdspace: Expanding the Scope of the Geographical Imagination, in Massey, Allen and Sarre. *Human Geography Today*. Cambridge: Polity Press, 1999, p.262.

因为性别、年龄、阶级、肤色或其他原因而被习俗或法律排斥。因为我们每个人都处于不同的“位置”，所以不可能有一个单一的、客观的社会状况描述。四是话语空间（Discursive Space），即公众、媒体甚至司法机构持有的一套心理态度和惯例等。例如在作为一个概念的“强奸空间”中，女性被构建成潜在的受害者。这样的空间是由话语产生的，也就是说，它们是心理建构，是事件及其反应、价值观、媒体辩论和表现的产物。这样创造了一种散漫的空间，它有能力影响人们的行为，在这种情况下，女性会在晚上避开街道。①

这些学者的探索有助于扩展我们对童年的思考，可以帮助我们理解童年现象的意义以及这些意义是如何塑造社会世界的。

基于上述学者对空间及空间性的探索，我们认为作为社会空间的童年可以从四个叠合的空间维面来思考，分别是身体空间、物理空间、（世代）关系空间、象征空间。其中以身体作为基本单位的童年空间，涉及身体所占据、活动的“作为地方的空间”。物理空间着重关注童年的建构如何通过物质空间来呈现、实现。关系空间则凸显出儿童/成人、童年/成年之间的权力、控制、依赖关系。童年所负载的国家、民族、民主等现代价值是象征空间所要关注的。

当然，这四个空间是相互关联的，构成一种不断建构与重构的特定时期的童年景观。

三、作为身体空间的童年

我们将童年视为一种社会空间，这一空间无论在物质意义上还是在文化意义上首先围绕儿童的身体及身体的分类、隐喻、表征来定位、展现。因此，身体是童年空间探讨的基本单位。诸多童年观念或理论的构拟，也依赖于对儿童身体十足感性的描述、观察与想象。哲学家周国平这样描述他看到婴儿睡态的感受：“她躺在那里，深深地入睡，小脸蛋光洁，神态安详，在她的脸上没有一丝不安和阴影。她远离人世间的一切喧闹、争斗、享乐和苦恼，沉浸在无何有之乡，把你也带往那个洁净的国度。”② 儿童的身体在这里闪耀着超脱人间的精神光华，儿童因此成为“人间天使”的代名词。

就人类的生物学构成而言，身体是存在的基石，占据着一个特定的地方。作为个体的儿童本身是一个身体性的存在，是一个有形的物理性、物质性实体。在肉体的意义上，身体构成了儿童、属于儿童。从儿童的角度看，儿童对自身身体的控制、认知、使用深深地限定、扩展、塑造着童年的物理空间。就生命历程诸如婴儿、青少年、老年人而言，身体的体验具有不同的意义。对婴儿而言，他们的空间只能限定在婴儿床或其他小小的范围内，这一限定并非成人施加的，而是由其自身身体的特性所决定的。他们无法驱动身体，他们是身体的仆人，是自然的奴隶（这一点与老年人身体特别相似）。这构成了我们最持久的童年想象：童年是无助的、依赖的、脆弱的。在这里，身体通过

① Teather. *Embodied Geographies*. London：Routledge，1999，pp.2—4.

② 周国平：《宝贝，宝贝》，杭州：浙江文艺出版社，2014 年，第 10 页。

文化编码被转换为童年的特定内涵。

但是，如果仅凭这一点而断定说生物学脆弱的身体是儿童的缺陷，可谓大错特错。儿童身体上的脆弱是儿童发展未完成性的表现，这恰恰是他们的优点。我们需要注意到儿童身体区别于成人身体的这一优点：儿童生理身体力量和技能的可发展性，表现为力量、肌肉、骨骼的可完善性，而成人已经丧失了这一身体自然赋予的机会。这种可完善性赋予儿童身体探索无与伦比的活力。这是作为身体空间的童年世界与作为身体空间的成年世界不同之处。

因而，区别于身体之于成人的一个消极被动的外壳，身体在儿童那里是生动的、活态的、未完成的、积极的。儿童最初是通过身体来感知、认识社会世界的。要知道，儿童的身体虽然弱小，然而身体不仅仅是躯体，身体还是一个有着丰富感官、感觉的存在，对环境具有高度敏感性；同时身体也是社会互动的载体，是社会关系发生的纽带。初生的婴儿会通过身体气味寻找母亲，通过体温感受母亲的怀抱。对他们来讲，他们的童年世界是以他们的身体为尺度来度量的。儿童身体的能力多大，他们的世界就多大。不过，这种限定只能是暂时性的，当社会性逐渐在身体上展开的时候，身体将随着儿童意识的觉醒而显示出多样的潜能。

身体就是儿童的存在。儿童通过身体来拓展、构建他们的童年空间。像席林（Shilling）论述工人阶级身体的工具性关系一样①，对儿童来说，身体起初是功能性的、工具性的。儿童以身体作为工具丈量他们的世界、扩展他们的世界。儿童一旦能自行行走，就迫不及待地尝试运用身体，例如通过奔跑来显示他们的肢体能力。身体成为儿童空间的探索单位，身体能够移动到哪里，他们就将他们的活动空间拓展到哪里。

儿童的身体是转换的，既是限制又是行动的支持。最初的身体限制将很快变成支持他们空间拓展的脚手架，显然，儿童的身体移动能力随着他们体格的增强而提升。儿童身体能力的改变，会影响他们对世界的体验。当得到身体支持时，儿童会立刻运用它们。他们的空间会逐渐从卧室拓展到客厅，从室内拓展到室外，从社区扩大到城市广场以及更广的地理空间。

随着儿童自我意识的发展，儿童对身体的运用将从功能性向表意性变化，身体将越来越成为儿童表达意图、情感的一种方式。儿童利用身体展示愤怒、抗争，例如儿童会躺在超市的地上，抗议父母不买玩具的决定；儿童会在空旷的走廊里快速奔跑，表达他们的情感。

芬格森（Fingerson）提出身体能动性（Body-agency）的概念来描述青春期少女对月经初潮的处理方式。②其实，即使是幼儿，亦具有身体能动性。他们是积极的身体运用者、探索者。这应该是儿童是探索者的最底层的含义。

无疑，身体是儿童的主要资源，儿童通过身体构建了他们的童年物理与文化边界。不过，就成人的角度看，身体也是他们控制的主要资源。成人通过对儿童身

① （英）特纳：《身体与社会理论》，马海良译，沈阳：春风文艺出版社，2000年，第124页。

② Fingerson. Agency and the Body in Adolescent Menstrual Talk. *Childhood*, 2005, 12（1）.

体的控制与管理来达到教育、文明化、社会化的目的。在这里，身体成为争夺的对象，儿童能否独立决定如何安排、修饰、支配身体常常是家庭矛盾的爆发点。例如对儿童吃饭的坐姿要求，父母通常会要求儿童在椅子上坐好了吃饭，但儿童可能会站在或跪在椅子上吃饭。如果儿童不按照父母的要求，就会受到威胁：那你就不要吃了。我们很少去寻找儿童身体姿态的原因，或许是因为椅子太矮、太不舒服。在此，我们需要耐心地倾听儿童身体所传达的语言。

儿童是一种带有意向性的身体存在，因为在社会空间中，身体的行动或姿态总是承载或被赋予意图的。对身体的争夺，显示出对童年空间的分配、控制与争夺。难怪特纳（Turner）宣称身体社会学是一门政治社会学，因为它涉及支配欲望的权威性斗争。① 因而，作为身体空间的童年，必然涉及儿童—成人的关系，或者说，童年其实也是一种关系空间。

四、作为物理空间的童年

对现代社会中的儿童而言，他们的童年总是在特定的物理空间度过的，诸如学校、孤儿院、幼儿园、日托中心、医院、青少年宫，还有操场、夏令营、儿童博物馆和图书馆等。然而，我们对物质、物理空间在儿童的童年世界构建中发挥何种作用及如何发挥，知之甚少。我们通常会将这些场所、地点、空间作为成年人为现代儿童和他们的童年设定和实施目标的一种成长环境或途径，而很少意识到现代童年观念促成了一种特别的“为儿童”的物理空间，而这种空间同时潜在地强化了前者。

玛塔·古特曼（Marta Gutman）强调，物理空间提供了一个独特而有用的镜头，可以用来把握作为成年人想象的理想的童年、作为社会关系塑造舞台的童年、作为儿童体验的童年。② 如果这样的话，那么我们不能仅仅把物理空间视为童年的背景，而要看到这些物理空间构成一种特殊的童年文化，一种特定的童年的物质景观。

作为物理空间的童年，其关注的核心是童年观念、理想、想象的建构如何通过物质空间实现的，其聚焦于围绕儿童生活而构建的各种物质、物理空间以及相关实践。这些空间与物质实践不仅受到单向关系的童年观念、知识的影响，而且它们所构建的世界不仅促进了这些观念、理想和它们所体现的价值，而且肯定了它们的正确性。

英国学者彼得·克拉夫特尔（Peter Kraftl）以西威尔士的Nant-y-Cwm学校为例，探索了童年如何转化为物质形式。这所学校是由一群父母按照鲁道夫·斯坦纳（Steiner）的思想建造的。克拉夫特尔试图通过这一研究来回答童年为何重要，又是如何体现为一种空间或体现在空间中的。克拉夫特尔分析了学校的建筑师如何将鲁道夫·斯坦纳的作品和其中的童年理想与学校作为一个有机整体的建设联系起来：“建筑需要形式和形状……与周围环境有关。这些创造了适当的姿态：欢迎，隐私，活动，休息。”③ 这些姿势创造适当

---

① （英）特纳：《身体与社会理论》，第100页。

② Marta Gutman. *The Routledge History of Childhood in the Western World*. Abingdon：Routledge，2012，p.249.

③ Christopher Day. *Places of the Soul*：*Architecture and Environmental Design as a Healing Art*. Wellingborough：The Aquarian Press，1990，p.109.

的氛围，不仅是为了学习，也是为了满足幼儿的需要：在一个和谐、滋养、温柔、神奇的被建筑师描述为“童年的天堂”中受到保护。这些实践表达了成人对公共生活和童年理想的道德承诺。克拉夫特尔总结说：“正如我所证明的，这些活动和物品——比如抹布、厕所清洁、自然桌、学习字母表中的字母、门把手——都被纳入了 Nant-y-Cwm，并构成了更普遍、或多或少连贯的童年概念。”①

这一研究显示了童年的物质空间与观念变迁的相互影响。儿童史的研究亦表明了这一点。在中世纪，你不可能找到一个有儿童卧室的房子，一个有操场的社区，或者一个有公立高中的城市。人们不会为儿童专门设计一种所有构件均是全新的服装②，因为在那个时期，我们还没有童年的现代观念。

当童年的新理想开始与社会的其他革命性变化——家庭与工作的分离、公共生活与私人生活的现代概念以及消费社会的兴起——交织在一起时，童年的物质空间开始发生变化。一种产生于 19 世纪的习惯普及开来，那就是在家中给予儿童一个房间，或者至少属于儿童自己的空间。房间里有儿童自己的家具，而不是成人用过的废品；也有儿童自己特别的装饰（画、日历以及再现儿童生活场景、童年故事和动物的小物品），以促进儿童想象力的发展。房间所要传达的儿童观念就是保护需求占主导的世界的想法，因此这里应当保持简单、优雅和干净。③

在当代，随着这一儿童理念的盛行，童年的物理空间呈现出两大特征：一是区隔化；二是专门化。

所谓区隔化，是指从成人—儿童的角度看，童年空间在物质、有形的层面上与成人的工作空间越来越分割。例如专门为精英阶层设计的托儿所、房屋里的儿童房。在德国，享有特权的男孩和女孩被要求在一个被称为“玩耍天堂”的地方吃饭、睡觉、玩耍。楼上的位置或朝房子后面的位置，有明显的分隔，是孩子们及确保对中产阶级的尊严至关重要的隐私的理想环境。这些房间及用品陈设构成了中产阶级家庭为童年理想设计的物质景观。中产阶级的父母利用这些物质景观来管理、保护和隔离孩子，他们还用它们来社会化，并在适当的时候教育孩子。④

童年物理空间的另一重要特征是专门化。艾格勒·贝奇（Egle Becchi）注意到，20 世纪的一个新现象是体育空间的发展：在游泳池、网球场和溜冰场中，除了针对成人的区域外，人们开始为儿童设置更小的空间。⑤而随着人们对工业化和城市化对儿童有害影响的担忧激增，与学校一样，一种专门为玩耍而建的物理空间也随之激增，诸如大型儿童游乐中心、商场室内游戏区等，这种空间特别受到城市父母的欢迎——对城市公共空间潜在危险的担

① Peter Kraftl. Building an Idea：The Material Construction of an Ideal Childhood. *Transactions of the Institute of British Geographers NS*, 2006（31）, pp.488—504.

② （法）菲力浦·阿利埃斯：《儿童的世纪》，第 90 页。

③ （意）艾格勒·贝奇、多米尼克·朱利亚：《西方儿童史（下）》，申华明译，北京：商务印书馆，2016 年，第 397 页。

④ Marta Gutman. *The Routledge History of Childhood in the Western World.* Abingdon：Routledge，2012，p.249.

⑤ （意）艾格勒·贝奇、多米尼克·朱利亚：《西方儿童史（下）》，第 399 页。

忧使得成人越来越将儿童的活动限定在特定的有组织的空间中。以此，成人对儿童进行指导、控制、管理和绘制物理边界，就像他们围绕童年绘制社会边界一样。

作为物理空间的童年，使我们意识到，如果我们认为现代童年具有特殊性，那么这种特殊性必然也体现在物质空间中。儿童需要特殊的空间，包括接近自然、玩具、衣服和其他特殊物品。这些"童年的小玩意"所型构的物理空间，是维持、实现美好童年生活的必不可少的条件，而不仅仅是象征。

五、作为（世代）关系空间的童年

无论是作为身体空间的童年，还是作为物理空间的童年，均必然涉及儿童／童年—成人／成年的关系，即是说，童年也是一种关系空间。

这种观点与克里斯·简克斯（Chris Jenks）的观点是一致的。克里斯·简克斯认为，在社会学理论中，如果不考虑成人的概念，那么儿童是无法想象的。①反之，如果不首先界定儿童，那么如何给成人以及成人社会一个界定也将是不可能的。因此，在一定程度上，对儿童、童年的研究，本质上就是对儿童（童年）—成人（成年）的关系的研究。

其中最重要的关系是世代。这一概念可以使我们思考儿童与成人之间的权力关系及由此建构的不同的社会空间。贝瑞·梅奥尔（Berry Mayall）以"世代化"（Generationing）这个词来描述这一关系。在利纳·阿兰（Leena Alanen）那里，"世代化"被理解为"世代结构化"（Generational Structuring）。②借助于"世代化"这一过程，我们可以知道"成为儿童"（被结构化为儿童）或"成为成人"（被结构化为成人）的社会过程。

作为世代的童年／成年的重要性，在于它建立了一种关系取向，"童年是什么"与"成年是什么"是密切相关的。关系取向可以说明人们如何定位儿童／童年与成人／成年的历程。对贝瑞·梅奥尔而言，这些关系发生在许多层面上：

一是儿童与成人的个体层面；

二是不同世代群体之间的关系，如父母亲及其后代——父母与儿童属于不同社会群体的成员；

三是更大社会规范的层面，诸如支配父母责任的某些观念；

四是宏观层面上施加于儿童的社会政策。③

这些层面之间相互影响，产生出童年与成年的不同社会空间。如果接受贝瑞·梅奥尔以及克里斯·简克斯等人的观点，那么世代的概念对我们理解童年而言是非常重要的，由此可以将"童年"视为作为少数群体的儿童所占据的世代关系空间。在这种情况下，可以重置儿童的政治位置，这无疑提升了"童年"范畴的地位。

需要注意的是，尽管儿童与成人在相互关系中并没有什么不同，但是这种关系却远非对称的。儿童作为一个艾莉森·詹姆斯（Alison James）等人所谓的"少数群

---

① Chris Jenks. *The Sociology of Childhood: Essential Readings*. London: Batsford Academic and Educational, 1982, p.10.

② Alanen, L. and Mayall, *B. Conceptualizing Child-Adult Relations*. London: Falmer, 2001, p.129.

③ Berry Mayall. *Towards a Sociology for Childhood: Thinking from Children's Lives*. Buckingham: Open University Press, 2002, pp.28—30.

体”，其对资源、权力等的支配程度与支配能力是不一样的。在一般意义上，人们并不会歧视儿童，但是有证据表明在不同的年龄群体即世代之间存在系统性不平等。

大卫·奥德曼（David Oldman）认为，有三组因素塑造着童年，这三组因素分别是结构性因素（Structural）、规范性因素（Normative）、管理性因素（Regulative）。这三组因素呈现出儿童与成人之间的非对称世代关系。詹恩斯·库沃特普（Jens Qvortrup）认为这些因素可以将作为社会范畴的童年与其他世代范畴（成人、老人）区分开来①，表现为儿童“依赖”“需保护”与成人“支配”“保护”的单向关系。

这种世代关系在政治、经济、文化等诸多层面均有所体现。就政治领域而言，人们对童年的关注重点是保护，而不是儿童的权利。其中的原因正如安德森（Alderson）所言：“权利的概念最初基于理性、独立性、自由的价值观念之上。由于这些被认为是成年而非童年的特征，进而导致一种假设即认为儿童并不应具有公民权利。相反，儿童的保护需要通常才是强调的重点。”② 这种观点偏重强化儿童在世代关系的弱势地位。

在经济领域，儿童对成人的依赖关系更为明显。儿童无法独自养活自身，需要来自父母等成人的帮助以及现代国家福利的支持。尽管“儿童福利”已经成为现代童年的主导话语之一，然而，赫尔穆特·温特斯伯格（Helmut Wintersberger）提醒我们，所有的福利国家，在很大程度上都是成人主义、父权制的。首先，福利国家大多漠视儿童，无论在福利概念还是在实践中。其次，如果考虑儿童的话，基本以一种家长制的方式来思考，也就是由父母、其他成人决定什么对儿童是好的。再次，在国家福利条款中，成人一般被视为个体来考虑，对儿童的态度则是家庭主义。最后，在社会政策的篮子中，有关儿童的社会政策在很多方面都不那么重要。③

在文化领域，儿童和成人之间表现出更细致的文化差异形式。霍德-威廉姆斯（Hood-Williams）指出，成人对儿童拥有身体权力的权威，控制儿童的身体是当然的，没有任何的互惠性。④ 在此，我们非常赞同史蒂夫·杰克逊（Stevie Jackson）的观点：童年不只是一种心理学状态，也是一种社会地位——而且是一种非常低下的社会地位。⑤

儿童在世代关系中的这种地位或位置，一方面呼应了我们前所述及的身体、物理空间中的童年特征。另一方面，其显示出现代童年区别于成年的结构差异：童年在生命历程中被定位为一个被支配的、附属的社会空间；反之，这一定位又不断强化了儿童在政治、经济、社会关系上的弱势、依附

① Jens Qvortrup. Macroanalysis of Childhood, in P. Christensen and A. James. *Research with Children: Perspectives and Practices*. London: Falmer, 2000.

② Alderson. *Children's Consent to Surgery*. Buckingham: Open university, 1993, p.45.

③ Helmut Wintersberger. Work, Welfare and Generational Order: Towards a Political Economy of Childhood, in Jens Qvortrup. *Studies in Modern Childhood: Society, Agency, Culture*. New York: Palgrave Macmiillan, 2005.

④ （英）Michael Wyness:《童年与社会：儿童社会学导论》，王瑞贤等译，台北：心理出版社，2009 年，第 32 页。

⑤ 同上。

性，它们的相互作用构成了一种强大的世代不平等空间的自我再生产秩序。

六、作为象征空间的童年

自从“儿童的发现”之后，我们便认为儿童与成人是不同的。无数的理论家、学者肯定了儿童区别于成人的特殊性。这强化了现代主义的童年观念：儿童拥有自己独特的与成人社会不同的、有区别的文化，有他们自己的童年世界。

这种理解，在物理空间上促进、强化了儿童与成人的差异，把他们在有形空间上区分开来，如前所述，将儿童的身体置于种种受监视的围栏、院墙中。同时，这种理解也潜在地将童年与儿童越来越剥离。事实上，如果我们赞同童年是一种发明的话，这就必然意味着在童年未发明之前，儿童并不一定拥有童年。在历史上的大多数时期，儿童根本没有童年。即使在现代，也有很多儿童没有童年。①

当儿童不再“自然”拥有童年时，童年作为一个特殊的象征空间也就不断被生产出来。奥尔维格和格洛夫（Olwig and Gulløv）提醒我们，儿童和成人是分开的描述，不是一个普遍的特征，是植根于西方社会的研究和西方童年的概念②。因此，当我们在非西方社会推行各种儿童实践时，它建构了作为一种西方价值的象征空间，代表和再现与民主、国家认同、自治和真实性相关的象征价值。

在这种意义上，现代童年观念的发生与传播，就是一系列西方价值的播撒过程。童年史的研究表明，近代西方童年主要由白人、中产阶级、受教育者、新教徒的改革者、作家和政策制定者从1830年开始建构。③尽管大多数孩子永远不会享受这种西方版的童年，但它仍然是有史以来养育儿童的最重要的模式。

在这种模式中，儿童经常被描述成天真、好奇的人。童年的价值不再取决于前童年时期的经济收益，而是本身具有价值。现代的我们接受了这一关于童年的新观念，但部分原因是为了其他目的，如社会启蒙。这导致了后来无数的教育改革。

童年因此而越来越成为一个不仅仅与个体儿童有关，而且更与国家现代化、民族的未来等密切相关的事业。科罗尔特（Kjørholt）在审视挪威“亲自尝试”（Try Yourself）项目时指出，虽然该项目肯定了儿童的能动性，但它实际上是在重申和加强他们对成人的服从。这一项目可能是在培养儿童参与性与积极性的公民意识，它提供了一种拟像，在这种拟像中，与“挪威性”相关的价值被重视，以此再生产出真正的成年挪威公民。④

的确，就政治上而言，向现代童年概念的转变，意味着童年逐渐承载着国家、民族、民主等现代价值。这既体现在殖民时期欧洲及北美殖民者与印第安人的童年争夺中，欧洲人试图通过“教化”他们遇到的“野蛮人”（儿童），将儿童从“落后”中拯救出来，以消灭原住民文化，这在微

---

①（意）艾格勒·贝奇、多米尼克·朱利亚：《西方儿童史（下）》，第121页。

② Olwig and Gulløv. *Children's Places*. London：Routledge，2003，p.12.

③ James Marten. *The History of Childhood*. NY：Oxford，2018，p.51.

④ Kjørholt. Childhood as a Symbolic Space. *Children's Geographies*，2007（5）.

观层面上意味着用"西方"价值取代印第安人传统①；也部分体现在近代以来中国"少年强则国强"的民族复兴之梦中。

不同于政治、社会层面，在文学艺术中，童年纯真的意涵被放大。回到童年、歌咏儿童，成为艺术家们的一致所求。诗人华兹华斯（Wordsworth）宣称儿童是成人之父；泰戈尔（Tagore）用童年作为社会批判的武器；老子希望回到童稚状态。

如果说在文学、艺术家那里，童年仍然是一个丰富的所指的话，那么，在当代消费社会，童年的纯真被简化为一个符号而已。这一意象被卷入大众文化（尤其是视像文化）的生产和消费环节，其文化价值也由此被迅速转化为可观的经济价值。②这特别体现在商业广告中，童年在社会、文化层面的丰富意涵被抽离，通过儿童形象所展示的童年天真无邪不过是一个营销策略。作为"漂浮的能指"，这种商业叙事中的童年形象只是一种欲望编码工具，一种推动受众做出购买行为的消费符号。

关于现代童年的种种象征意涵，如果不考虑儿童生活的经济、社会现实的话，其意义可能是有限的或有害的，然而，却有力地塑造了独特的、分离的现代童年空间。

七、童年空间的未来

多琳·梅西（Doreen Massey）认为空间是多重性的存在，包含多元性意义，是不同轨迹共存的球体。③作为社会空间的童年，亦是一种多重性的存在，既包含身体的维度、物理的维度，也包含关系、象征的维度。

当然，以上四种对童年的社会空间的理解并不能涵盖目前学术界对"社会空间"的界定，这在一定程度上也表明了这一概念的复杂性、多义性。

我们的目的不是将地理学意义的空间概念与社会学、哲学意义上的空间概念割裂开来，因为空间既是有形的、物质的同时也是社会的、话语的建构的产物。就童年的理解而言，儿童的身体、物质文化、物理空间、世代关系、童年话语都是不可缺少的，它们是彼此依赖、相互塑造的。

重要的是，对童年多维度的探讨，将会使我们意识到社会空间边缘化其实是当今儿童成长的一个显著特征。2002 年联合国世界儿童问题首脑会议第六次全体会议通过《适合儿童生长的世界》的文件，呼吁社会全体成员一起开展一项全球运动，来建立一个适合儿童生长的世界。由此，我们需要思考怎么样才能建立一个更适宜儿童成长的社会空间。

当前，承认儿童是社会行动者已经成为新童年研究学界的共识。作为成人，不应简单地塑造我们孩子的童年，儿童在他们自己的世界中是行动的主体，他们有权选择自己的爱好、娱乐、日常活动等。他们是自己童年的完全占有者，虽然我们曾经度过童年时代，但我们没有权利要求他们完全按照我们设想的童年样子去生活。④我们应该积极倾听儿童的声音，与他们一起，共构美好的童年物质、文化与社会空间。

---

① James Marten. *The History of Childhood*. NY：Oxford，2018，p.59.

② 赵霞：《纯真的失陷——当代童年文化消费现象的诗学批判》，见《文化与诗学》，2013 年第 2 期。

③ Doreen Massey. *For Space*. London：Routledge，2005，p.9.

④ 郑素华：《论作为权利的童年》，见《幼儿教育》，2019 年第 7—8 期。

为什么“儿童”会沉默

——从“教训”的压抑到“娱乐”的消解*

◎ 朱自强①

摘　要：张天翼是20世纪50年代中国儿童文学的代表性作家，他所创作的《宝葫芦的秘密》《罗文英的故事》等作品，代表着当时用成人本位的教育观念对儿童进行教训，使作品中儿童的心声陷于沉默状态的一种儿童文学传统，属于非“儿童本位”的创作。2000年以后，在市场经济的时代里，许多儿童文学作家丧失了生命的痛感，作为文化产业的儿童文学出现了“娱乐至死”的倾向，儿童的心声被另一种形态的成人本位倾向的创作所淹没，这一问题的解决，已经成为目前中国儿童文学需要面对的最大课题。

关键词：压抑　娱乐至死　儿童　沉默　儿童本位

一

关于在儿童文学中儿童是“沉默”还是“发声”这一问题的讨论，首先关涉到人们所持的儿童文学观念，即人们对儿童文学是一种什么性质的文学的认识。

思考儿童文学的性质，有必要考察儿童文学的发生。我认为，在中国，儿童文学作为一种观念，不是“古已有之”，而是在从传统社会向现代社会转型的过程中发生的。儿童文学的发生，有待于文学、教育、经济等领域的变革，而其中最重要的是思想领域里儿童观的变革。在传统社会里，发挥最大的统治力量的是儒家思想，其“三纲”中的“父为子纲”是儿童文学发生的最大障碍。从19世纪中叶开始，在西方列强的压迫下，中国社会不得不向现代社会转型。在这一转型过程中，“父为子纲”这一成人本位的儿童观受到质疑，在五四新文化运动期间，形成了以周作人为代表的“儿童本位”的儿童观。

在被视为中国的儿童文学宣言的《儿童的文学》一文中，周作人较为集中、全面地表述了他的“儿童本位”的儿童观。他批判传统的“成人本位”的儿童观：“以前的人对于儿童多不能正当理解，不是将他当作缩小的成人，拿‘圣经贤传’尽量地灌下去，便将他看作不完全的小人，说小孩懂得甚么，一笔抹杀，不去理他。”他强调儿童身心的特殊性：“儿童在生理心理上，虽然和大人有点不同，但他仍是完全的个人，有他自己的内外两面的生活。”他承认儿童期具有“独立的意义

---

*　本文系2019年度教育部重大课题攻关项目“中国儿童文学跨学科拓展研究”（19JZD036）的研究成果。

①　朱自强，中国海洋大学教授。

与价值"："儿童期的二十几年的生活，一面固然是成人生活的预备，但一面也自有独立的意义与价值，因为全生活只是一个生长，我们不能指定那一截的时期，是真正的生活。"同时他又指出："儿童的生活，是转变的生长的"，我们"不要使他停滞，脱了正当的轨道"。① 正是在这样的儿童观的观照下，周作人的儿童文学观也是儿童本位的，即"顺应自然，助长发达，使各期之儿童得保其自然之本相，按程而进……"②

可以看出，周作人所设计的，或者说他理想中的"儿童本位"的儿童文学是一个儿童可以"发声"而不是"沉默"的文学世界。我是赞同周作人的这一乐观主义的追求的。所以，我在自己的第一本学术著作《儿童文学的本质》中，从一个角度将儿童文学阐释为"立于儿童生命的空间"的文学。需要说明的是，"立于儿童生命的空间"，并不是儿童"发声"，成人"沉默"，我主张的是成人作家走进儿童的生命世界，与儿童结成同盟，共同携手，一起跋涉在探究人生的路上。

但是，"儿童本位"的儿童文学这一理想之所以存在，是因为现实并不理想。在20世纪二三十年代，周作人就曾经一直不遗余力地批判中国儿童文学中教训儿童的思想倾向，而这样的思想倾向也不同程度地延续到了20世纪五六十年代。

二

在中国儿童文学的百年历史进程中，20世纪50年代是一个十分重要的时代。一方面，于1949年成立的中华人民共和国政府重视教育、重视儿童文学，号召、鼓励更多的作家从事儿童文学创作，儿童文学创作在数量和文体类型方面取得了较大的成绩和进步；但是，另一方面，由于许多儿童文学作家对儿童成长的动力在根本上不是来自成人从外部的灌输，而是来自对儿童的生命本身这一问题缺乏认识，从而逐渐形成了具有教训色彩的教育主义的创作模式。

20世纪五六十年代在中国儿童文学史上被称为"教育儿童的文学"③ 时代。一般而言，说儿童文学是"教育儿童的文学"并没有错，因为儿童文学的确具有教育功能。但是，50年代的"教育儿童的文学"的问题在于，它有时把儿童合理的精神生活曲解为错误的精神活动而加以批评和压抑，有时把儿童文学的"教育"矮小化为对儿童日常行为的规范。

张天翼是至70年代为止的中国儿童文学的代表性作家。他在1949年之前创作了具有左翼倾向的三部长篇作品：《大林和小林》（1932年）、《秃秃大王》（1936年）、《金鸭帝国》（1942年）。其中的《大林和小林》是最成功的作品，《秃秃大王》缺陷较多，而《金鸭帝国》则是失败的作品。除了这三部童话，张天翼还创作了十来篇以儿童生活为题材的小说。在50年代，张天翼为儿童创作了三篇短篇小说，两个儿童短剧，短篇童话《不动脑筋的故事》，中篇童话《宝葫芦的秘密》。张

① 周作人：《儿童的文学》，见钟叔河编订：《周作人散文全集》（第2卷），桂林：广西师范大学出版社，2009年。
② 周作人：《童话略论》，见钟叔河编订：《周作人散文全集》（第1卷），桂林：广西师范大学出版社，2009年。
③ "教育儿童的文学"一语出自儿童文学作家鲁兵。他于1962年出版了文集《教育儿童的文学》。

天翼曾谈到过自己50年代的儿童文学作品的创作动机："我在跟孩子们的接触当中，发现有一些个问题"，"有的孩子往往有点懒，有的不爱动脑筋，有的看见好玩的东西就忘了学习，有的孩子在学校里肯劳动，可是回到家里就要大人帮做这做那……我写的《罗文应的故事》《不动脑筋的故事》《宝葫芦的秘密》《蓉生在家里》等作品，就是针对孩子们这种种问题。"①

张天翼的儿童小说代表作《罗文应的故事》就是针对小学儿童"看见好玩的东西就忘了学习"这一"问题"（缺点）而创作的。小学生罗文应是一个典型的"贪玩"的孩子。他下午放学后，"总得逛上那么四五小时才到家"（这里面有张天翼惯用的夸张笔墨，目的是让读者也感到罗文应的"贪玩"已经成了问题）。他先是在市场里"参观了许多许多商店"，"又在一个摊子旁边观察那些陈列着的小刀子。他恨不得试一试，看这些小刀究竟有没有赵家林的那一把快。而他研究得最久的，是玩具店门口的那一盆小乌龟"。当他发现天色已晚时，急忙赶回家，可是别人打克郎球又吸引了他。就这样，他把学习的时间全耽误了。于是班里同学来帮助罗文应，组成学习小组"押"送罗文应回家，然后在一起做功课。结果"这天成绩很不错。功课做完了还好好玩了一阵"（怎么"好好玩了一阵"？小说一字未写，因为这不是作家所关心的问题）。罗文应想起解放军叔叔希望他"自己管住自己"的话，后来不让同学送，自己也能管住自己，不在路上贪玩了，于是"他的功课也一天一天地有进步了"。

面对"贪玩"的罗文应，我想起了小说家沈从文的童年。童年期的沈从文比因贪玩影响写作业的罗文应更有甚者，他直接就逃学，然后去"贪玩"。他在大自然中游荡，观察大人的社会生活。《从文自传》里的一个章节标题就是"我读一本小书同时又读一本大书"。小书是指私塾里、学校里读的书；大书是指生活（包括大自然和社会两部分）。沈从文在自传中详尽地描写了不断地逃学，用身体去读生活这本"大书"的乐趣。他明确说，"逃避那些枯燥书本去同一切自然相亲近"的"这一年的生活形成了我一生性格与感情的基础"。"我的心总得为一种新鲜声音、新鲜颜色、新鲜气味而跳。""我的智慧应该从直接生活上得来，却不须从一本好书一句好话上学来。"

对比沈从文对待儿童"贪玩"的态度，不能不说，张天翼的否定儿童"贪玩"这一创作姿态，是缺乏对儿童"贪玩"生活所具有的价值的认识，因而是缺乏教育智慧的。张天翼将儿童的好奇心和游戏天性与按时完成作业对立起来（"看见好玩的东西就忘了学习"），简单地否定了儿童的游戏，势必对儿童的心理造成压抑。尽管张天翼努力表现罗文应是在解放军叔叔和同学们的帮助下，自觉自愿地放弃"贪玩"这一行为，"养成新的好的习惯了"，但是，由于儿童想自由自在地玩耍这一愿望，与按时完成作业这一要求的天然冲突，罗文应所受到的压抑，还是在作家没有意识到的情况下，在作品中流露了出来。

---

① 张天翼：《为孩子的写作是幸福的》，见《张天翼研究资料》，北京：中国社会科学出版社，1982年。

第三天恰好刮了风。他放学走过市场门口，实在不放心那一盆小乌龟：今天天气那么凉，它们怎么样了？还是游得那么活泼么？

“真的，爬虫类会不会感冒的？”他自问自答。“去看一看罢，啊？……不许！”

走了几步。他心里痒痒的。光去看一看小乌龟，别的什么都不看，行不行？——这总可以通融通融吧？

喂，别走得那么快！倒好好考虑一下看……

“不行！”罗文应硬管住了自己。

至于胡同里那家糖食铺里——克郎球是没有人打，倒有三个人坐在那里下跳子棋。罗文应瞟一眼就知道了。只是不知道他们下得好不好，胜败如何。

怎么样？去稍微看一点儿——只看那么一点点儿，可以不可以？

“稍微……嗯，还是不可以！”

他叹了一口闷气。要知道，跳子棋可不比克郎球。今天稍为看那么一下，明天起决计不看，这总不要紧了吧？

他想起了刘叔叔他们。要是叔叔们知道他现在转的什么心思，会怎么说呢？——“哼，老毛病！”

罗文应就头也不回，坚决地向前走去了。

我特别关注作家写下的“他叹了一口闷气”这一笔。能做到解放军叔叔、老师要求的那样不“贪玩”，罗文应非但没有感到内心的快乐，反而“叹了一口闷气”，这是否透露了违反儿童天性的强制教育的无效性。

在小说的结尾有这样一句话：“现在呢，罗文应已经养成新的好的习惯了。不是玩的时候你要引他玩，他才不理这个茬呢。他按时学习、劳动、运动、休息，不再浪费时间。在家里也有工夫帮助妈妈做事，有工夫照顾妹妹了。还真的给妹妹买了一个小乌龟，可好玩儿呢。”罗文应本来那么喜欢小乌龟，那么关心小乌龟，可是，最终买来的小乌龟，却只是给妹妹的。作家再一次强制地让罗文应放弃了真正的游戏。

就整体来说，《罗文应的故事》中的儿童是“沉默”的，这种“沉默”是儿童的天性和愿望被压抑的必然结果，从本质上来说，这种“沉默”是一种儿童的被“噤声”。

《宝葫芦的秘密》是中国幻想小说的先驱作品，其完成度和趣味性在那个时代的儿童文学作品中是名列前茅的。但是，它同样是压抑儿童的天然愿望，使儿童“沉默”的作品。

在这部作品中，张天翼最大的问题，是他非逻辑地将王葆（儿童）想要得到宝葫芦这一愿望与“剥削阶级不劳而获的思想意识”画上了等号。王葆得到宝葫芦后，先让它变出金鱼，解决了玩的问题，再让它变出熏鱼、卤蛋，解决了饿的问题，然后就想为自己的学校变出一座正需要的三层楼房，王葆认为，这是“贵重的有意义的东西”。也就是说，王葆想得到宝葫芦这一愿望是非常美好的，至少可以说是非常正面的。如果作家按照孩子心中的所有善良愿望去变，没准王葆也像林格伦创造的那个力大无比的女孩子长袜子皮皮，成了给全世界小读者带来快乐的小英雄。但是作家不让王葆的愿望实现，若是实现了，还怎么教育他改正缺点，自觉比孩子高明的成人的优越感不就失去了么？所以作家只让王葆得到一个偷东西的宝葫芦！尽管这恰恰不是王葆想要的。

作家有自己的逻辑推理。儿童幻想得到宝葫芦，这就等于什么也不用干，却要什么有什么，而不劳而获的剥削阶级正是什么也不用干就要什么有什么。那好，数学定理：等于第三个量的两个量相等。于是儿童幻想得到宝葫芦就等于追求剥削阶级的不劳而获的生活。“因此，对王葆式的孩子要好好教育，不能让他发展下去。”①这样，王葆就必须与宝葫芦决裂，彻底抛弃它。这本身是一个表现儿童成长的恰当题材。问题是，作家为了倒偷东西的宝葫芦，即“不劳而获的思想意识”的脏水，把王葆（儿童）想要一个可以使生活更美好的宝葫芦这一愿望也一起倒掉了。

这部作品的一大败笔，是在结尾让王葆从梦中醒来——原来关于宝葫芦的故事，并不是生活中真实发生的，而只是个梦。这种对待幻想的态度，也是与儿童的幻想愿望相冲突的，也起到了使儿童“沉默”的负面作用。我们听听一个儿童读者的读后感：“当前全国人民正在为使我国在本世纪内——2000年——实现四个现代化而努力奋斗，如果谁都想要个宝葫芦，靠偷、靠摸，怎么能实现‘四化’呢？”儿童接受了作家的创作意图，内心的幻想愿望“沉默”了。②同时，儿童读者又发出了另一种声音——有的小读者说：“宝葫芦的故事是真的吗？如果不是真的，讲这个故事是什么意思？”还有人说：“可惜宝葫芦的故事不是真的，要是真的，我有那么一个宝葫芦该有多好！王葆干吗又砸它，又烧它？”③可见，儿童读者不甘心“沉默”，他们还是要求“发声”，儿童心性中的幻想力量是巨大的，是压抑不住的。

三

进入改革开放的80年代，中国儿童文学发生期（20年代）的具有浪漫主义色彩的“儿童本位”的儿童观和儿童文学观得到继承，并进一步发展出具有建构性的新的“儿童本位”的儿童观和儿童文学观。这种新的“儿童本位”论承认儿童的生命体内充满着成长的能动性力量，批判50年代以张天翼为代表的负面地评价儿童的、具有教训倾向的儿童文学“传统”，并取得了令人瞩目的成绩。从近四十年来的儿童文学作品中，我们听到了越来越多的儿童的“声音”，在相当的程度上，儿童被赋予了“发声”的权利。

前文所谓近二十年中国儿童文学中儿童的“另一种沉默”，是区别于50年代的教训主义模式而言。近二十年，中国儿童文学又出现了新的儿童的“沉默”。近二十年的儿童的“沉默”，不是由于成人高高在上的教训的压抑，而是由于市场经济时代里逐渐形成的“娱乐至死”（尼尔·波兹曼语）的风潮的淹没。这一问题已经成为目前中国儿童文学需要解决的最

① 张天翼：《为孩子的写作是幸福的》，见《张天翼研究资料》，北京：中国社会科学出版社，1982年。

② 同上。

③ 张天翼：《为〈宝葫芦的秘密〉再版给小读者的信》，见《张天翼童话选》，长沙：湖南少年儿童出版社，1982年。

大课题。

自1992年起，中国开始社会主义市场经济体制的运行。从2003年起，出版社逐渐完成由事业单位变为企业的改制工作，儿童文学出版变成了文化产业，儿童文学书籍也真正成了商品。在市场经济推进的同时，社会竞争的压力转化为学校、家长在教育上的焦虑，功利主义的应试教育愈演愈烈，童年的很多权利被剥夺，无数儿童的童年生活成了应试教育的牺牲品。面对应试教育下儿童的生命的压抑和内心的痛苦，众多的儿童文学作家没有像80年代那样拍案而起。对这一问题我在《儿童文学与童年生态》一文中曾说道："与20世纪80年代相比，今天的儿童文学关注儿童教育现实的热情减退了，思考儿童教育本质的力量减弱了，批判儿童教育弊端的锋芒变钝了。正像有的研究者描述的，儿童文学正在从'忧患'走向'放松'，从'思考'走向'感受'，从'深度'走向'平面'，从'凝重'走向'调侃'。我并没有厚此薄彼之意，相反，我恰恰反对这种二元对立的艺术选择方式。在儿童生命生态令人担忧的今天，儿童文学缺乏'忧患''思考''深度''凝重'，是十分可疑的现象。虽然秦文君写了《一个女孩的心灵史》，但是，这种姿态似乎是无人喝彩、无人追随。这个时代，多么需要卢梭的《爱弥儿》、塞林格的《麦田里的守望者》式的作品。如果众多儿童文学作家退出关注、思考教育问题的领域，对儿童心灵生态状况缺乏忧患意识，儿童文学创作将出现思想上的贫血，力量上的虚脱。这样的儿童文学是不'在场'的文学，它难以对这个时代以及这个时代的儿童负责。"①

不能不说，在一个相当大的范围内，儿童文学作家和批评家丧失了生命的痛感，与商业化、娱乐化思潮握手言欢。霍克海默和阿多诺在《启蒙辩证法》一中书认为，"文化工业"只承认效益，因而破坏了文艺作品的反叛性，同样，儿童文学如果失去它的反叛性，如果作为成人的儿童文学作家面对应试教育给儿童生命带来的压迫和剥夺自甘沉默，处于弱势的、被波普尔称为20世纪最大的受压迫阶级的儿童，自然是不能发出声音的"沉默者"。

近二十年来中国儿童文学中的儿童被失声，主要原因是在市场经济条件下，整个社会向钱看的风潮，使作为文化产业的儿童文学的评价标准出了问题。比如，对畅销作家，有的知名评论家公开回避其作品的思想和艺术品质，只以其高额发行量为评价标准；有的评论家只以作品的有趣（实则是庸俗的搞笑）为着眼点，却忽视了作品的价值观、道德观的问题。儿童的被失声，已经成为目前中国儿童文学的巨大隐忧。为解决这样的问题，非常迫切地需要建立衡量儿童文学出版这一文化产业品质的双重尺度——经济效益尺度和人文精神尺度。

结　语

儿童文学创作是否能够让"儿童"发出声音，在根本上取决于作为创作者的成人所持有的儿童观和儿童文学观。加拿大学者佩里·诺德曼在《隐藏的成人——定义儿童文学》一书中，以包括《爱丽丝漫

① 朱自强：《童书的视界——文学·文化·教育》，南宁：接力出版社，2010年。

游奇境记》《杜立德医生》《下雪天》这三部儿童文学经典在内的六本儿童文学作品为样本，探究儿童文学的定义。诺德曼指出："这些文本认为成人有权利对儿童行使权力和影响；因而，它们可能表现出一种对不太强大的生命存在的看法，这种看法可以被认为是'殖民主义者的'。"① 诺德曼的这种对儿童文学的看法，在早于这本书的《儿童文学的乐趣》中就有表述——"儿童文学代表了成人对儿童进行殖民的努力：让他们认为自己应该成为成人希望中的样子，并为自己本身难以避免不符合成人模具的各个方面感到惭愧。这或许是专制规则的另一个（也是非常强大的）方面。"② 如果真像诺德曼说的那样，《爱丽丝漫游奇境记》《杜立德医生》《下雪天》这样的儿童文学经典都是"殖民主义者的"，那么他的下述儿童文学观念就是可以被接受的——"就像我本书中一直描述的那样，儿童文学是这样一项事业：它总是超乎一切地试图成为非成人的，但总是不可避免地失败。然而从我描述的变奏模式和那些模式所能产生的丰富含混性来看，它总是在做努力，然后再次失败。"③

但是，我本人并不像佩里·诺德曼那么悲观。在儿童文学的创作和评论中，成人没有可能与儿童形成共谋吗？成人没有可能诉说出儿童的愿望吗？归根结底，人与人不能够沟通和交流吗？难道只要一沟通就一定会出现某一方对另一方的"殖民统治"吗？事实上，提出"儿童本位"的儿童文学理论的周作人早就指出过，儿童文学是"融合成人与儿童"的文学世界——"安徒生因了他异常的天性，能够复造出儿童的世界，但也只是很少数，他的多数作品大抵是属于第三的世界的，这可以说是超过成人与儿童的世界，也可以说是融合成人与儿童的世界。"④ 我赞成周作人这一对儿童文学的描述，并坚定地认为，儿童文学作家要在作品中让儿童发声，就必须站到"儿童本位"这一立场上来。

---

①（加）佩里·诺德曼：《隐藏的成人——定义儿童文学》，徐文丽译，北京：中国社会科学出版社，2014 年，第 78 页。

②（加）佩里·诺德曼、梅维丝·雷默：《儿童文学的乐趣》，陈中美译，上海：少年儿童出版社，2008 年，第 149 页。

③（加）佩里·诺德曼：《隐藏的成人——定义儿童文学》，第 360—361 页。

④ 赵景深、周作人：《童话的讨论四》，见钟叔河编订：《周作人散文全集》（第 2 卷），桂林：广西师范大学出版社，2009 年。

《西方儿童史》书评

——从古希腊到20世纪，西方儿童的理想形象与现实挣扎

◎ 周川又[①]

摘　要：《西方儿童史》一书详细介绍了西方儿童观从古希腊到现代的发展变迁过程，如儿童在历史中遇到的困境和挑战，教育理念的变化和发展是如何影响家庭和学校对儿童的教育，儿童社会生活的发展状况，教育理念和现实实践的发展情况等。这是一本值得去深究的书，它以17位史学家的研究作为基础，辅以每篇论文详细的附注，让我们可以更深入地去探究和了解西方儿童的真实历史。

关键词：儿童史　教育史　欧洲文化

《西方儿童史》一书分为上下两卷，由意大利史学家艾格勒·贝奇（Egle Becchi）和法国史学家多米尼克·朱利亚（Dominique Julia）共同汇编。阿利埃斯（Philippe Ariès）的《儿童的世纪》开启了西方史学界对儿童历史的关注和研究，而《西方儿童史》这本书则是该领域研究成果的总结和反思。该书是一本论文集，汇集了17位史学家的研究成果，其研究时间跨度从古希腊到20世纪，研究范围涵盖了儿童观的变迁、儿童的社会生活、家庭生活、教育的发展、儿童文学和玩具的历史以及历史上弃儿、童工和流浪儿童等社会问题。《西方儿童史》一书就像一幅画卷，在广度和深度恰到好处地把控下，徐徐展开历史上对西方儿童真实生活的描绘以及不同时期人们对儿童真实的态度和看法。什么是儿童？历史上西方儿童的真实生活是什么样的？是什么塑造了西方今天的教育观和儿童哲学观？我们都能在这本书里找到答案。

一、观念中的儿童：西方儿童观的早期变迁

18世纪之前的西方儿童观，如果以一句话概括，那便是：儿童是一种被动的存在，他被视作不完整的人、不成熟的人，所谓的童年不过是一个短暂的向成人发展的过渡期。

古希腊和古罗马的社会对儿童的社会角色是忽视的，这种忽视来源于儿童能力的弱小，以至于无法在公共领域产生价值。古希腊人觉得儿童身体弱小，经济上没有生产能力，智力不成熟，道德上又无

---

① 周川又，现任职于上海真爱梦想公益基金会课程研究院。

法进行惩罚。① 古罗马人则觉得儿童就像傻子一样，既不能理解他们自己说的内容，也听不懂别人的话。②

在古希腊和古罗马的社会中，公共生活是一个公民最重要的活动领域，也是公民责任义务乃至价值体现的场所。然而儿童因其能力的有限，基本被排除在重要的公共生活之外。古希腊和古罗马的儿童在 7 岁之前隐匿在家庭之中；7 岁之后，他们才从家中出来，加入到集体生活中接受教育，将自己培养成为一名合格的公民。例如斯巴达的儿童，7 岁之后，就会交由名为“派多诺摩斯”的管理者进行管理，他们还会进入寄膳宿学校学习集体生活，遵守集体纪律和规则。雅典的儿童也会在 7 岁之后进入学校开始学习各种技艺，虽然雅典儿童的校园生活没有斯巴达那般严苛，也不会有专门的机构将他们组织在一起进行集体管理，但雅典儿童也需要在 7 岁之后接受社会化的教育。古希腊的社会模式影响了古罗马。古罗马的儿童在 7 岁之后，也会开始离开家庭，进入学校学习，并开始逐步地参加一些公共生活。③ 有趣的一点是，无论是古希腊还是古罗马，都将 7 岁界定为一个重要的分界点。儿童在 7 岁之前在家庭中生活，受到照顾；7 岁之后，就要开始学习社会的规则与知识，逐步融入社会中。为何会将 7 岁定为一个转变的重要年龄？书中并没有详细说明，这倒是一个值得研究的课题。古希腊和古罗马的“7 岁传统”是否对后来欧洲儿童入学年龄的划定产生了一定的影响？

在古希腊和古罗马社会中，儿童的角色是“未来合格的社会公民”，因此儿童只是迈向合格公民的一个过渡期。尽快地让儿童成长为合格的公民，加入到集体生活中，是古希腊和古罗马教育的重点。这样的过程是让不完美迈向完美，让不完整不幸福的年龄段最终实现成人的高尚。古希腊罗马是从合格公民的角度来看待儿童的。但中世纪的儿童观更多是被放置在宗教道德之下。

中世纪的儿童具有双重性，兼具善恶双重属性。圣奥古斯丁（Saint Augustine）曾在其书中表示：儿童虽然弱小，但他并非无罪，他所具有的缺陷带来的更多的是道德问题而非心理问题。④ 但同时，儿童这种无知天真的属性，又被一些修道院视为神之思想的阐释者。他们没有心机和怨恨，是温柔天真的生命，而且他们的属性象征了耶稣基督童年的真实性。这种认知也催生了从中世纪一直发展到 17 世纪的圣童崇拜。圣童崇拜的传统鼓励当时的人们开始认真思考和研究儿童本身。在圣童崇拜的主题下，与儿童有关的包含医

① （意）艾格勒·贝奇：《古希腊与古罗马时期的儿童》，见（意）艾格勒·贝奇、（法）多米尼克·朱利亚主编：《西方儿童史·上卷：从古代到 17 世纪》，申华明译，北京：商务印书馆，2016 年，第 37 页。

② （法）让-皮埃尔·内罗杜：《古罗马文化中的儿童》，见（意）艾格勒·贝奇、（法）多米尼克·朱利亚主编：《西方儿童史·上卷：从古代到 17 世纪》，第 71 页。

③ 总结自（意）艾格勒·贝奇：《古希腊与古罗马时期的儿童》；（法）让-皮埃尔·内罗杜：《古罗马文化中的儿童》，见（意）自艾格勒·贝奇、（法）多米尼克·朱利亚主编：《西方儿童史·上卷：从古代到 17 世纪》。

④ （意）艾格勒·贝奇：《中世纪的儿童》，见（意）艾格勒·贝奇、（法）多米尼克·朱利亚主编：《西方儿童史·上卷：从古代到 17 世纪》，第 108 页。

学、神学、哲学、教育学方面的书籍开始出现，人们关怀弱小的儿童，照顾他们的特殊需求，甚至为贫苦的儿童开设慈善学校，而这都是出于对圣童的敬仰，帮助关怀这些儿童，正是回应了耶稣基督在婴幼儿时期的需求。在这样关怀情感的推动下，儿童获得了更为仔细的观察，他们不再像古希腊和古罗马时期那样只是一个缩小版的成人、不完整的成人，而是一个特殊的、不同于成人的个体，应该被单独观察和记录。①

这种对儿童双重属性的认知，认可了儿童既面向上帝的神召，又面向魔鬼的诱惑。因此儿童是处在一个通往善恶的十字路口上。② 他既能成为圣人，也可能成为魔鬼。因此对儿童的教育也显得尤为重要，因为这是帮助儿童摆脱兽性，蜕变为理性的人的过程。这也表明了中世纪的人们开始认为儿童是可以被塑造的。中世纪同样将 7 岁定为儿童蜕变的重要年龄，儿童的脆弱阶段将在此时结束，7 岁也标志着儿童成长到了可以分辨善恶的阶段。在 13 世纪的法国，这个年龄正是未成年人监护结束的年龄。③

随着古希腊文明的再发现，欧洲人对“人”本身的关注越来越多。文艺复兴正是将关注的目光从神的世界转回人的世界。圣童崇拜所带来的对儿童的关注，在文艺复兴的氛围下进一步发展。在这个时期，儿童的概念逐渐独立出来，最典型的例子便是，人们对死去的儿童描绘与死去的成人描绘彼此分离。父母会在回忆录中单独回忆某个早夭的儿童，描述他们生前的生活以及失去他的痛苦。儿童的形象独立出来，不再只是被包裹在家庭成员之中。④

“文艺复兴”时期的儿童，开始拥有属于符合他们特性的物品，例如儿童款式的服装、儿童的玩具等只为他们专门设计的专门工具和物品。甚至一些上层阶级的儿童开始拥有自己独立的活动空间，而在这之前，所有儿童都是生活在与成人杂居的环境中。这种对儿童的关注也是与同时期人口管理的需求相关联，尤其在意大利地区的城市。为了保证市政管理机构对纳税家庭的了解以及监控黑死病病人的数量，市政机构要求每个家庭提供家庭人口详细的信息，包括年龄。而这也要求市政管理机构要对年龄进行划分，以便更好地管理人口。这种行政上对年龄的划分，让儿童得以大规模地在文字和数据材料上以儿童的身份出现，他们的人生也能够以精细的年龄进行分段划分。“儿童”不再只是一个粗略的印象和概念，而是与年龄有着更为紧密的联系，不同的年龄处于不同的分段，这种分段不仅仅只是概念上的，更是行政管理意义上的，有实际的

---

① 总结自（意）艾格勒·贝奇：《中世纪的儿童》，迈克尔·古德里奇：《神圣的儿童，儿童中的圣人：匈牙利的圣伊丽莎白的童年（1207—1231 年）》，雅克·勒·布兰：《17 世纪对圣童耶稣的崇拜》，见（意）艾格勒·贝奇、（法）多米尼克·朱利亚主编：《西方儿童史·上卷：从古代到 17 世纪》。

② 迈克尔·古德里奇：《神圣的儿童，儿童中的圣人：匈牙利的圣伊丽莎白的童年（1207—1231 年）》，见（意）艾格勒·贝奇、（法）多米尼克·朱利亚主编：《西方儿童史·上卷：从古代到 17 世纪》，第 151 页。

③（意）艾格勒·贝奇：《中世纪的儿童》，见（意）艾格勒·贝奇、（法）多米尼克·朱利亚主编：《西方儿童史·上卷：从古代到 17 世纪》，第 111 页。

④（意）艾格勒·贝奇：《人文主义和文艺复兴时期的儿童》，见（意）艾格勒·贝奇、（法）多米尼克·朱利亚主编：《西方儿童史·上卷：从古代到 17 世纪》，第 175 页。

价值。①

这个时间段对儿童的加倍关注，还同社会经济发展以及医学发展相关联。“文艺复兴”时期，由于诸多古希腊文献的再发现，欧洲医学，尤其是儿科得到了新的发展。诸如《婴幼儿疾病手册》和《儿童治疗》等医学书籍的出版，表明了医学上对儿童的加倍关注。医学中发展出专门针对儿童的分支，这也使得不少家庭越来越关注婴幼儿的健康和照料。同时，社会经济的发展，使得个体劳动者以及小团体经营数量增多。这些经营多以家庭为单位。儿童作为个体得到更好的发展和教养，未来也会回馈到家庭经济的增长之中。父母要培养以及确保未来家庭企业的继承者，那么儿童个体的成长和精心的照料就是必要的，这种现实经济发展的需求也使得有条件的家庭越来越关注儿童本身的成长。②

虽然这个时期儿童与成人在概念上得到分离，也获得了来自医学、行政等方面的特殊关注，但儿童本身并未完全摆脱过去对儿童固有的观念。他们还是会在过早的年纪被要求进入成人的世界，接受集体的要求，按照成人的方式进行生活。儿童自身独特的发展需求依旧没有获得关注。

二、儿童的现实困境与多重象征

从17世纪后期开始，儿童的形象变得更为复杂。此前历史各个阶段发展起来的儿童形象在现代早期彼此交错融合，当时现实生活的种种困境，让儿童的形象在现实与想象中不断杂糅，呈现一种多面体的状态。如果仔细去观察这种多面形象，儿童是一种包含了政治符号和阶层分割的群体。在现代早期历史语境的书写中，儿童形象反映的是权力的控制和斗争的过程。

（一）真实的暴力

儿童所面临的暴力是无处不在的。一方面暴力来自家庭。普通社会阶层的儿童总是面临着来自父母，尤其是父亲的暴力行为。这种家庭的暴力，在当代的我们看来，是一种父母对儿童冷漠且不负责任的行为。但正如多米尼克·朱利亚所提醒的，历史的解读必然要回到历史的语境当中。“暴力”在启蒙运动时期的欧洲是一种常态，是社会关系的组成部分。暴力同亲情是交织在一起的。多米尼克举了一个例子，一位叫雅克·梅内特拉的父亲长期酗酒，生活的艰苦与酒精的作用，让他常常毫不吝啬地揍他儿子一顿。他的儿子有时被打得三个星期内只能喝汤，因为牙齿被打掉了。但这个父亲，在听到警察绑架街上的儿童送往殖民地劳作的谣言时，立即带着7个强壮的小伙，手持撬棒，在自己儿子的学校门口等他放学，护送儿子小雅克·路易回家。③

---

① 克里斯蒂安娜·克拉皮什·祖贝尔：《14、15世纪意大利的儿童、回忆和死亡》，见（意）艾格勒·贝奇、（法）多米尼克·朱利亚主编：《西方儿童史·上卷：从古代到17世纪》，第223页。

② 总结自（意）艾格勒·贝奇：《人文主义和文艺复兴时期的儿童》，克里斯蒂安娜·克拉皮什·祖贝尔：《14、15世纪意大利的儿童、回忆和死亡》，见（意）艾格勒·贝奇、（法）多米尼克·朱利亚主编：《西方儿童史·上卷：从古代到17世纪》。

③ （法）多米尼克·朱利亚：《专制制度与启蒙运动时期的儿童（1650—1800）》，见（意）艾格勒·贝奇、多米尼克·朱利亚主编：《西方儿童史·下卷：自18世纪迄今》，申华明译，北京：商务印书馆，2016年，第34—35页。

暴力并不仅来自家庭，它同样出现在学校、街头以及工作场所当中。暴力以家庭为单位向外部延伸，同时外部的暴力也借由家庭发挥作用。大约过了7岁之后的儿童，有些可能更小，或者被父母送往学校学习，或被送往作坊成为学徒。虽然从古希腊时期开始，一直到中世纪，乃至“文艺复兴”时期，都有不少教育学家、哲学家提出，教师应当是富有责任心、严格且慈爱的，尤其暴力行为是不应当出现在教师身上的。但这只是理想中的场景，自然有教师遵循这样的美德，但现实中，无论在哪个时代，教师的体罚、学校的暴力行为总是在儿童身边真实上演。①

作坊中的小学徒同样无法避免来自成人世界的暴力。早在中世纪的欧洲，学徒就是一个普遍的现象。父母将儿童送往工坊的师傅之处时，就相当于将对该儿童的权力与责任转交给师傅。师傅对学徒有监护权，享有同样的父母的权威，而这也是被学徒合同所保护的。师傅要求学徒服从他的命令，遵循他的教导。一些师傅会对学徒严厉但也负责，但这个负责任的教导也会包含体罚等暴力。而遇到一些颐指气使的师傅或师母，那这个儿童的命运就只能令人担忧，他可能会遭遇更为窘迫的暴力困境。②从契诃夫的短篇小说《渴睡》中，可以一窥这种关系给儿童带来的窘境。

无论是父母与儿童的暴力关系，抑或是教师和学生、师傅和学徒之间的暴力关系，它们都反映了从启蒙运动至19世纪初期，阶层与阶层、群体与群体之间的权力关系。儿童在政治关系上隐喻的是被压迫的被动群体，儿童因其自身能力的限制而无法掌握社会资源，因此他们在权力关系中是一种附庸状态，属于弱势群体一方。在成人掌握资源和主动权的世界，儿童很难改变或逆转这一关系。

阿利埃斯在《儿童的世纪》中就提到，“儿童”一词除了指代某个年龄段的人类之外，它有的时候还会同以下这些词同义，如“男仆”“侍从”“服务生”等这种具有强烈依附含义的词汇。③这也可以看得出当时人们对“儿童”所隐含的政治、阶级关系的看法和定位。这种依附关系所带来的压迫现实，也激起了儿童的反抗。但儿童的反抗是一种间接的行为，儿童很难对成人进行直接的反抗，他们往往采用诸如离家出走、逃跑的形式进行反抗。

（二）弃儿、流浪、街头暴力和谎言

欧洲社会的街头，是儿童生活的主要场所，在这里有玩耍的儿童，有前去上学的儿童，有工作中的儿童，还有流浪的儿童。流浪的儿童是街头最主要的使用者之一，街头是流浪儿童展现自身最好的场

---

① 总结自（意）艾格勒·贝奇：《古希腊与古罗马时期的儿童》《中世纪的儿童》《人文主义和文艺复兴时期的儿童》，克里斯蒂安娜·克拉皮什·祖贝尔：《14、15世纪意大利的儿童、回忆和死亡》，见（意）艾格勒·贝奇、（法）多米尼克·朱利亚主编：《西方儿童史·上卷：从古代到17世纪》。（法）多米尼克·朱利亚：《专制制度与启蒙运动时期的儿童（1650—1800）》，见（意）艾格勒·贝奇、（法）多米尼克·朱利亚主编：《西方儿童史·下卷：自18世纪迄今》。

② 塞尔热·夏萨涅：《18世纪和19世纪儿童的工作》，见（意）艾格勒·贝奇、（法）多米尼克·朱利亚主编：《西方儿童史·下卷：自18世纪迄今》，第244—246页。

③（法）菲力浦·阿利埃斯：《儿童的世纪：旧制度下的儿童和家庭生活》，沈坚、朱晓罕译，北京：北京大学出版社，2013年，第39页。

所。流浪儿童的组成有以下几种类型：逃离学校和工坊的儿童、被遗弃的儿童、走失或被人贩子拐走的儿童。

弃儿是现代早期儿童最常遇到的困境。即使教会和政府都提供了济贫院收养弃儿，或者慈善学校收留弃儿，但济贫院和慈善学校沉寂的氛围、严苛的教学和工作生活、在祈祷和宗教道德上的高要求，也让不少儿童只要有机会就会选择逃跑，在街上同其他儿童组成团体进行流浪。这些流浪在街头的儿童有他们自己的团体，他们往往团体乞讨或团体偷窃，甚至会参与到很多犯罪活动中。雨果称他们为“生活在公众社会下隐匿的和可怕的反社会力量”。①

现代早期欧洲的童话故事往往真实反映了儿童当时现实生活的困境。如果统计诸如《格林童话》《安徒生童话》的故事内容，会发现里面涉及流浪儿和弃儿的内容相当之多。例如《小拇指》的故事，主人公被两度抛弃；《卖火柴的小女孩》也是一个没有家人照料的儿童，为了生计不得不在街头谋生存。这些童话故事一方面以奇妙的冒险和荒诞的故事讲述儿童艰苦的现实生活，另一方面这些故事也隐含了普通阶层的人民、弱势的群体隐藏的反抗之心。

罗伯特·达恩顿（Robert Darnton）以心理史学的角度剖析了童话故事所隐含的群体形象和内心世界。法国故事中的大人物（成人、掌权者）总是以愚蠢贪婪的形象出现，就像《小拇指》中的食人妖夫妇，虽然富有却很残暴，总想吃掉可怜而又贫穷的人。但小人物（冒险的儿童）不一样，他们很机敏，虽然处于弱势地位，但总能凭借聪明才智以不违背传统习俗的方式对抗大人物，并从中获取小的利益，甚至以让大人物仓皇难堪的方式打败大人物，这似乎是小人物传奇冒险的永恒主题。对抗的主题一直存在于民间的思想中，甚至是农民智慧的最高体现。18 世纪法国民间的童话故事，以富含隐喻的方式展现了小人物对社会现存制度的反抗，宣泄对更高位者的不满。他们将内心的反抗隐藏在为社会接纳的闹剧之下，将矛盾可能引发的暴力对抗转换为炉火边的谈笑。乡村农民用于取乐的童话故事，是小人物在现实的夹缝中不断寻求可被社会制度接纳的方式来表达自己的不满。②

流浪的行为，童话故事的心境，是儿童隐含的反抗。街头暴力则是更为直接地反映儿童在压迫下与成人的对抗。前面提到的“圣童崇拜”为儿童街头的暴力提供了极好的宗教伪装，让这一行为更具正当性。“无辜、纯洁和虔诚”，在宗教仪式的助力下，为儿童实施暴力行为披上了一层神圣的宗教外衣。天使与恶魔的双重属性也在这一环境下更显真实。

多米尼克关于耶稣受难日的仪式研究，很好地展现了儿童在其中扮演的暴力角色。耶稣受难日纪念的仪式，需要大量儿童进行诵经和上街游行。他们还会扮演

① （意）艾格勒·贝奇：《19 世纪》，见（意）艾格勒·贝奇、（法）多米尼克·朱利亚主编：《西方儿童史·下卷：自 18 世纪迄今》，第 207 页。

② （美）罗伯特·达恩顿：《屠猫记：法国文化史钩沉》，吕健忠译，北京：新星出版社，2006 年。Simon J. Bronner, *Meaning of Folklore: The Analytical Essays of Alan Dundes*, University Press of Colorado, Urban Institute, 2007.

角色，展现基督教男孩与犹太教男孩的对立。在圣婴节这一天，选做侍童的儿童会去扮演《希律王的悲剧》或《斩首圣婴之谜》等剧中的重要角色，甚至被选作小主教的儿童有权携带武器进入圣坛。当这些仪式在进行时，很多地区的犹太人聚集区会被限制出行，但即使如此，还是有不少参加仪式和活动的儿童在街头上开始他们的暴力活动。带有武器的儿童会猛烈攻击那些引起城市社区敌意的人。他们还会进入犹太社区做出过激行为，如拉着某些犹太人进行游行，迫使他们向耶稣的受难十字像脱帽致敬。宗教改革期间的儿童，甚至会参与到对异教徒的屠杀中，例如用火烧死、石块砸死胡格诺教徒。①

宗教庇护下的另一个对成人的暴力行为，是包含了谎言在内的猎巫行动。17—18世纪的猎巫行动中，有不少对巫师的审判，其证言的提供往往来自儿童。儿童既是巫术的受害者，又是巫术的追随者，这同样又是宗教意义上的双重属性。儿童在猎巫行动中有双重身份。第一重身份的他们是重要的见证人，越来越多的儿童出现在宗教法庭上指证女巫，他们声称自己参加了拜鬼仪式，见到了很多参加仪式的女巫。因为他们的证词，不少“女巫”被处死，而且当时很多大规模的女巫迫害常常是由于儿童的证词而掀起的。亲眼见证了巫术过程的儿童也逐步卷入到审判的行动当中，他们是见证人，但同时也会被他人指证，从而成为猎巫行动的又一目标。1626—1630年发生在德国的猎巫行动，在维尔茨堡烧死的160名巫师中就有41位儿童。这些参与到巫师仪式中的儿童被认定为儿童巫师，有些儿童被审判，是被他人“揭发”。曾有一个9岁的瑞典男孩指证一位11岁的女孩是巫师，他说，在他和女孩一起放羊的时候，他看到女孩在水面上行走。女孩因此被抓。②儿童在猎巫行动中的指控很多时候是针对其亲属的。这种指控或许包含了他们对抛弃歧视自己的亲属的愤怒与怨恨。

宗教是儿童利用的一种对抗成人世界的仪式，他们还会在街头利用其他仪式化的游戏进行反抗。法国大革命前的学徒当中，有一个游戏很受欢迎——屠猫。学徒会在街头合力围追虐杀猫，并将这些猫进行仪式化的处死。达恩顿研究了一个具有详细记录的学徒屠猫活动。这只被虐杀的猫是师母的宠物。学徒们偷偷地将猫引出家中，在街头巷尾追杀这只猫，秘密将它处死。看到发现死去的猫的师母一脸的震惊恐惧，但又不知凶手为何人而倍感愤怒的时候，学徒们常常得意扬扬。③

屠猫是学徒隐形对抗师傅，或者说比他有地位有权势的人的方式。这是一种带有隐喻的象征性仪式。表面上是一个闹剧式的狂欢，实则却是在挑战师傅的权威，并借屠猫的隐喻讽刺师傅和师母，甚至侮辱他们。这种形式相当隐蔽，即使被师傅察觉，也无法以其表面的形态为理由惩罚学徒。这种过程所体现出来的真实含义只能心领神会，无法形成违背社会准则的白纸黑字或事实行为而成为以下犯上的确凿

① （法）多米尼克·朱利亚：《现代初期的儿童》，见（意）艾格勒·贝奇、（法）多米尼克·朱利亚主编：《西方儿童史·上卷：从古代到17世纪》，第321—329页。

② 同上，第329—340页。

③ 罗伯特·达恩顿：《屠猫记：法国文化史钩沉》。

证据。这便是小人物对社会现存制度的反抗，以富含隐喻的仪式宣泄对更高位者的不满，将内心的反抗隐藏在为社会接纳的闹剧之下，将矛盾可能引发的暴力对抗转换为狂欢的玩笑。孩童的街头玩乐，抑或是戏谑式的童谣，隐含的是一种对成人世界既定规则的反抗。

（三）儿童的阶级：完美的童年与短暂的童年

童工是一个古老的社会现象。在现代社会之前，童工的使用不会被施以法律和道德的谴责。中世纪时期，儿童会进入师傅的家中，以学徒的身份进行职业学习和工作，还在家中的儿童也会参与到家庭的生产和劳务中。在儿童成长到具备一定劳动能力的年龄时，基本上都会参与劳动生产。虽然童工是一个古老的社会现象，但19世纪后期，随着工业革命的发展，童工的问题引发了新的社会问题和讨论。

弃儿和街头流浪儿是童工的重要来源。济贫院和工厂有时是一体的，接受救济的儿童会被施与职业的教育，这些教育就是让他们具备在工厂劳作的能力。以英国为例，儿童一般在8岁左右开始出去工作，但也有一些儿童4岁就参与工作。男童一般会去纺织厂、煤矿或者从事清扫烟囱的工作。煤矿和清扫烟囱的工作因需要下矿井或进入烟囱，因此这两个行业需要身材矮小的人从事工作，儿童是最佳人选。19世纪英国城市富人家中的烟囱，几乎都是由儿童负责清扫的。女童一般去纺织厂，但她们也从事烤面包或家政类的工作，部分女童也参与煤矿的工作。童工的工作环境相当恶劣，尤其是煤矿上的工作还有着生命危险。大部分儿童每天需要从事12—14小时的工作，还会受到工厂中成年工人的体罚。繁重的工作让很多儿童身心疲惫，这些儿童往往身形瘦小、营养不良，甚至长大后还会患上职业病。除了原本居住在城市中工人家庭的儿童，还有大量乡村贫困的儿童涌进城市做工，这使得童工的工作机会竞争激烈，不少儿童找不到工作，有些甚至被迫四处流浪。①

虽然童工是普遍的社会现象，但这种儿童的困境有其阶级属性。遭遇童工困境的儿童多来自工人和农民的家庭，属于社会中的中下层。资产阶级以及贵族阶层的儿童不会面临这些困境。这些儿童的生活与形象是社会追崇的“完美童年”。这些儿童的童年是所有教育学家、哲学家、医学家们共同推崇的童年。这些孩子拥有自己独立的成长空间，符合他们成长阶段和个性的玩具和教学用具。他们受到精细的照顾，被温馨且慈爱的家庭氛围所包裹。他们受到的教育也是精致的，有博学且慈爱的教师，有各式各样的书籍，可以同父母讨论交谈。他们的面容是干净且天真的，穿着有着儿童特色的精致服装。这是一群幸福的儿童，是所有人推崇的儿童，是儿童形象的典范。在画作、影视作品和商品广告中，你能看到他们的存在。模范儿童的童年是一种自然化的童年，没有被社会污染，存在于《爱弥儿》当中的童年。他们童年的时间即使不是永恒，也是

① （英）E. P. 汤普森：《英国工人阶级的形成》，钱乘旦译，南京：译林出版社，2001年；塞尔热·夏萨涅：《18世纪和19世纪儿童的工作》，见（意）艾格勒·贝奇、（法）多米尼克·朱利亚主编：《西方儿童史·下卷：自18世纪迄今》。

被延长的童年。通过延长的教育和校园、家庭生活，这些儿童进入生产的时间越来越迟。学业时间的延长，让他们不需要背负责任感和积极性，他们可以根据天性自由地生活成长。①

相对应的，街头流浪的儿童、济贫院中的弃儿，尤其是工厂中的童工，这群儿童的形象是完全相反的，这是一群非模范的儿童，不具备推崇的美德的儿童。他们是社会需要教化的对象，但又是反抗教化或者无力获得教育的存在。他们的童年是短暂的。即使到了19世纪下半期，已经有越来越多的儿童研究仔细地区分成人和儿童，并对儿童的阶段进行详细划分，对教育进行详细划分和精细管理，以求更好地顺应儿童发展的需求。但这些儿童依旧像旧时代的儿童一般，他们很早就进入成人世界，与成人混居在一起，他们没有享受到精细儿童理论的照顾。他们的童年很早就结束，因为保持童年的状态对他们来说是危险的。持续的童年意味着持续的柔弱和天真，这样的状态会让他们的街头生活充满风险，以致早夭。越早结束童年的状态，越早融入成人的世界，意味着越早获得生存的保障。

艾格勒提到，模范儿童的儿童幸福观念，我们的社会如此欢迎它，仿佛是为了隐藏成人社会迫使儿童接受规则而承受所有的不幸。当这种"幸福"和一种几乎没有任何有组织、被思考过的社会化形式的童年相符合，或者当它因童年并非一种生命的自我阶段而自我抵消时，它似乎没有任何界限。②

三、儿童的教育：社会与天性的斗争

从《西方儿童史》一书中去窥探西方教育的发展，可以说从古希腊到20世纪，西方的教育发展历程是一场理想与现实的斗争，个体与集体的斗争，自由与规训的斗争，被动与主动的斗争。如果概括来说，教育背负着两个使命：一是让个体的身心灵得到成长，促进个体发展的完美；二是教化或者社会化未开化的儿童，使其符合社会的准则和发展需求。

近代之前欧洲的教育基本处于私人领域，即使有学校，也为私办学校，由一些家族或者私人提供经费筹办。儿童的教师多为私人的家庭教师，能请得起私教的儿童多为贵族家庭。其余普通的儿童也有机会接受教育，例如乡村的儿童，如有条件，可以接受神父的教学指导。这个时期的教育是一种社会化的教育，教育的目的是为了将儿童培养成合格的公民，更好地融入社会之中，知晓社会的准则和道德。虽然古希腊已经开始有比较细致的专业分类，但提供给儿童的课程主要还是集中在阅读、写作和算术上。这三门课程是最主要的学习内容，是未来工作所需的基本技能。古希腊和古罗马时期甚至为这三门课程划分出细致的学习阶段，学生需要花费好几年的时间阶段性地学习阅读和计算。③

古希腊和古罗马时期就有专著关注儿童特殊的学习习惯和需求，例如昆体

① （意）艾格勒·贝奇：《20世纪》，见（意）艾格勒·贝奇、（法）多米尼克·朱利亚主编：《西方儿童史·下卷：自18世纪迄今》，第445—450页。

② 同上，第448页。

③ 总结自（意）艾格勒·贝奇：《古希腊与古罗马时期的儿童》，（法）让-皮埃尔·内罗杜：《古罗马文化中的儿童》，见（意）艾格勒·贝奇、（法）多米尼克·朱利亚主编：《西方儿童史·上卷：从古代到17世纪》。

良（Quintilian）的《演说术原理》，建议家长、教仆，尤其是老师去研究儿童的特点，创造适合学生并充满游戏趣味的学校氛围，关注儿童的行为举止所表现出的特征，主张耐心对待儿童的问题，而非采用成年人的方法。但这只是一种理想的教育模式，在同时期的古希腊和古罗马，真实的现实教育是严苛、漫长又令人疲惫的。教育讲求记忆和背诵以及反复的练习和训练。学生会根据能力和水平分班，在学校受到严格的管理。考试会定期举办，优秀的学生得到奖励。面对调皮捣蛋或者不达要求的学生，教师会毫不犹豫地使用体罚。个性化的教学，哪怕只是将游戏融入教学中，在现实的教育中都是不存在的。①

中世纪时期，教育这种教化和社会化的目的更加明显。教育就是有步骤地通过大量强化练习，引导学生抛弃儿童状态，走向成人世界。艾格勒这样评价中世纪的教育，从整体上来说，它是一种针对老师而非学生的教学法，是一系列的教育规划，但它并没有考虑到受教育者的个体性、发展性和社会性特点，只是特别专注于儿童想要变成成人所必经的过程，不要浪费任何时间，期限越短越好。②这是一种被动性的教育，强调的是学生的顺从，顺从地按照老师、家庭以及社会的需求进行成长。教育中的儿童应当是服从、谦逊和聆听的，在任何时段的教育，其主体性都被剥夺了。

这种教育是一种监控式的教育，惩罚与禁闭是核心的手段。这是全景敞式主义的教育，并不只存在于中世纪的欧洲，还一直延续到19世纪，乃至今天世界的大部分地区。何为全景敞式主义的教育？全景敞式的理论来源于边沁（Bentham）在理论中构建的一种监狱模式：四周是一个环形建筑，中心是一座瞭望塔。瞭望塔有一圈大窗户，对着环形建筑。环形建筑被分成许多小囚室。每个小囚室都有两个窗户：一个对着里面，一个对着外面，与塔的窗户相对。这样的设计是为了让所有人，如处于塔中央的监控者可以监控全局，囚室中的囚犯可以监控其他囚犯，同时也可以监控塔中央的人。这是一个每个人都被监控，同时也监控他人的环境。这是一种精心计算的惩罚权力经济学，它强调的是对肉体的精细控制，以达到精神控制的效果。粗放的对肉体的惩罚无法达到规训的真正效果，需要的是一整套系统，从而施加影响。③

这种理论虽然是在近代早期的时候具体提出和描述的，但其实从中世纪开始，就已经不断有人在实际的教育中践行这种理论的核心价值。对体罚的谴责，很多时候是建立在其效用低下的现实之上。之所以教育者不应该使用体罚，是因为体罚在很多情况下无法实现其目的，甚至会产生反效果。全景敞式教育理念最典型的践行者是教会在启蒙运动时期建立发展起来的慈善学校。教会建立的慈善学校是公共领

---

① 总结自（意）艾格勒·贝奇：《古希腊与古罗马时期的儿童》，（法）让-皮埃尔·内罗杜：《古罗马文化中的儿童》，见（意）艾格勒·贝奇、（法）多米尼克·朱利亚主编：《西方儿童史·上卷：从古代到17世纪》。

② （意）艾格勒·贝奇：《20世纪》，见（意）艾格勒·贝奇、（法）多米尼克·朱利亚主编：《西方儿童史·上卷：从古代到17世纪》，第112页。

③ （法）米歇尔·福柯：《规训与惩罚》，刘北成、杨远婴译，北京：三联书店，2003年。

域逐步介入教育的一个产物，在这个过程中，教育的社会化属性表现得更加明显。

慈善学校建立的初衷是为了给流浪儿和弃儿一个收容学习的场所，也是为了解决街头流浪儿带来的社会治安问题。这群在街头的儿童需要被教化，以稳固社会的秩序。慈善学校依据实用性原则，注重儿童未来必须掌握的阅读、写作和计算，并致力于解决贫困家长对子女上学或勤奋学习的漠不关心。为了管理好这群学生，慈善学校建立了标准化的惩罚，将个体根据其能力、价值、可以量化评估的水平进行区分，通过重复练习来检查知识获取情况的定期检测、分等级进行相互监督的关系融入同一个组织安排中。学校中的每天会严格仪式化，上课、体育锻炼和祷告之间都有固定的时间间隔，彼此之间严密衔接，以确保儿童每时每刻都有事情做。教学法将充分利用时间的强迫观念与真正的矫形外科学结合起来，每种活动的身体姿势都有着精确的描述，例如阅读的学生，须保持身体笔直，双脚踏地，写字时身体笔直并微微前倾，以便肘部放在桌子上等。教师利用手势语言对学生发出指令，利用学生干部拓展监督。教室根据构造被分割成不同的功能区，学生按照不同的水平和学习内容被安排在固定的地方。每个班级人数控制在50—60人，并保持安静与隔绝，以避免受到外界的干扰。①

校内的监督体系还会拓展到校外，以保证学生的入学，降低逃课率。学校还会在学生居住的街道上和居住区内安排督学和监督者，这些监督者负责记录下课回家的学生的举止行为，甚至会记下缺勤者的名字和家庭地址，并时不时地探访生病的学生。学校强调努力和勤奋的价值，会通过细致入微的奖惩制度来树立教师的权威，会为每个学生建立独自的观察档案，形成学生个人的“肖像画”，通过各个方面的评判表格详细区分每个个体，形成对每个个体合适的相处方式。学校不鼓励体罚，他们试图通过精细的、仪式化的奖惩制度建立整套教化体系。这套体系不仅监管学生，也监管家长。学校定期邀请家长来校对比观察自己孩子的行为，会将缺勤学生的名单及其家庭信息送往教区慈善机构，只有积极送孩子上学的穷人才能得到救济。②

社会化的教育强调监控，是为了教化的目的，通过精细的教学系统管理学生的肉体，管理学生的灵魂，这种经济的权力干预，强调的是教育的高效性，是要在最短的时间内使学生充分达到迈入社会的条件，能为社会所用。与此相对应的是人文主义的教育理念，这种教育关注的是人本身的发展。

从文艺复兴时期开始，不少人文主义者提出了他们对教育的人文关怀。如伊拉斯莫就强调对儿童的关怀以及儿童渐进的发展过程。教学本身要关注儿童的自身需求和特点，根据发展的特性选择合适的教学方法。到了启蒙运动时期，卢梭等人追崇自然化的儿童发展。自然的儿童，不加以过多的社会干预，会将儿童自身的美德

① （法）多米尼克·朱利亚：《专制制度与启蒙运动时期的儿童（1650—1800）》，见（意）艾格勒·贝奇、（法）多米尼克·朱利亚主编：《西方儿童史·下卷：自18世纪迄今》，第12—13页。

② 同上，第14—16页。

和本性发展起来。在卢梭理念的影响下，加以19世纪精神分析的发展，皮亚杰和维果斯基都认为儿童本身具有自我发展的能力。但皮亚杰强调的是儿童以自我为中心的自我发展，成人的影响没有决定性作用。而维果斯基认为，儿童的发展是在与外界不断的交流中逐步内化，他很看重学校教育与成长之间的关系。杜威在这些理论基础之上，强调教育的目的是自身成长，在一系列不断发现和越来越复杂的社会关系中，去理解探索世界并与其互动的能力。儿童在教育中的自我主体性在理论中得以构建起来。①

儿童的自我主体性，在共产主义的教育实践中，是其政治哲学的重要组成部分。20世纪初期的苏联打造了一种新的教育模式——通过集体内部的教育培养出集体生活中的年轻一代。儿童从进入幼儿园、学校，或者娱乐性的社团组织开始，就进入集体的生活，在这个集体中讲求彼此互相帮助，核心点在于"做什么都共同行动"。这种教育中的共产主义行为不是当时社会已有的形态，在教育中构建儿童之间的"共产主义"——共同生活、共同劳动，是为了未来的成人社会发展出这种社会形态。这是一个全新的尝试，隐藏在这个尝试之下的教育理念，根植于"儿童是新世界的先驱者，是自己文化的创造者，也是新文化的创造者"。这种教育尝试将儿童自身的主体性推到了前所未有的高度。为了实现"儿童自主创造未来"的教育理想，共产主义教育理念创建了新的社会化方法，学校组建了少先队组织，作为儿童发展自身的组织团体。教室不仅是学习知识的场所，也是儿童制作学习和社交的场所，在这个环境中，学生通过制作班级日报、学习材料等方式创建属于儿童自己的班级文化。同时，学校教育的核心不在于去学习已经存在的文化，而是要使儿童掌握所有与世界、人类，尤其穷人相关的知识，因为这些知识能帮助他们去认知这个世界并改造这个世界。儿童应该被鼓励，并被引导去保持对现实孜孜不倦的改造热情，他们是要创造未来的文化，而不是单纯地成为社会的复制品。②

西方儿童教育理念的发展是一个复杂的过程，它不是线性的，也不是螺旋上升的，而是不同潮流的交汇，既彼此交融，又彼此分离。看似强调自主和自由的人文主义教育，其中也隐含着被动规训和集体价值，但同时它们又彼此对立，强调自然发展的个体主义，又与社会化的需求、在现实教育层面不断冲突。这就造成了一种分离——乌托邦中的教育与现实中的教育。乌托邦的教育是美好的，充满了人性关怀与自我心灵的充盈以及对世界的希望和未来的憧憬。然而，理想很丰满，现实很骨感。乌托邦教育在现实层面的实践，

① 总结自欧仁尼奥·加兰：《15世纪教学论著中的儿童形象》，弗兰兹·比耶莱尔：《16世纪的学习对话录和儿童礼仪》，见（意）艾格勒·贝奇、（法）多米尼克·朱利亚主编：《西方儿童史·上卷：从古代到17世纪》。（法）多米尼克·朱利亚：《专制制度与启蒙运动时期的儿童（1650—1800）》，让-诺艾尔·吕克：《早期儿童学校以及幼童概念的创造》，（意）艾格勒·贝奇：《20世纪》，见（意）艾格勒·贝奇、（法）多米尼克·朱利亚主编：《西方儿童史·下卷：自18世纪迄今》。

② （意）艾格勒·贝奇：《20世纪》，见（意）艾格勒·贝奇、（法）多米尼克·朱利亚主编：《西方儿童史·上卷：从古代到17世纪》，第426—427页。

总是带着令人遗憾的差距，甚至会出现与目标相背离的窘况。而基于现实需求发展的实用教育，在工具化和标准化上有着令人惊叹的创造，甚至在达成实用目标上有着极高的效率，然而这种教育却让人不断地仰望和渴求理想的乌托邦。

四、结语

《西方儿童史》一书通过多个角度，梳理了从古希腊到20世纪西方儿童观念和形象的变迁、儿童社会生活的发展状况以及教育理念和现实实践的发展。这是一本值得去深究的书，以17位史学家的研究作为基础，辅以每篇论文详细的附注，我们可以更深入地去探究和了解西方儿童的真实历史，而这将有助于我们更深刻全面地理解当今的教育形态以及儿童当下的困难和挑战，并思考儿童未来的发展将走向何方。对比该书描述的西方儿童过去的生活，我们或许发现了一些相似之处。儿童在过去面临的困境和挑战，今天仍有大量的儿童还承受着这些困境。社会中针对儿童的暴力行为——弃儿、流浪儿、童工问题依旧存在。过去的教育发展，为我们今天的教育发展奠定了一些基础，但也带来了不少的问题。一些地区目前面临的教育挣扎，也是过去的人们所困惑的。但我们也发现，对比过去，今天也有了很多新的东西的诞生，新的启示和发展。在《西方儿童史》的帮助下，我们或许可以提出疑问：今天的教育与过去的教育有什么差别，有多大的差别？今天的儿童面临的挑战与过去是一样的吗？过去的儿童是如何影响今天的儿童？什么才是真正的、现实的儿童？以史为鉴，以过去作为对照的镜子，我们才能更好地看清当下。

童心的世界

◎ 刘　莘[①]

童年是一个变幻莫测的秘密。这个秘密的趣味在于，儿童不懂得自己就是秘密。丧失童心的大人不知道有这个秘密，存有童心的大人想要回归这个秘密，却再也回不去了。童年的秘密似乎在躲猫猫，躲避自己，也躲避想要捕捉它的好奇心，儿童对世界充满了好奇心：“风是怎么刮起来的?”“我是怎么来的?”“世界之外会不会还有别的世界?”儿童唯独不会对童年感到好奇，因为他们还没有走出童年，还不懂得童年的独特和珍贵。想要捕捉童年秘密的好奇心，从本质上讲属于大人的童心。我们这个世界由三类人构成：儿童、无童心的大人、有童心的大人。正是因为第三类人的存在，才发现了童年的秘密。

儿童读物几乎都是怀揣童心的大人撰写的，为了儿童，也为他们心中的童年。这些大人看起来与别的大人没有什么两样，他们行走在拥挤的人群中，深浅不一的皱纹刻在脸上，也不时会露出为生活而奔波的疲惫。但他们的心中有另一个世界，他们忘不了那道特殊的风景。对于这类大人，童年是心灵的故乡，是可以不断想象和穿越的诗一般的远方。这些大人通过手中的笔，用图画或文字去描绘心中的童年。他们的努力注定是不容易的，因为再有童心的大人也制造不出能够一劳永逸解开童年秘密的钥匙。假如有那样的钥匙，身处秘密之中的儿童也不需要。那就让童年以秘密的方式继续存在吧。儿童作家只须激活自己的童心，创造能被儿童喜欢又能丰富他们心灵的作品。做到了这一点，就说明他们以自己的方式悟到了那个秘密。

《童书100讲　经典导读》是对中外一百部经典儿童读物的介绍。每部读物的作者都有一颗大人的童心，有唯美的，有灵性的，有调皮的，也有特别智慧的。大人的童心，这个说法听起来怪怪的，却说出了一件重要的事情——童心可以跳出童年而继续生长。谁说不是呢？想想《格林童话》和《安徒生童话》吧，这些作品都源自大人的童心，却能够给混沌之中的儿童以慰藉和启迪。但那些跳出童年而继续生长的童心，无论多么了不起，也想要寻找自己的伙伴。越出了童年的童心，最终要返回千千万万的儿童那里，返回童年的秘密和精神的家园。经典读物以守护童年秘密的方式帮助儿童成长，哪怕童年易逝，至少童心不老。

《童书100讲　经典导读》推荐的读物特别适合小学生阅读。渴望长大的童年有一个显著的特点，就是模仿比自己大的人。被模仿的对象往往拥有更强的能力，有更大的生活空间和行为自由。小学阶段的孩子已经有很强的自我意识，他们的成长离不开有意无意的模仿。但并非所有的

① 刘莘，现任职于四川大学哲学系。

模仿都是积极的。20世纪70年代，美国心理学家托兰斯（Torrance）发现，相比更小的孩子，小学四年级这个群体在想象力测评的得分上，有一个具有统计学意义的明显倒退。托兰斯的研究结果表明，小学四年级群体更易受到成人世界压制想象力的社会常规的影响。托兰斯告诫教师们，要反思教学内容和方法，要想办法释放孩子的想象力。

在人工智能时代，托兰斯半个世纪前的发现有了新的意义。人工智能本质上是反童心的，因为这种智能的基础是数据和算法。在人工智能的世界中，算法就是一切。追求更准、更快、更有用的超级算法，可凭借数据黑洞吞噬一切能被纳入算法的东西。被算法追踪和控制，按照算法的引导感知世界，也许是大多数人无法摆脱的命运。这样的生活注定是无趣的，囿于算法世界的人并不自知。有意思的是，生活于童年中的儿童也不知道童心的可贵，只是这两种不自知的含义正好相反。

人工智能不是《一千零一夜》那个魔瓶中放出来的妖怪，不可能有一个渔夫骗它变小而被关回原处。人工智能是人类心智的某个维度的无限放大，有可能会演化成它的主人也不想看到的样子，甚至成为一种脱离人的控制的超人力量。在未来的童话故事中，人工智能很可能成为一个被妖魔化或被神圣化的主角。前提是，人类的童心不会被人工智能驱逐，童心的世界不会被算法的世界淹没。较乐观的观点是，算法只可能是算法，机器智能挣脱不了机器的本质。如果那样，童心长存的人，不仅能为冰冷灰色的算法世界增添温度和色彩，而且能够拥有无法被算法主宰的想象力和创造性。未来世界的两极，很可能一极是算法，另一极是童心。

童心是柔软的，不会以生硬的算法思维去打量整个世界。童心就像一只诞生于春天的蝴蝶，随性地飞过五颜六色的花儿，早吮晨露，夜宿芬芳。童心这只蝴蝶有不受约束的特权，可以飞入世界的任何一个角落。童心飞入辽阔的原野，把自己变成一尊岩石，在月明星稀的夜晚偷听风与大地的古老情话。童心听到了很多了不起的秘密，一不小心变成了跨海逐日的巨人，成了万民敬仰的英雄。英雄伟大却孤单，童心想要飞入更好玩的富有人间烟火的去处。童心于是潜入防备森严的宫殿，飞入王子公主的梦乡，变成了更美丽的公主、更忧郁的王子。童心在甜蜜的梦中，梦见自己是一只跨越千年时空的不断飞翔和变形的蝴蝶。童心玩累了，想找个地方小憩一会儿，以便飞得更高更远更有趣。童心于是潜入了《童书100讲　经典导读》，好奇地等待被另一颗童心发现。

《童书100讲　经典导读》的作者，是数十位富有童心的中小学教师。该文集拒绝网络百科式的介绍，那样会把内容丰富的童话经典变得索然无味。书里的每一篇导读，都是由领读的老师根据他或她的理解来撰写的。总的来讲，导读作者对原著的理解有温度和色彩，行文有角度和个性，写作态度是真挚的。即使没有时间阅读书中推荐的每一本经典，只阅读这本导读文集都很有意义。以这本导读文集为指南，学生可以选到最想读的书，教师可以选到适合阅读教学的书，家长也可选到适合亲子阅读的书。这些童书都是经得起时间检验的经典，在今天这个信息噪音过大的时代，推荐这些读物，吻合“为孩子做有思想的减法”的理念。

这一代孩子必须成长为有思想的人，才能避免成为大数据的算法粗暴捕捉的对象。也许唯一的办法就是，用富含童心的儿童经典去滋养正在成长或枯萎的童心。在这一代孩子长大成人的未来，各种超级算法很可能就像阴险的蜘蛛精吐出的一张张大网，会将平庸的灵魂一一捕获，再将他们变成数据快餐去喂养没有人性的智能机器。未来社会的最重要分层指标很可能不是财富，而是灵魂的有趣程度。好玩的灵魂抗拒平庸，他们不愿意驻留在一个只有算法和功用的世界。也许，与《童书100讲　经典导读》和那些儿童经典有缘分的一些小读者，他们长大后会有本领将童心注入算法，从而改变机器智能的原理。如果那样，他们将是未来世界的英雄。数据是灰色的，唯生命之树才有色彩。儿童容易幻想他们是世界的拯救者，过去，这种幻想的最现实的栖所就是儿童读物；未来，将真实的世界从灰色和平庸中拯救出来的，很可能正是童心。

童心不老，人性常存。

图书在版编目(CIP)数据

新儿童研究:第一辑/张斌贤,于伟主编.—桂林:广西师范大学出版社,2020.6
ISBN 978-7-5598-0110-4

Ⅰ.①新… Ⅱ.①张… ②于… Ⅲ.①儿童教育-研究 Ⅳ.①G61

中国版本图书馆 CIP 数据核字(2020)第 030181 号

出 品 人:刘广汉
项目编辑:周 伟
责任编辑:刘美文
封面设计:李婷婷

广西师范大学出版社出版发行
(广西桂林市五里店路 9 号 邮政编码:541004
网址:http://www.bbtpress.com)
出版人:黄轩庄
全国新华书店经销
销售热线:021-65200318 021-31260822-898
山东韵杰文化科技有限公司印刷
(山东省淄博市桓台县桓台大道西首 邮政编码:256401)
开本:787mm×1 092mm 1/16
印张:14 字数:300 千字
2020 年 6 月第 1 版 2020 年 6 月第 1 次印刷
定价:48.00 元